Jochen Schweitzer
Gelingende Kooperation

Stiftung Schönholzer Heide
Heinrich-Mann-Straße 31, 13156 Berlin
Telefon 0 30 - 49 98 86 31

Jochen Schweitzer

Gelingende Kooperation

Systemische Weiterbildung in Gesundheits- und Sozialberufen

Juventa Verlag Weinheim und München 1998

Der Autor

Jochen Schweitzer, Jg. 1954, Dr. rer. soc., Dipl. Psych., ist Privatdozent und stellvertretender Direktor der Abteilung Medizinische Psychologie der Universität Heidelberg, Lehrtherapeut/Lehrsupervisor der Internationalen Gesellschaft für Systemische Therapie (IGST) und Mitbegründer des Heidelberger Instituts für Systemische Forschung.
Seine Arbeitsschwerpunkte sind die Organisationsentwicklung, Team- und Führungskräfteberatung im Gesundheits- und Sozialwesen sowie die Systemische Therapie und Beratung in Jugendhilfe, Psychiatrie und Medizin.

Die Deutsche Bibliothek - CIP-Einheitsaufnahme

Schweitzer, Jochen:
Gelingende Kooperation : systemische Weiterbildung in Gesundheits- und Sozialberufen / Jochen Schweitzer. - Weinheim ; München : Juventa Verlag, 1998
(Juventa-Materialien)
Zugl.: Heidelberg, Univ., Habil.-Schr.
ISBN 3-7799-1394-1

Umschlaggestaltung: Atelier Warminski, 63654 Büdingen
Umschlagabbildung: Georges Matthieu, Composition Informel
Printed in Germany

ISBN 3-7799-1394-1

Meinen Söhnen
Simon und Adrian
gewidmet

Vorwort

Wie Menschen einander das Leben schwerer oder leichter machen können - das Interesse an dieser Frage hat mich schon früh in die Familientherapie und -beratung, später in die Teamsupervision und Organisationsentwicklung, schließlich in die Kooperationsforschung geführt.

Dies Buch handelt von den Bedingungen gelingender Kooperation. Es untersucht, was systemische Weiterbildung dazu beitragen kann. Es ist aber kein Rezeptbuch. Vielmehr will es theoretische und empirische Grundlagen schaffen für Kooperationsberatung und Kooperationsforschung im Gesundheits- und Sozialwesen.

Dazu versucht es einerseits Diskussionen - vor allem aus der Sozialarbeit und Sozialpädagogik, der Sozialpsychiatrie, der Medizinischen Psychologie und Soziologie - unter einer systemtheoretischen Perspektive zu bündeln auf die Leitfrage: was macht Kooperation so schwierig, und wie kann sie leichter, freundlicher und weniger aufwendig werden. Zum anderen versucht es, das Spektrum qualitativer und quantitativer Evaluationsforschungsmethoden für eine praxisorientierte Kooperationsforschung nutzbar zu machen.

In den Ergebnissen wird einiges über die erfreulichen „Nebenwirkungen" systemischer Weiterbildung deutlich - nicht nur für die Therapie und Beratung anderer Menschen (Patienten oder Klienten), sondern auch für die „Selbstberatung" von Fachleuten in Sozialarbeit und Medizin, für deren Zurechtkommen in ihren eigenen Teams, mit anderen Institutionen und damit in einer rekursiven Schleife auch mit ihrem eigenen professionellen Selbstkonzept.

Eine Spezialität systemischer Weiterbildungen ist, daß in ihnen Fachleute sehr unterschiedlicher Disziplinen aus diesen Unterschieden lernen: Fachleute aus Sozialarbeit und Sozialpädagogik, Medizin, Psychologie, zuweilen auch aus Theologie, Schulpädagogik, Krankenpflege und aus den verschiedenen Sprach-, Bewegungs-, Beschäftigungs- und Musiktherapien. Ich hoffe, daß auch dieses Buch hilft zu „verstehen, warum man sich (oft) nicht versteht", und die transdisziplinäre „Übersetzungsarbeit" zwischen den Sprachgruppen im Gesundheits- und Sozialwesen weiter anregt.

Diese Arbeit ist von der Medizinischen Fakultät der Universität Heidelberg als Habilitationsschrift angenommen worden. Prof. Dr. Rolf Verres verdanke ich neben vielerlei Ermutigung die Schaffung eines Kooperationskontextes, der eine derart sozialwissenschaftliche Arbeit in einer medizinischen Fakultät anschlußfähig werden ließ.

Praxisnahe Kooperationsforschung setzt selbst viel Kooperation voraus. Bei Instrumentenentwicklung, Datenerhebung und Datenauswertung haben mit großem Engagement mitgeholfen in der „Jugendhilfestudie" die Diplompsychologinnen Sabine Döhmen und Elisabeth Nicolai sowie der Diplompädagoge Ivo Nicolai, in der „Psychiatriestudie“ die Diplompsychologen Uwe Bader, Armin Möwes und Michael Platzek, in der Gesamtstudie „Psychologische Medizin und Soziale Arbeit“ die Diplompsychologin Susanne Klein. Für das gesamte Buch hat Uwe Bader in Datenauswertung und Herstellung wertvollste Präzisionsarbeit geleistet. Dr. Ralf Bürgy und PD Dr. Thomas Fydrich haben mich in zahlreichen Fragen quantitativer Forschungsmethodik beraten.

Die Lehrtherapeutinnen und -therapeuten der Internationalen Gesellschaft für Systemische Therapie (damals: Dipl.Psych. Andrea Ebbecke-Nohlen, Dipl.Psych. Peter Gester, PD Dr. Arnold Retzer, Dipl.Psych. Ingeborg Rücker-Embden-Jonasch, Dr. Gunter Schmidt, PD Dr. Fritz Simon und Dr. Gunthard Weber) haben in den Weiterbildungskursen ein kooperatives Klima für die Datenerhebung geschaffen. In diesem Klima haben insgesamt 256 Menschen (30 Jugendliche und 226 Fachleute) Zeit geopfert, damit wir ihre Wahrnehmung von Kooperationsprozessen studieren konnten.

Ihnen allen - und vielen anderen Ratgebern - danke ich.

Heidelberg, im April 1998

Jochen Schweitzer

Inhalt

I. Einführung

Wie können Fachleute in Gesundheits- und Sozialberufen ihre Zusammenarbeit mit ihren Patienten oder Klienten, mit deren Angehörigen und mit anderen Fachleuten so gestalten, daß sie einander möglichst wenig behindern und daß möglichst viel dabei herauskommt?

Zu dieser Frage sucht die vorliegende Arbeit Antworten. Spezieller untersucht sie, was eine Weiterbildung in systemischer Therapie und Beratung dazu beitragen kann – und zwar nicht primär zur Beratung anderer Menschen, sondern zur eigenen Handlungsorientierung von Fachleuten im oft schwierigen Gestrüpp alltäglicher Kooperation in Kliniken, Praxen, Beratungsstellen, Heimen und anderen Einrichtungen.

Der Anstoß zu dieser Arbeit kam aus Problemen der Praxis, mit denen der Autor seit 15 Jahren als Kliniker, Familientherapeut, Supervisor und Teamberater konfrontiert war.

Die Arbeit besteht aus vier großen Teilen. Der erste Teil entwickelt die konzeptionellen Grundlagen einer praxisnahen Kooperationsforschung im Gesundheits- und Sozialwesen. Hierfür werden bislang sehr unverbundene Forschungsstränge gesichtet und aufeinander bezogen: die Gesundheits- und Sozialsystemforschung, die experimentelle Kooperationsforschung, die systemische Beratung, die vielen kasuistischen Berichte und die wenigen Untersuchungen über gelingende und scheiternde Kooperationserfahrungen.

Die drei anderen Teile sind empirische Studien zur Evaluation des Nutzens systemischer Weiterbildung für die alltägliche professionelle Kooperation.

Diese Studien bauen einerseits aufeinander auf: von Studie zu Studie arbeiten sie hypothesengeleiteter, mit größerer Stichprobe und Verallgemeinerbarkeit, mit selektiverer Methodik. Andererseits kann jede für sich gelesen werden, da die drei Studien Kooperation in verschiedenen Praxisfeldern untersuchen: der stationären Jugendhilfe („Jugendhilfestudie"), der klinischen und ambulanten Psychiatrie („Psychiatriestudie"), schließlich quer über verschiedene Praxisfelder („Gesamtstudie Psychologische Medizin und Soziale Arbeit").

Eine Kooperationsforschung im Gesundheits- und Sozialwesen, die sowohl praxisorientiert wie methodisch kontrolliert arbeitet, betritt in vielerlei Weise Neuland. Die qualitativen und quantitativen Studien arbeiten daher mit vielen vom Autor selbst formulierten Hypothesen und vielen selbst entwickelten Forschungsinstrumenten. Die Arbeit versteht sich als Erkundungsfahrt in einem

Territorium, das angesichts aktueller gesundheits- und sozialpolitischer Debatten in den nächsten Jahren mutmaßlich vermehrt Besucher anziehen wird.

	Methoden-spektrum	Stichproben-größe	Verallge-meinerbarkeit
Jugendhilfe	• Teilnehmende Beobachtung • Ratingskalen • Interviews • Ereignis-dokumentation	• 15 Mitarbeiter • 30 Klienten	Eine Institution • Jugendwohn-gemeinschaft
Psychiatrie	• Interview • Fragebogen	• 52 Mitarbeiter	Zwei Institutionstypen • Psychiatrische Klinik • Sozialpsychia-trischer Dienst
Gesamtstudie	• Fragebogen	• 159 Mitarbeiter	Verschiedenste Institutionen und Institutionstypen

Abb. 1: Drei Studien über Kooperation und Systemische Weiterbildung

Die Interdisziplinarität der Arbeit bedingt einige Sprachregelungen, die manchem Leser unvertraut erscheinen mögen. Dieselben Menschen heißen in dienstleistungssoziologischer und gesundheitsökonomischer Terminologie „Anbieter" oder „Kunden", im Gesundheitswesen „Behandler" oder „Patienten", im Sozialwesen „Berater „ oder „Klienten". Professionelle Intervention heißt im Gesundheitswesen meist „Therapie" oder „Behandlung", im Sozialwesen hingegen „Betreuung" oder „Beratung", in der Sprache der Gesundheitsökonomie gar „Leistungserbringung". Diese Begriffe sagen etwas über ihren Verwendungskontext aus; inhaltlich bezeichnen sie oft nahezu identisches.

Da die Mehrzahl der von mir beforschten Fachleute Frauen sind, wäre die ausschließliche Verwendung der konventionellen männlichen Sprachform irreführend. Ich verwende diese daher abwechselnd mit dem neudeutschen Plural mit dem großen „I" (z.B. TherapeutInnen).

II. Professionelle (Nicht-)Kooperation im Gesundheits- und Sozialwesen: Probleme, Lösungsansätze, Forschungsstrategien

1. Übersicht

Im Grundlagen-Teil werden aus Literatur und eigenen Vorarbeiten Grundfragen einer Kooperationsforschung im Gesundheits- und Sozialwesen diskutiert, um konzeptionelle Grundlagen für die drei empirischen Studien zu schaffen.

Kapitel 2 wirft die Frage auf, inwieweit aktuelle öffentlich diskutierte Verschleißphänomene des Gesundheits- und des Sozialwesens auf steigende Anforderungen an professionelle Kooperation hindeuten.

Kapitel 3 versucht den alltagssprachlich-unscharfen und ideologisch besetzten Begriff der Kooperation so zu definieren, daß er für Forschungszwecke tauglich wird. Aus den Perspektiven von Grundlagenforschung und Praxisdiskussion wird der Kenntnisstand darüber zusammengestellt, was Kooperation erleichtert und erschwert. Dabei geraten die je systemspezifischen Nutzenserwägungen in den Blickpunkt: wann lohnt sich welche Kooperation für wen?

Kapitel 4 untersucht die materiellen Rahmenbedingungen und theoretischen Prämissen des Gesundheits- und Sozialwesens in entwickelten Industriegesellschaften daraufhin, welche Arten von Kooperationsproblemen diese wahrscheinlicher machen. Dabei wird auch deutlich, inwiefern Psychologische Medizin und personale Sozialarbeit erhöhte Kooperationsanforderungen an die dort Tätigen stellen.

Kapitel 5 untersucht, wieweit systemtheoretische Erklärungs- und Beratungskonzepte zur Beschreibung dieser Probleme „passen" und zu ihrer Bewältigung taugen. Das von mir zur Verminderung von Kooperationsproblemen mitentwickelte Konzept einer „systemischen Kundenorientierung" wird eingehender vorgestellt.

Kapitel 6 beschäftigt sich mit den Möglichkeiten und Grenzen von Weiterbildung, Kompetenz für die Bewältigung von Kooperationsproblemen zu erzeugen. Die von mir beforschte Weiterbildung der Internationalen Gesellschaft für Systemische Therapie wird beschrieben.

Kapitel 7 prüft verschiedene Forschungsansätze auf ihre Tauglichkeit für Kooperationsforschung im Gesundheits- und Sozialwesen und begründet das von mir gewählte methodische Vorgehen.

2. Verschleißphänomene im Gesundheits- und Sozialwesen als Symptom von Kooperationsproblemen

2.1 Gesundheits- und Sozialwesen in der Krise

Sind die Gesundheitssysteme entwickelter Industriegesellschaften selbst „krank" geworden? Steckt das Sozialwesen mitten drin in der „Krise des Sozialstaates"?

In der öffentlichen Diskussion der neunziger Jahre entsteht der Eindruck, daß nach einer forcierten Fortschrittsphase über die gesamte Industrialisierung und besonders in den sechziger und siebziger Jahren das Gesundheitswesen ebenso wie das Sozialwesen in eine tiefe Krise geraten sei. Im folgenden schildere ich kurz die wichtigsten Symptome und Krisenanzeichen und sichte Hinweise, inwieweit diese Symptome als Kooperationsprobleme gedeutet werden oder werden können.

2.2 Kostenexplosion

In fast allen Industrieländern sind angeblich zu hohe Kosten des Gesundheitswesens (Krämer 1989), in Deutschland insbesondere die bislang kontinuierlich ansteigenden Beitragssätze in der Gesetzlichen Krankenversicherung (Alber 1992) Gegenstand öffentlicher Debatte. Gern wird auf die kontinuierlich gestiegene Zahl der im Gesundheitswesen Beschäftigten und den Geldwert der von ihnen erbrachten Leistungen hingewiesen: Ende der achtziger Jahre erbrachten knapp zwei Millionen Beschäftigte Leistungen im Werte von ca. 200 Milliarden DM pro Jahr (Krämer 1989).

Dabei wird meist nicht die absolute Kostenhöhe kritisch diskutiert, sondern wie effizient die Ausgaben verwendet werden (zur Problematik solcher Effizienzbeurteilung Arnold 1993). Es wird u.a. die Frage gestellt, ob das (Nicht-) Zusammenspiel der verschiedenen Leistungsanbieter diese Effizienz fördert oder mindert. Behauptet wird, daß die dezentrale Anhäufung von Spezialisten und Geräten in Verbindung mit der Einzelleistungsabrechnung die Gesundheitskosten steigert. Zum einen erzeugten zunehmende Geräteinvestitionen, in vielen Praxen und Kliniken verteilt, einen wirtschaftlichen Druck, diese angeschafften Geräte auch auszulasten.

> Ein Kinder- und Jugendpsychiater, mir als exzellenter systemischer Familientherapeut bekannt, schaffte sich zur Niederlassung Anfangs der achtziger Jahre als erstes ein EEG-Gerät an und leitete routinemäßig von allen in sei-

ne Praxis kommenden Kindern ein EEG ab. Das sei medizinisch in der großen Mehrzahl der Fälle sinnlos, aber ohne negative Nebenwirkungen für die Patienten, erklärte er mir. Der Überschuß aus den EEG-Honoraren helfe ihm aber, die schlechten Abrechnungsleistungen für Psychotherapie und besonders Familientherapie in seinem Gesamtbudget zu kompensieren sowie eine zu einseitige Verteilung seiner Abrechnungsziffern zu vermeiden.

Zum anderen begünstige das Nebeneinander vieler, untereinander wenig koordinierter Spezialisten Tendenzen zu überflüssiger Doppeldiagnostik und Doppeltherapie.

Diese in der Kostenexplosionsdebatte häufig wiederholte Kritik an der „Zersplitterung" des Gesundheitswesen hat seit Mitte der siebziger Jahre zu Gegenmaßnahmen geführt. Für Deutschland konstatiert Alber (1992, S.163) seit den Kostendämpfungsdebatten einen Trend in Richtung Vereinheitlichung, Zentralisierung und Beschränkung von Abrechnungsfreiheiten. In den USA hingegen kam es zur verstärkten Bündelung von Dienstleistern in „Health Maintenance Organizations", deren Dienstleistungen von Krankenversicherungen per freiem Vertrag eingekauft werden. In diesen HMO nahm für die einzelnen Ärzte, Krankengymnasten, Psychologen etc. nicht nur der Zwang zu zeit- und geldsparendem Vorgehen, sondern auch der Zwang zur externen Kooperation mit anderen Dienstleistern zu. In der amerikanischen Krankenhausdiskussion taucht Kooperation als Zauberwort der Kosteneinsparung auf: als „Physician-Hospital-Organisation" (Gorey 1992) oder „Strategic Bussiness Unit" (Orr u. Siegel 1986) zwischen niedergelassenen Ärzten und Krankenhäusern; als runder Tisch zwischen 20 Krankenhäusern eines Bundesstaates (Cerne 1993); als „Managed Cooperation" nach dem Vorbild der japanischen Industriepolitik (Coyle 1994). Der Kostendämpfungsdruck erzeugt also einen Kooperationsdruck.

Zum anderen beginnen vermehrte Bestrebungen zur Qualitätssicherung durch Akzeptanz- und Nutzeranalysen (Schwartz 1993) auch den Patienten und manchmal deren Angehörigen größere Bedeutung als „Zensurverteilern" der Qualität von Gesundheitsdienstleistungen einzuräumen. Breitet sich dieser Trend aus, wird er weit höheren Druck als bisher erzeugen, den Patienten in verschiedenster Weise „zu Diensten" zu sein und somit eine andersartige und in gewisser Weise intensivierte Kooperationsbereitschaft der Anbieter im Gesundheitswesen ihren Kunden gegenüber auslösen.

2.3 Non-Compliance der Patienten

Compliance, zu deutsch Folgsamkeit oder Gehorsam, bezeichnet in der Versorgungsforschung das Ausmaß, in dem ein Patient den ihm gegebenen ärztlichen Verordnungen faktisch folgt (Haynes, Taylor u. Sackett 1982). Untersuchungen zeigen, daß die Compliance der Patienten oft erstaunlich gering ist, gemessen insbesondere an den ärztlichen Erwartungen. (Übersichten bei

Haynes, Taylor u. Sackett 1982 und bei Basler 1985). Etwa ein Drittel aller verordneten Medikamente werden von den Patienten nicht eingenommen. Etwa 50% aller chronischen Patienten halten sich nicht an die ärztlichen Behandlungsempfehlungen. Die Abbrecherquote in psychiatrischen, psychosomatischen und Suchtkliniken liegt bei über 50%. Ärzte überschätzen die Compliance ihrer Patienten bei weitem: die Zuverlässigkeit ihrer Vorhersagen, ob ihre Patienten ihren Empfelungen folgen werden, liegt im Bereich der Zufallswahrscheinlichkeiten.

Non-Compliance ist bislang noch wenig als kostentreibender Faktor diskutiert worden. Dabei dürften hier riesige Geldmengen verschwendet werden, wenn man von einigen wahrscheinlichen, aber noch nicht vollständig überprüften Annahmen ausgeht: daß ein Teil der verordneten, aber nicht eingenommenen Medikamente in den Nachtschränken ungenutzt seinem Verfallsdatum entgegenreift (was etwa Roth, Caron u. HSI 1971, zit nach Basler 1985 für Ulcus-Präparate belegten); daß viel Diagnostik gemacht wird, um Behandlungsindikationen zu stellen und Behandlungsempfehlungen zu machen, die von den Patienten hinterher gar nicht umgesetzt werden; daß Unzufriedenheit mit den Empfehlungen eines Behandlers den Patienten zu einem nächsten Behandler führt, der viele schon gemachte Untersuchungen wiederholt.

Dafür, daß „Non-Compliance nicht allein ein Problem des Patienten, sondern ein Problem der Arzt-Patient-Beziehung" ist (Siegrist 1988, S.230, ebenso Basler 1985), gibt es eine Reihe plausibler Hinweise und Erklärungen:

(1) Compliance hängt davon ab, wieweit die Behandler die Aufklärungswünsche der Patienten erfüllen (zusammenfassend Siegrist 1988, S.228 ff). Wenigstens vier Fünftel aller Krankenhauspatienten kommen dorthin mit hohen Informationsbedürfnissen. Aber 60% aller Patienten äußern diese Wünsche nicht oder erhalten die gewünschten Informationen nicht von selbst, so daß ein Drittel schließlich mit unerfüllten Informationswünschen das Krankenhaus wieder verläßt. Nur knapp die Hälfte aller Krankenhauspatienten weiß über die Diagnose, nur ein gutes Drittel über die Therapiemaßnahmen gut Bescheid. Je kränker sie sind, desto höher ist ihr Aufklärungsdefizit (Raspe 1983). Der Aufklärungsgrad wiederum wirkt nachhaltig auf die Compliance-Raten zurück: in einer Untersuchung von Svarstaad (1976, zit. nach Siegrist 1988) betrug diese bei gut instruierten Patienten 52%, bei schlecht instruierten nur 29%.

(2) Nach dem „Health Belief Model" (Becker 1979) hängt die Compliance der Patienten nicht nur davon ab, ob diese eine starke Krankheitsbedrohung wahrnehmen, ob sie die positiven Wirkungen der Behandlung hinreichend optimistisch beurteilen und ob sie die Kosten und die unangenehmen Nebenwirkungen der Behandlung angesichts des erwarteten Nutzens für tolerierbar halten. Die Compliance hängt wesentlich auch davon ab, inwieweit die Behandler insgesamt als kompetent und engagiert erscheinen und ihre einzelnen Behandlungsvorschläge den Patienten einleuchten (Ley 1982 und Hanson 1986, beide zit. nach Ludwig u.a. 1990).

(3) Compliance hängt davon ab, inwieweit die Krankheitstheorien der Patienten und der Behandler übereinstimmen (Verres 1986) oder inwieweit nichtübereinstimmende Krankheitstheorien zwischen beiden soweit erkundet und evtl. ausgehandelt werden können (Becker 1984, Retzer 1994), daß beide sich auf ein abgestimmtes Vorgehen verständigen können.

(4) Medikamenten-Compliance wird gefördert, wenn der Behandler mögliche Befürchtungen des Patienten (u.a. über Nebenwirkungen der Therapie) anspricht, Bedenken „ernst nimmt", ihn gut informiert, der Patient die Information auch versteht, und der Behandlung schließlich ausdrücklich zustimmt („informed consent" - Basler 1985).

(5) Auch Abbrüche stationärer Behandlung stellen sich v.a. bei widersprüchlichen Ziel- oder Mittelvorstellungen zwischen Behandler und Patient ein. Je mehr eigene Wahl der Patient dabei hat, umso besser bleibt er „bei der Stange" (Basler 1985).

Der Begriff „Compliance" deutet möglicherweise selbst schon das Problem an, nach dessen Lösung die Compliance-Forscher suchen. „Folgsamkeit" oder gar „Gehorsam" ist in der Ära des „kritischen Verbrauchers" von Patienten und Klienten wohl kaum noch zu erwarten, eher wollen Patienten und Klienten ihre kritischen Fragen hinreichend beantwortet haben und sich davon gegebenenfalls überzeugen lassen.

2.4 Störende Angehörige

Anders als in armen Ländern, wo zur Pflege ins Krankenhaus mitkommende Angehörige unerläßlich zur Aufrechterhaltung des Medizinbetriebes sind, sind sie in reichen Industrieländern, da wo sie sich einmischen, eher zu „Störenfrieden" eines geregelten stationären Versorgungsbetriebes geworden. Dies zeigte sich von den fünfziger bis in die siebziger Jahre bei den Kontroversen in der Kinderkrankenpflege und Pädiatrie um das „Rooming-In" der Mütter (Ullrich 1993, S.264), in der psychoanalytischen Psychosomatik (Thomä u. Thomä 1968), in der traditionellen stationären Kinder- und Jugendpsychiatrie (Rotthaus 1990, Kap. 6). Eine eher abwehrende oder im günstigen Fall gleichgültige Haltung der Profis gegenüber den Angehörigen ihrer Klienten war außerhalb der Medizin auch in der Jugendhilfe traditionsreich (Mandelbaum 1971, zit bei Conen 1991, S.150).

Diese Ausgrenzung von Angehörigen ist als Konfliktthema in der Praxis dieser Arbeitsfelder weiterhin aktuell (Katschnig 1993), wird dort aber konzeptionell seit den achtziger Jahren vermehrt revidiert. Neben psychologischen Debatten über den Nutzen der Angehörigen für die Genesung des Patienten (Bindungstheorie, Social Support Forschung, Familiendynamik) spielt für diese Revision in neuester Zeit erhöhtes Kostenbewußtsein eine Rolle: lange, pflege- oder betreuungsintensive Verbleibzeiten in Einrichtungen mit hohen Tagessätzen geraten unter Kostendruck. Die Familie wird unter mancherlei ideologischer Verbrämung als die preisgünstigere, faktisch aber oft auch davon überforderte Erziehungs- und Pflegeinstanz wiederentdeckt (Grottian u.a. 1988).

2.5 Burn-Out und Pflegenotstand

Der Begriff „Burn-Out“ (zusammenfassend Burisch 1994, Enzmann u. Kleiber 1989, Herschbach 1991, S.34-41) hat sich zur populären Kurzformel für arbeitsbedingte Belastungen in kontaktintensiven Dienstleistungsberufen entwickelt. Burn-Out wurde zunächst bei ehrenamtlichen Mitarbeitern in amerikanischen „Free Clinics“ beschrieben (Freudenberger 1974), dann bei verschiedenen Gesundheits- und Sozialberufen, schließlich auch bei Managern, Stewardessen, Polizisten und Verkäuferinnen (zum Überblick Burisch 1994, S.14-16). Auch in Deutschland wurde der Begriff der „Hilflosen Helfer“ (Schmidtbauer 1982) und ihrer „Helfer-Leiden“ (Enzmann u. Kleiber 1989) populär. Offensichtlich erfüllen die dramatischen Implikationen des „Ausbrennens“ viele Wünsche, die Belastungsseite helfender Berufe deutlich zu beschreiben, zu beklagen und vielleicht Änderungen einzufordern. Die darunter subsumierten Symptombeschreibungen sind schillernd und uneinheitlich – oft wird Burn-Out mit verschiedensten Ausprägungen von Streß, Arbeitsunzufriedenheit oder Belastung gleichgesetzt.

Was wissen wir über die Belastungen in Gesundheitsberufen?

(1) Ärzte leben zwar nicht kürzer als die Gesamtbevölkerung, aber als Menschen gleichen Bildungsstandes. Sie haben vor allem zwischen dem 45. und 64. Lebensjahr ein zwei- bis dreifach erhöhtes Suizidrisiko, Ärztinnen sogar ein um das 5,7 fache erhöhtes. Auch Depressionen, Sucht und Eheprobleme sind bei Ärzten häufiger. Psychiater und Psychotherapeuten wiederum haben das höchste Suizidrisiko aller medizinischen Fachdisziplinen (Reimer 1994, Heim 1992, Bämayer u. Feuerlein 1986, Schmidbauer 1982).

(2) Frauen im Gesundheitswesen beschreiben sich als stärker belastet als Männer (Heim 1992, Kirkcaldy u. Siefen 1991), insbesondere wenn sie Beruf und Familie verbinden, in abhängigeren Hierarchiestufen stehen und sich den psychosozialen Problemen (und Belastungen) ihrer Patienten stärker öffnen als ihre männlichen Kollegen dies tun.

(3) Subjektive Belastungen und gesundheitliche Beschwerden werden in Selbstbeschreibungen aus der Krankenpflege stärker geschildert als im ärztlichen Dienst (Herschbach 1991, Heim 1992, Muthny u. Stegie 1993). Allerdings belastet beide Gruppen unterschiedliches stärker: Bei den Stressoren der Pflegeberufe rangiert ganz oben der ethische Konflikt, daß Anspruch und Wirklichkeit der Pflege am Patienten zu weit auseinander liegen, der in der größeren Nähe der Pflegeberufe zu den Patienten stärker erfahren wird. Daneben wird die übergroße Arbeitslast in Verbindung mit mangelnder Entscheidungsfreiheit und Mitsprachemöglichkeit und insbesondere mit einer geringen Kontrolle über

die eigene Arbeitssituation als zentraler Streßfaktor beschrieben. Bei Ärztinnen und Ärzten wird die Überarbeitung eher in Verbindung mit beruflicher Verantwortlichkeit und Entscheidungsdruck sowie mit überlanger Abwesenheit von ihren Familien (Nacht- und Wochenendienste) zum Stressor.

Die geschilderten, verschärften Belastungen von Frauen in der Krankenpflege intensivieren (im Verbund mit unzureichender finanzieller Attraktivität des Berufs) den „Pflegenotstand": zuviele Krankenschwestern scheiden wieder aus dem Beruf aus, die übrigbleibenden haben zuviel zu tun, was den Arbeitsdruck verschärft etc.

Die Übersicht macht deutlich, daß der Pflegenotstand neben der Diskrepanz zwischen anspruchsvoller Arbeit und schlechter Bezahlung für das Pflegepersonal auch mit vielen Kooperationsfragen zusammenhängt: der schwierigen Regelung von Nähe und Distanz gegenüber den Patienten; der Auszehrung vor allem von Krankenschwestern durch ihre doppelte „Versorgungsrolle" in der Klinik und in ihren Familien; den Konflikten mit „sich einmischenden" Angehörigen in der Klinik; der „Pufferrolle" zwischen Ärzten und Patienten; dem mancherorts geringen und mancherorts unklaren Autonomiespielraum gegenüber den Ärzten; der Zuständigkeit für eigentlich pflegefremde administrative und hygienische Tätigkeiten; einer zu beiläufigen Anleitung neuer PflegemitarbeiterInnen und SchülerInnen; mangelnden Führungs-, Moderations- und Managementqualifikationen der ärztlichen und der Pflegedienstleitungen (Bartholomeyczik 1987, Muthny u. Beutel 1990, Herschbach 1991, Muthny u. Stegie 1993, Daniel, Ettmüller, Lobnig, Novak u. Stellamor 1993).

2.6 Unerwünschte Nebenwirkungen professioneller Interventionen

Die Nebenwirkungsforschung einzelner Maßnahmen hat in der Medizin eine lange Tradition, ist in der Arzneimittelforschung zur hohen Kunst entwickelt. Nebenwirkungen des Gesundheitssystems als solchem, oder Nebenwirkungen der Interaktion einzelner Gesundheitsdienste auf die Gesundheit von Patienten werden erst seit Ende der sechziger Jahre zum Thema.

Kasuistiken amerikanischer Community Health Services (Hoffmann u. Long 1969, Auerswald 1971) zeigten erstmals, wie eine Reihe gutgemeinter, aber nicht zueinander passender Interventionen verschiedener medizinischer und sozialer Dienste ungewollt Gesundheit und soziale Situation ihrer Patienten verschlechtern konnten. Hoffmann und Long (1969) beschrieben den Fall eines New Yorker Koches, den die gutgemeinten und unkoordinierten Hilfeleistungen einer großen Zahl von Behörden, Sozialdiensten, Krankenhäusern und niedergelassenen Ärzten immer stärker in Alkoholismus, Fehlmedikation, Arbeitslosigkeit und Ehekonflikte verwickelten. (Ich habe diese paradigmatische Fallgeschichte ausführlich in Schweitzer 1987 geschildert. Viele ähnliche finden sich in Blackwell u. Wilkins 1981, Hurley 1982, Carl u. Jurkovic 1983, Imber-Black 1990).

Was fördert solche ungewollten kontraproduktiven Nebenwirkungen professioneller Interventionen? In der amerikanischen Diskussion wird die mangelnde Abstimmung der Gesundheits- und Sozialdienste untereinander und die mangelnde Evaluation der gemeinsam geschaffenen Systemeffekte beklagt (Auerswald 1971). Multi-Problem-Familien in der amerikanischen Sozialhilfe werden als Widerspiegelung eines fragmentierten Multi-Helfer-Systems beschrieben, dessen eigene Zersplitterung auf die Klientel zurückwirke (Selig 1976). Noch grundsätzlicher macht Illich (1979) das Wachstum des Gesundheitswesens über eine noch produktive Wachstumsschwelle hinaus dafür verantwortlich, welches durch die sich verbreitende Dominanz von Experten und die damit einhergehende Entwertung von Laienpraktiken Selbstbehandlungs- und Selbstheilungsressourcen vernichte.

2.7 Verschleiß als Kooperationsproblem

Betrachtet man diese Debatten genauer, so geht es i.d.R. nicht um individuelles Versagen, Inkompetenz oder bösen Willen einzelner Akteure im Gesundheits- oder Sozialwesen. Kostenexplosion, Non-Compliance, Burn-Out oder nichtintendierte Nebenwirkungen kommen oft nicht daher, daß immanent fachliche Standards nicht erfüllt würden, also jemand „schlecht arbeitet". Vielmehr scheint die Interaktion verschiedener kompetenter Dienstleistungssysteme, ihre spezifische Form der Kooperation und Nichtkooperation untereinander und mit ihren Kunden, oft zu unerwünschten Ergebnissen zu führen.

Daß spezifische Formen von Kooperation oder Nicht-Kooperation ein zentraler Verschleißfaktor professionellen Engagements sind, ist mir spätestens in meiner jugendpsychiatrischen Arbeit mit dem Netzwerk dissozialer Jugendlicher klar geworden (Schweitzer 1987). Ich habe seitdem als Therapeut, Supervisor, Weiterbilder und Forscher zahlreiche Erfahrungen dazu gesammelt, die dieses Forschungsprojekt anregten.

3. Kooperation: ein Konzept zwischen Sonntagsreden und Versorgungsrealität

3.1 Was ist Kooperation?

Kooperation ist ein in der Gesundheits- und Sozialpolitik modisches Allerweltswort. Das macht seine Verwendung als Zentralbegriff meiner Untersuchung einerseits attraktiv, weil es an diese Debatten anschließt und zu deren Qualifizierung beitragen kann. Zugleich macht der Allerweltswort-Charakter es aber schwer, eine wissenschaftlich präzise Definition festzulegen, weil schon mehrere, nicht deckungsgleiche, alltagssprachliche Definitionen im Umlauf sind (ausführlich dazu Grundwald 1982).

Im ersten Anlauf läßt sich Kooperation, zu deutsch: Zusammenarbeit, als eine zwischen mindestens zwei Parteien abgestimmte, auf ein Ergebnis gerichtete Tätigkeit definieren. Einige Abgrenzungen verdeutlichen, warum Kooperation für die Zwecke meiner Studien ein besonders geeigneter Begriff ist.

(1) Kooperation zielt notwendig auf ein gemeinsames Arbeitsprodukt ab, anders als „Interaktion", „Kommunikation", „Wechselwirkung" und „Koevolution", und paßt daher zur Untersuchung professioneller Tätigkeit.

(2) Kooperation findet zwischen mindestens zwei Personen statt, anders als „Handlungen" oder „Tätigkeiten", die auch von einer Person allein ausgeführt werden können. Der Begriff paßt zu einer systemtheoretischen Betrachtungsweise.

(3) „Koordination" als „Ausrichtung mehrere Akteure auf ein Ziel" (Bergold u. Filsinger 1993) kann hierarchisch zwei Akteuren von „Außen" oder von „Oben" verordnet werden. Sie kann anders als Kooperation schriftlich erfolgen, gegen den Willen der Akteure, setzt keinen persönlichen Austausch und keine gemeinsame Zieldefinition der Mitwirkenden voraus. Im Gesundheits- und Sozialwesen findet dies höchst selten statt, hier ist das für Kooperation typische persönliche Aushandeln die Regel.

Schwieriger erweist sich in der Praxis die Abgrenzung zu Begriffen, die theoretisch leicht als Gegenbegriffe zur Kooperation beschreibbar sind. „Konflikt" wird bei Wilke (1989, S.99) als die „Kommunikation eines Widerspruchs" verstanden, Kooperation hingegen als eine „kommunikative Verständigung auf wechselseitig anschlußfähige – also nicht notwendigerweise übereinstimmende – Präferenzen". Kooperation setzt danach zwar nicht voraus, daß zwei Parteien sich einig sind, aber daß sie sich darüber einig sind, worüber sie sich uneinig sind, und wie sie mit dieser Uneinigkeit im weiteren umgehen wollen. In der Praxis ist dies aber meist schwer auseinanderzuhalten, ist „konflikthafte Kooperation" als dauerndes Schwanken zwischen Widerspruchskommunikation und Verständigung auf anschlußfähige Präferenzen häufig.

Ähnlich schwierig dürfte in der Praxis die Abgrenzung zur „Konkurrenz" fallen. Diese liegt nach Deutsch (1949) vor, wenn die beteiligten Akteure die Erreichung ihrer eigenen Ziele eher im Widerspruch gegen die Zielerreichung der anderen erwarten. Kooperation liegt vor, wenn erwartet wird, die Zielerreichung des einen fördere zugleich die Zielerreichung des anderen. Auch dies liegt etwa in Teamprozessen in Kliniken oder Beratungsstellen oft sehr eng beieinander. Wann belebt Konkurrenz auch bei der Kooperation das Geschäft, oder ab wann ist sie deren Tod?

Einige weitere Fragen verdeutlichen, daß ein sehr enger Kooperationsbegriff in der Praxis zu kurz greift.

- Kann es absichtslose, gar planlose Kooperation geben? – daß zwei Parteien also miteinander kooperieren, ohne dies zu wissen oder gar ohne dies zu wollen? (Aus der Binnensicht der Akteure ist dies sicher zu verneinen. Aber ein beobachtender Dritter wird die Handlungen zweier Akteure vielleicht als Kooperation bezeichnen, auch wenn die Beteiligten das ganz anders sehen.)

- Ist Nicht-Kooperation auch eine Form der Kooperation? Es geschieht ja in Sozialarbeit und Medizin häufig, daß viele Profis „am selben Patienten/Klienten schaffen", ohne voneinander zu wissen, und daß sie damit interaktiv, aber ohne Bewußtheit ein gemeinsames Ergebnis produzieren.

- Ist Kooperation ein grundsätzlich positiv besetzter Vorgang, ein Ziel an sich, wie dies in vielen Festschriften und Sonntagsreden impliziert wird? Ist mehr Kooperation bessere Kooperation? Oder kann es außerordentlich sinnvoll sein, besserer Arbeitsergebnisse zuliebe nicht zu kooperieren?

Wer von Kooperation spricht, kann also zwischen sehr engen (ambitionierten) und sehr weitgefaßten (anspruchsloseren) Begriffsdefinitionen wählen, die sich vor allem in der Kontaktdichte, in der Gemeinsamkeit der Zielbestimmung und in der affektiven Qualität des Austausches unterscheiden. Da meine Studie nicht spezielle anspruchsvolle Kooperationsformen, sondern den „einfa-chen Kooperationsalltag" untersuchen will, verwende ich eine „weite" Definition von Kooperation, die Kooperation nicht per se für etwas Gutes hält und die daher konflikthafte, konkurrenzbetonte, niedrigdosierte, absichtslose, nicht-bewußte und kontraproduktive Formen von Konkurrenz einschließt.

Ich will professionelle Kooperation definieren als:

(1) Die Handlungen mindestens zweier Parteien (davon mindestens ein Fachmensch),
(2) die in einem Kontext professioneller Dienstleistungen
(3) sich auf dasselbe (nicht unbedingt ähnlich definierte) Problem beziehen und bezüglich dieses Problems
(4) ein Arbeitsergebnis erzielen wollen (über das keine Einigung bestehen muß). Diese Handlungen können
(5) mehr oder weniger koordiniert erfolgen,
(6) gleichzeitig oder kurz nacheinanderfolgen.
(7) Die Parteien können, müssen aber nicht voneinander Kenntnis nehmen.

Diese Definition ist sehr weit. Sie ermöglicht es, relativ frei von moralisch-ideologischen Wertvorstellungen („Kooperation ist gut, Nicht-Kooperation ist schlecht"), das Phänomen zu untersuchen. Wo immer der Begriff „Kooperation" in einem engeren und spezielleren Sinn benutzt wird, nämlich als absichtliches Zusammenwirken auf ein gemeinsames Ziel hin mit wenig Konflikt und Konkurrenz, mache ich dies als „Kooperation i.e.S." deutlich.

Die Definition weist zugleich auf eine konstruktivistische Grundannahme hin: ich verstehe professionelle Kooperation nicht als einen objektiv beschreibbaren Sachverhalt, zu dem wir als „Ding an sich" einen direkten Zugang hätten. Kooperation läßt sich nur untersuchen anhand der multiplen Beschreibungen und Bewertungen unterschiedlicher Akteure über einen Sachverhalt, über den zwischen den Beteiligten kein Einvernehmen zu bestehen braucht.

Unter „Kooperationsproblemen“ verstehe ich infolgedessen alle Begleitumstände von Kooperationsprozessen, die von mindestens einem der beteiligten Akteure oder von einem Beobachter für ein Problem gehalten werden, das heißt für einen veränderungsbedürftigen Zustand. Auch hier braucht es keine Einigkeit zu geben, ob ein Problem vorliegt.

3.2 Warum wird Kooperation so dauerhaft gepredigt?

Kooperation ist im Gesundheits- und Sozialwesen allgemein, und speziell in Psychiatrie und Jugendhilfe, ein beliebter Begriff für Sonntagsreden: heftig propagiert und laut allgemeiner Klage unzureichend verwirklicht.

Warum wird Kooperation in diesen Arbeitsfeldern so oft gepredigt? Eine erste Hypothese sieht die Rede über Kooperation ideologiekritisch: als Ausdruck eines – unehrlichen – Harmoniebedürfnisses, einer traditionsreichen Bevorzugung von Konsens gegenüber Dissens in menschlichen Auseinandersetzungen.

Profis im psychosozialen Dienstleistungssektor wird oft ein ausgeprägtes Harmoniebedürfnis unterstellt. Mitzlaff (1988) zitiert amerikanische Unternehmensuntersuchungen, wonach Ziel- und Mittelkonfliktdebatten in psychosozialen Diensten so selten seien wie in keiner anderen der dort untersuchten Branchen. Hinter sogenannter Kooperation verstecke sich oft ein Ausweichen vor dem Austragen von Konflikten, verbunden mit „Schein-Kooperation“ (Mitzlaff 1983, Wienberg 1987) und verdecktem „Sich-Anschwärzen“ (Mitzlaff 1988). Dies könnte Teil einer traditionsreichen Vorliebe für Konsens-Findung statt Dissens-Präzisierung als Ziel sozialer Diskurse sein. Willke (1989, S.139) beschreibt kritisch, daß „Konsens – im Gegensatz zu Dissens – zwar positiv bewertet wird, aber in komplexen Interaktionsgefügen hartnäckig sich nicht einstellen will“.

Daß Kooperation auch als strategischer Kampfbegriff verwendet wird – dieser Eindruck drängt sich bei der Lektüre zahlreicher Aufsätze über Kooperation auch in Fachzeitschriften auf. Manche lassen sich lesen als Aufforderung statusschwächerer Berufsgruppen oder Institutionen an die statusstärkeren, sie doch ernster zu nehmen und besser zu behandeln. Umgekehrt fordern etablierte Fachleute, Berufsgruppen und Institutionen im Lichte des Kooperationsbegriffs die neueren und jüngeren auf, nicht zu sehr vom traditionellen Kurs abzuweichen. Man findet Aufforderungen der Finanziers an die Dienstleister, durch Ressourcenzusammenlegung mehr Geld einzusparen, und man findet besänftigende Mitteilung der Dienstleister an die Finanziers, dieses tue man bereits. Entsprechend besteht ein Großteil der Publikationen über Kooperation im Gesundheits- und Sozialwesen aus Klagen oder Erfolgsberichten.

Harmoniebedürfnis und Konsens-Präferenz einerseits, Machtstrategien andererseits reichen aber m.E. als Erklärung für die vielen Reden über Kooperation, speziell in Psychiatrie und Jugendhilfe, nicht aus. Eine handfeste Veränderung politischer Rahmenbedingungen kommt hinzu. Anhand der von Bergold und Filsinger (1993) angebotenen Liste möglicher Umgangsstrategien zwischen psychosozialen Institutionen läßt sich zeigen, daß viele traditionelle Steuerungsformen (z.B. Abschottung, Überweisung, Machtstrategien, Koordination) in einem plurizentrischen Versorgungssystem nicht hinreichend funktionieren und der Ergänzung durch modernere Strategien bedürfen, zu denen die Autoren neben Vertrauensstrategien und dem Aufbau eines ideellen Milieus u.a. auch Kooperation in einem engeren Sinne der Zusammenarbeit am gleichen Gegenstand in direkter Interaktion rechnen.

I. Independenz: der Versuch, sich unabhängig zu machen

II. Interdependenz: der Versuch, sich zu verbünden

(1) Durch Überweisung zu Versorgungsketten

(2) Durch formale Hierarchie, erinnerte Systemgeschichte und vertragsartige Regelungen zum Aufbau von Machtpositionen

(3) Durch Aufbau von persönlichen Kontakten zur Entwicklung von personalem und institutionellem Vertrauen

(4) Koordination: die Ausrichtung auf ein Ziel

(5) Kooperation: die Zusammenarbeit am gleichen Gegenstand

(6) Durch gemeinsame Diskussion zur Entwicklung eines ideellen Milieus

Abb. 2: (Nicht-)Vernetzungsstrategien zwischen psychosozialen Diensten (aus Bergold u. Filsinger 1993)

Bergold und Filsinger unterscheiden zunächst zwischen Independenz und Interdependenz als Grundstrategien. Independenz, also Abschottung, Für-Sich-Bleiben, Sich-Selbst-Genügen können nur große Institutionen mit garantiertem Patientenzustrom praktizieren, die nicht von Überweisungen anderer abhängen, und die alle möglichen Dienstleistungen innerhalb der eigenen Organisation bereitstellen können. Alle anderen müssen sich irgendwie verbünden, um ihre Existenz zu sichern.

Die sechs von Bergold und Filsinger beobachteten Interdependenz-Strategien lassen sich m.E. nochmals unterteilen in zwei Gruppen: in eher zentral-hierarchische, „hart kodierte" Strategien wie formale Hierarchie und Koordination, sowie in eher dezentral-heterarchische, „weich kodierte" Strategien, wie Überweisung, Vertrauen, Kooperation und Aufbau eines gemeinsamen ideellen Milieus.

Kooperation als eher dezentral zu organisierende, hierarchisch unzureichend verordenbare, eher informell als formell geregelte Strategie des Sich-Verbündens ist m.E. in Arbeitsbereichen, deren Praxis nur sehr begrenzt durch Vorschriften programmierbar ist, sondern einen hohen Anteil persönlicher Gestaltung zuläßt und erfordert, von zunehmender Bedeutung. Das ist der gesamte psychosoziale Bereich im Gesundheitswesen, das sind die personalen sozialen Dienstleistungen. In diesem Sinne sind Forderungen nach mehr Kooperation nicht nur ideologisch zu verstehen.

3.3 Warum wird Kooperation seltener praktiziert als gepredigt?

Im Kontrast zu vielen moralischen Kooperationsgeboten und faktisch zunehmenden Kooperationserfordernissen scheint Kooperation im engeren Sinne (also absichtliche Zusammenarbeit am gleichen Gegenstand in direkter Interaktion) dennoch ein eher seltenes Ereignis zu sein. Warum?

Eine einfache, aber plausible Antwort ist: Kooperation im engeren Sinne ist nicht überall nötig, nicht überall sinnvoll. Abschottung, Konflikt- und Konkurrenzstrategien können oft lohnender sein. Das läßt sich schon theoretisch aus drei Perspektiven plausibel machen, die zum gleichen Ergebnis führen:

(1) Systemtheoretisch gesehen folgen autonome, sich selbst erhaltende Systeme ihrer spezifischen Eigendynamik, Eigengesetzlichkeit, Eigeninteressiertheit. Ein sie verbindendes Gesamtinteresse ist zunächst einmal unwahrscheinlich (Willke 1989, S.107).

(2) Austauschtheoretisch (Mitzlaff u. Wegner 1985) sind alle Organisationen immer mit knappen Ressourcen konfrontiert und versuchen daher ihre Erträge zu maximieren und ihre Kosten zu minimieren. Dauerhafte Kooperation ist danach nur befriedigend, wenn beide Seiten in gleichem Maß aus dieser Beziehung profitieren.

(3) Radikal-marktwirtschaftlich (Simon u. Connecta 1992) gesehen, bewerten Interaktionspartner stets das eigene und das Verhalten der anderen nach ihrem privaten, nicht konvertiblen Währungssystem. Was der eine für ein freundliches Kooperationsangebot hält, kann dem anderen als Unverschämtheit erscheinen, auf die er keinesfalls mit Kooperation reagieren möchte.

Damit kooperatives Verhalten zwischen zwei Interaktionspartnern begonnen und aufrechterhalten wird, muß es sich für beide lohnen. Der Nutzen von Kooperation hängt aber oft davon ab, ob Dritte wollen, daß diese zwei andere miteinander kooperieren und dafür günstige Rahmenbedingungen schaffen. Z.B. will ein Chefarzt, daß eine Assistenzärztin und eine Oberschwester besser zusammenarbeiten; ein Sozialdezernent erwartet dies zwischen Sozial- und Jugendamt, ein Gesundheitsminister zwischen ambulanter und stationärer Krankenversorgung. Wollen sie damit Erfolg haben, müssen sie Rahmenbedingungen festlegen und deren Einhaltung überprüfen, unter denen es sich für die direkten Beteiligten lohnt, miteinander zu kooperieren – bzw. in dem es sich für diese rächt, nicht miteinander zu kooperieren. Das können informelle Anerkennung oder Mißbilligung, finanzielle Anreize oder Entzugsdrohungen und Dienstvorschriften sein. Fehlende Kooperation deutet oft daraufhin, daß

Kunden wenig Druck ausgeübt haben, und daß Leitungsebenen versäumt haben, Kooperation im Geldbeutel oder im Selbstwert lohnend werden zu lassen.

Ob sich Kooperation für die Akteure lohnt, zeigt sich nicht an deren verbal bekundeten Kooperationsabsichten, sondern an ihrem faktischen Tun. Eine sinnvolle Strategie für Akteure, wenn ihre Kooperationsbereitschaft moralisch gefordert, aber materiell nicht honoriert wird, ist „Schein-Kooperation, wo auf der Basis verbal geäußerter, im Unverbindlichen bleibender, allgemeiner, häufig ideologisch verbrämter Übereinstimmung die Probe aufs Exempel im konkreten Miteinanderhandeln gar nicht mehr gemacht wird" (Wienberg 1988).

3.4 Wann lohnt sich Kooperation für wen?

Diese Frage wird in der empirischen Sozialpsychologie, Politikwissenschaft und Unternehmensforschung anhand von Experimenten zu „sozialen Dilemmasituationen" untersucht (zum Überblick: Grunwald u. Lilge 1982). In diesen Dilemmasituationen ist den Akteuren nicht vollständig klar, ob Kooperation (i.e.S) oder Konkurrenz sich für sie lohnen wird. Sie müssen also in einer unsicheren Aushandlungssituation mit begrenzten Informationen Entscheidungen über Kooperation oder Konkurrenz treffen. In Experimenten zu sozialen Dilemmasituationen, als bekanntestem dem Gefangenendilemmaspiel, wurden die Formen und Bedingungen möglicher Akteursstrategien untersucht (Axelrod 1987, Bierhoff u. Müller 1993, Scholl 1994). Axelrod (1987) beschrieb und interpretierte die Ergebnisse zweier Computerturniere mit rivalisierenden Kooperationsstrategien. Jeweils siegte, insbesondere auch in immer wiederholten Spieldurchgängen, die Strategie „Tit for Tat". Diese beginnt im ersten Zug immer mit einer Kooperation und verhält sich in den folgenden Zügen so (nämlich kooperativ oder nicht-kooperativ) wie der Mitspieler in seinem letzten Zug. Diese Strategie stellt sich also nach einer kooperativen „Vorleistung" sehr auf die faktisch gezeigte Kooperation des Gegenübers ein – sozusagen „wie Du mir, so ich Dir" oder auch „je nachdem", aber nie „ganz oder gar nicht".

Scholl (1994) schildert im Anschluß an Thomas (1976), welche Lösungsmöglichkeiten in einer Konfliktsituation bestehen, in der die Beteiligten die Überzeugung haben, ihre Ansprüche auf ihrem derzeitigen Anspruchsniveau nicht zusammen befriedigen zu können. Die folgende Abbildung, die auf der einen Achse unterschiedlich starke Präferenzen für distributives (konfliktanheizendes) Vorgehen nach dem Motto „Je weniger ich kriege, desto weniger kriegst du, und auf der anderen Achse für integratives, konfliktreduziernedes Vorgehen nach dem Motto „wir sollten uns auf etwas einigen" aufträgt, zeigt einige mögliche Strategien:

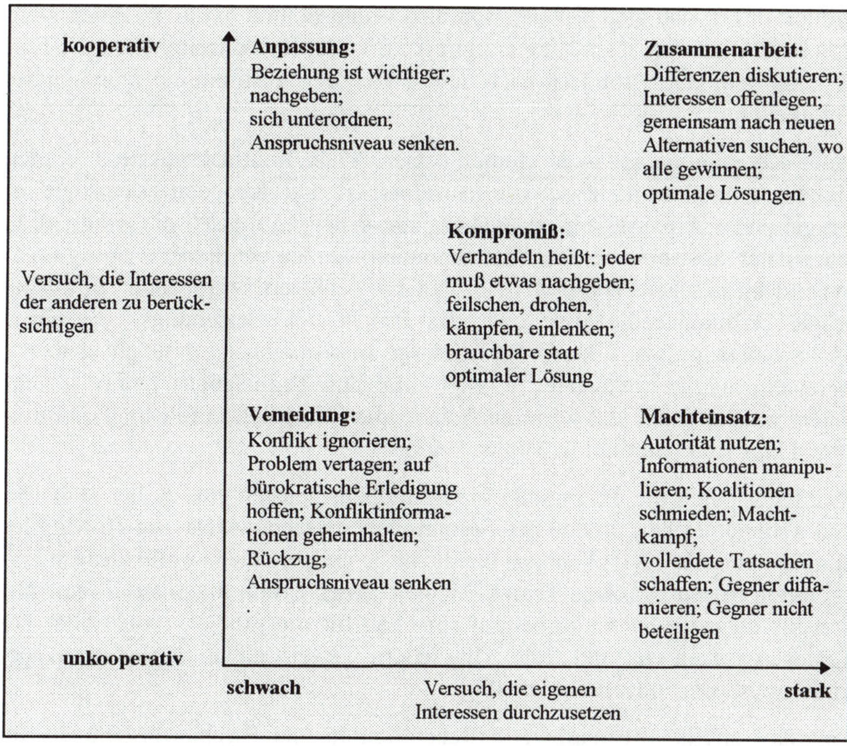

Abb. 3: Verschiedene Konflikthandhabungen in Dilemmasituationen (nach Thomas 1976, zit. aus Scholl 1993, S.436)

Neben der sozialpsychologischen Forschung lassen sich auch einige Praxisdiskussionen aus der Gemeindepsychiatrie für verallgemeinerbare Hypothesen darüber nutzen, wann sich Kooperation für wen lohnt:

(1) Kooperation, i.e.S. als Gegensatz zu „Konflikt" verstanden, lohnt sich eher für ältere, schon länger bestehende Versorgungssysteme. In frühen Aufbauphasen erweisen sich Beziehungsformen mit mehr Streit und Unordnung als innovativer (Mitzlaff 1988).

(2) Kooperation, als Gegensatz von Abschottung verstanden, lohnt sich für Institutionen oder Versorgungssysteme, die von anderen z.B. als Überweisungsquelle von Patienten zu abhängig sind, als daß sie sich abschotten und eine Welt für sich und ihre Klienten/Patienten aufbauen könnten (Bergold u. Filsinger 1993).

3.5 Wann wird Teamkooperation produktiv?

Die Sozialpsychologie untersucht diese Frage in „Koordinierungssituationen". In diesen ist, anders als in Dilemmasituationen, für die Akteure evident, daß Interessen gemeinsam verwirklicht werden können und müssen (Bierhoff u.

Müller 1993), daß sich Kooperation also grundsätzlich lohnt. In ihnen stellt sich nicht die Frage nach Kooperation (i.e.S.) oder Konkurrenz, nicht die Frage nach dem „Ob", sondern nach dem „Wie" der Abstimmung individueller Tätigkeiten.

Mehr Kooperation ist nicht immer besser. Viele Routinetätigkeiten werden ohnehin schneller und besser von Einzelnen erledigt. Kooperationsvorteile interagierender Arbeitsteams gegenüber „nominalen Gruppen", die lediglich zu marginaler Abstimmung zusammenkommen, werden bei der Erzeugung kreativer Ideen gesehen. Diese werden aber nur realisiert, wenn nicht zu ausgeprägte Harmoniebedürfnisse oder das Primat von Beziehungs- gegenüber Sachproblemen dazu führen, daß wichtige Informationen „draußen bleiben"; wenn ein aufgabenrelevantes Wissen unter den Teilnehmern relativ gleichmäßig verbreitet ist; und wenn auch dabei die Kompetenzzuweisungen hinreichend klar sind (Bierhoff u. Müller 1993).

Zweifellos spielt die Teamgröße in Gesundheitsdiensten eine Rolle. Stahelski und Tsukuda (1990) fanden bei Teamgrößen zwischen zwölf und 30 Mitgliedern in demselben Krankenhaus die dichteste und zugleich konfliktärmste Kooperation in den kleineren Teams. Meine eigenen Erfahrungen aus Teams mit drei bis zwanzig Fachmitarbeitern sprechen für die größte Produktivität bei Teams zwischen vier und sechs Mitgliedern; jenseits davon wächst der Koordinierungsbedarf unverhältnismäßig.

Praktiker aus der Teamarbeit in Rehabilitation und Psychiatrie betonen die Balance zwischen widersprüchlichen Kooperationsstrategien als Voraussetzung klinischer Produktivität. Wöhrl (1988) fordert ein ausgewogenes Verhältnis zwischen fünf gegensätzlichen Kooperationstendenzen:

	Ausgewogenes Verhältnis zwischen		**Zu vermeidende Extremvariante**
Verselbständigung	Eigenständigkeit – Wahrung beruflicher Identität	Aufeinanderbezogensein, Entwicklung gemeinsamer Identität	Verantwortungsdiffusion, Uniformität
Ablehnung jeglicher Führung	Anspruch auf Gleichberechtigung	Anerkennung notwendiger Führung	Genereller Führungsanspruch
Überstrapazierung persönlicher Beziehungen	Vertrauen	Achten auf die Äquivalenz von Leistungen	Gegeneinanderaufrechnen v. Leistungen
Versachlichung von Beziehungen	Sachorientierung	Beziehungsorientierung	Verpersönlichung von Beziehungen
Formalisierung jeglicher Kontakte	Festlegung von Kontakten	Spontaneität von Kontakten	Unverbindlichkeit der Zusammenarbeit

Abb. 4: Bedingungen produktiver Zusammenarbeit (nach Wöhrl 1988)

Kisker (1988) beschreibt vier Dimensionen psychiatrischer Teamarbeit, deren jede in einem mittleren Ausmaß für die Patienten therapeutisch wirke, in extremerem Ausmaß aber in eine unproduktive Krisenzone hineinführe. Dies sind die Verteilung von Verantwortung zwischen Dirigismus und Mehrheitsentscheidung, die Beteiligtheit aller zwischen „alle machen alles“ (Enragement) und „keiner fühlt sich für etwas zuständig“ (Indifferenz, der zwischenmenschliche Abstand zwischen Kumpanei und Einzelgängertum und schließlich die Professionalisierung zwischen Rollendiffusion und Rollenversteifung.

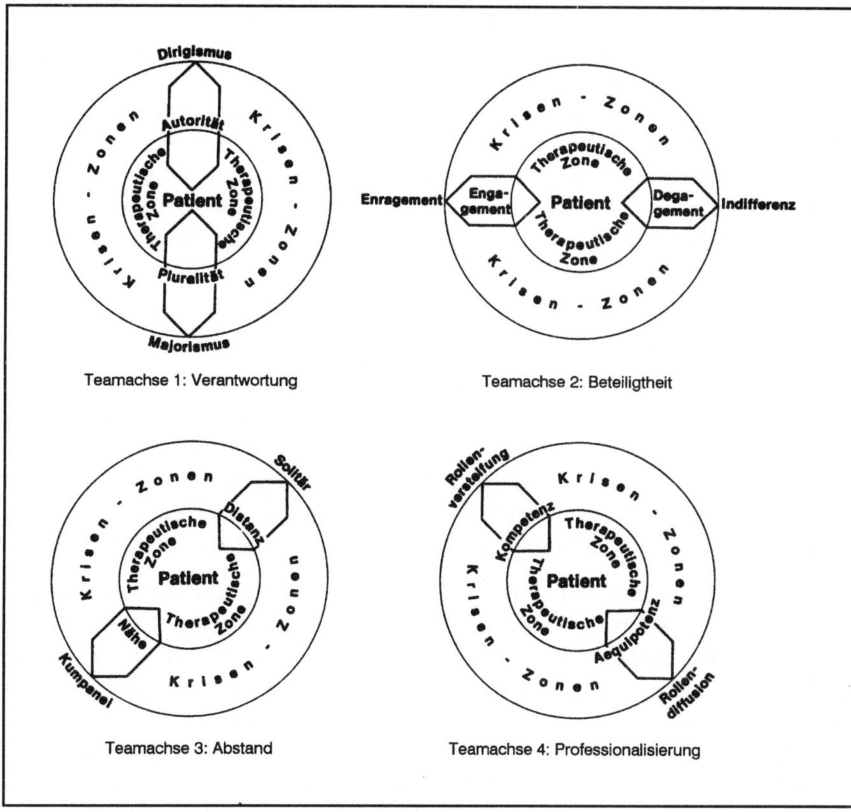

Abb. 5: Vier Teamachsen (aus Kisker 1988)

3.6 Drei Schnittstellen: Berufsgruppen, Somatische und Psychologische Medizin, Gemeindepsychiatrie

An einigen Schnittstellen werden Kooperationsfragen im Gesundheitswesen ausführlicher thematisiert als andernorts. Diese sollen hier auf mögliche Antworten auf die Frage: „Wann lohnt sich Kooperation für wen?“ untersucht werden.

Berufsgruppen

Hier liegen Arbeiten vor, die sich vorrangig oder zumindest am Rande mit der Kooperation zwischen Krankenpflege und Medizin (Herschbach 1991, Muthny u. Stegie 1993), Sozialarbeit und Medizin (Schäffer 1989), Medizin und Psychologie (Zenz 1988) beschäftigen. Bereits diese Aufzählung verdeutlicht, daß alle anderen Berufsgruppen sich hauptsächlich an den Ärztinnen und vor allem Ärzten als der „dominierenden“ Berufsgruppe reiben.

(1) Die Zusammenarbeit von Krankenhausärzten und Kliniksozialdiensten (Schäffer 1989) wird dadurch geprägt, daß Ärzte Entscheidungen über Entlassungen fällen und Sozialarbeiter diese umzusetzen haben, die Ärzte sich aber mit den dabei anfallenden Aufgaben (z.B. Heimunterbringung, Organisation ambulanter oder familiärer Pflege, Sozialhilfe oder Frühberentung) meist schlecht auskennen. Engagieren sich die Ärzte bei diesen Aufgaben gleichwohl, treffen sie oft aus sozialarbeiterischer Sicht „falsche“ Entscheidungen, die die Sozialarbeiter dann „auszubaden“ haben. Übernehmen die Sozialarbeiter hier die Gesamtverantwortung, „übergehen“ sie häufig ärztliche Kompetenzen. In dieser Situation wird es für beide Gruppen eher unwahrscheinlich, nicht in Konflikte zu geraten.

(2) Zwischen Ärzten und Psychologen speziell in der Psychiatrie postuliert Zenz (1988) anhand einiger Indikatoren eine zunehmende Professionalisierung der Psychologen und Deprofessionalisierung der Ärzte. Dabei seien beide Berufsgruppen sich in der jeweiligen Selbst- und Fremdbeschreibung über die Psychiater einig, nicht aber über die Psychologen: diese schreiben sich höhere Komptenzen zu, als die Psychiater ihnen konzedieren. In einer Situation, in der die Ärzte sich ihres höheren Status nicht mehr unangefochten sicher seien, werde die nervöse Abwertung anderer Berufsgruppen wahrscheinlicher.

(3) In einer Befragung von Onkologie-Krankenschwestern nach positiven und belastenden Aspekten der eigenen Arbeit (Muthny u. Stegie 1993) tauchen „Auseinandersetzungen mit Ärzten“ bei 28% der Befragten als dritthäufigste Belastungsquelle auf, während bei positiven Aspekten nur das konkurrenzindizierende Item „Sich in vielem gleich gut auskennen wie die Ärzte“ von 18% gehäuft angekreuzt wird. Die Zufriedenheit mit dem Verhältnis zu den Ärzten ist geringer als die mit dem Verhältnis zu den Patienten und den BerufskollegInnen. Umgekehrt sind mir zur Zufriedenheit von Ärzten mit dem Pflegepersonal derzeit keine Untersuchungen bekannt.

Die Ärzte dominieren das Gesundheitswesen zwar weiterhin, aber weit weniger unangefochten als früher. Die Pflegeberufe beginnen verstärkt eine eigene professionelle Identität von der ärztlichen abzugrenzen. PsychologInnen und SozialarbeiterInnen als relativ „neuere“ Gesundheitsberufe versuchen sich – besonders in der Psychologischen Medizin – aus engen Spezialistenrollen als Psychodiagnostiker oder Antragsausfüller und Entlassungsorganisatoren in das Zentrum stationärer und ambulanter Gesundheitsarbeit hinein zu bewegen: in Indikationsstellung, Therapie und Behandlungskoordination. Dies verstärkt das Öffentlichwerden solcher Konflikte.

Welche Wege könnten solche Berufsgruppenkonflikte reduzieren? Strukturelle Voraussetzung scheint mir die Anerkennung der bereits stattgefundenen fachlich-konzeptionellen Emanzipation der anderen Berufsgruppen in den Organisationsstrukturen von Krankenhaus und ambulanter Gesundheitsversorgung: eigene professionsspezifische Leitungsstrukturen und Entscheidungskompetenzen auch für die „neuen Berufe", gleiche Bezahlung für gleiche Leistung, Aufstiegschancen unabhängiger vom Grundberuf, Befreiung insbesondere der Pflege von fachfremden Verwaltungs- und Putztätigkeiten.

Erfahrungen aus der Praxis zeigen, daß Kooperation zwischen den Berufsgruppen dann leichter läuft:
(1) wenn sie nicht in Fachdiensten, sondern in interdisziplinären Teams organisiert sind;
(2) wenn deren Mitglieder dank gemeinsamer, transparenter Praxis genug Einblick in die Arbeit der anderen Berufsgruppen haben;
(3) wenn widersprüchliche Hierarchien (die fast unvermeidbar sind) in gegenseitiger Respektierung ausbalanciert werden – wenn etwa der junge Stationsarzt die alte Stationsschwester fragt: „Wie machen wir das hier auf der Station mit der Bereitschaftsmedikation für die Nacht?", die Schwester ihm von bisherigen bewährten Traditionen berichtet, und der Arzt dann das von der Schwester empfohlene mit kleinen, tolerablen Modifikationen von sich aus anordnet.

Somatische und Psychologische Medizin

Für die Psychosomatische Medizin wird häufig beklagt, daß sie trotz inzwischen gut fünfzigjähriger Geschichte in Deutschland von der somatischen Medizin, insbesondere der Akutmedizin, durch einen institutionellen und konzeptionellen Spalt getrennt geblieben sei (Bräutigam 1988, Richter u. Wirsching 1991, Uexkuell u.a. 1992, Rudolf u. Wilke 1993). Zahlreiche Entwicklungen in Konsiliar- oder Liaisondiensten (u.a. Wirsching 1983, Freyberger et al. 1985, Künsebeck et al. 1988, Herzog u. Hartmann 1990, Willi 1991, Kinzl und Biebl 1992), in der institutionellen Verzahnung psychosomatischer und somatischer Abteilungen (u.a. Pontzen 1992), in der institutionellen Integration psychosomatischer Abteilungen in somatische Kliniken (u.a. Hahn 1983, Schwarz u. Zettl 1991, Ullrich 1993) und in der Ausübung psychosomatischer Medizin durch somatische Fachärzte und Kliniken (u.a. Wedler 1992) scheinen diesen Spalt nicht grundsätzlich überwunden zu haben.

Ich will aus den mir vorliegenden Berichten einige Erfahrungen darüber bündeln, unter welchen Umständen sich solche Kooperationen zwischen somatischer und psychologischer Medizin so sehr lohnen, daß sie zustandekommen und über längere Zeit weiterlaufen:

(1) Die gegenseitigen Dienstleistungsnachfragen und -angebote müssen einander entsprechen. Somatiker schätzen es offensichtlich, wenn Psychosomatiker eine zu ihren Bedürfnissen passende Dienstleistung offerieren. Dazu gehören Aspekte wie rasche Erreichbarkeit, verläßliche Termineinhaltung und Beschränkung auf die Überweisungsthematik (Kinzl u. Biebl 1992) oder persön-

licher Einsatz auch im Nachtdienst (Willi 1991). Die Psychosomatiker hingegen wollen oft ihre Kompetenzen eher supervisorisch anbieten, die somatischen Ärzte in gemeinsamer Fallarbeit qualifizieren, was diese offensichtlich erst nach vielen vorangegangenen „Fronteinsätzen" der Psychosomatiker begehren, wenn überhaupt (Willi 1991). Die Somatiker psychosomatisch „bekehren" zu wollen, schafft eher Widerstand als Kooperation (Friedrich 1988).

(2) Der „Eintritt" des meist jüngeren psychologischen Dienstes in die ältere somatische Klinik oder Abteilung muß gut abgestimmt sein: von beiden Leitungen nachhaltig unterstützt, auf einen Vorabbedarf reagierend, die Leistungen der Somatiker wertschätzend, immer wieder den gegenseitigen Konsens rückprüfend (Koch u. Siegrist 1988, Ullrich 1993,Teil I).

(3) Es müssen für beide Seiten zeit- und karriereökonomisch lohnende Kooperationsformen gefunden werden. Psycho-somatische Kooperation darf unter den Stressbedingungen der Klinik nicht wesentlich mehr Zeit und Energie kosten, als sie an anderer Stelle (dank zufriedenerer Kunden, weniger chronifizierender Krankheitsverläufe, weniger Burn-Out bei den Mitarbeitern) wieder einspart (Koch u. Siegrist 1988). Und sie muß sich für das berufliche Fortkommen der Ärztlichen Leiter und der Mitarbeiter lohnen, sei dies über Weiterbildungsbescheinigungen, Publikationen oder einen finanziellen Niederschlag verbesserter Reputation des Hauses im eigenen Portemonnaie. In Universitätskliniken scheint solcher Lohn eher auf der Forschungsseite denn auf der Versorgungsseite zu winken (Kinzl u. Biebl 1992), was an manchen Universitätskliniken durch eine hohe Quote an Forschungspsychologen bei zugleich wenig kontinuierlicher psychologischer Patientenbetreuung indiziert wird. Willi (1991) überlegt daher, ob angesichts der Extremspezialisierung der Universitätskliniken nicht die Hausärzte der bessere Kooperationspartner der Psychologischen Medizin wären.

Mittag (1992) bietet eine Sammlung überzeugender Tips, wie die Integration von Psychologen in organmedizinische Kliniken gelingen kann. Das Grundprinzip könnte man als „mitten hinein" beschreiben: sich nicht in einer abseitigen Nische plazieren. Der Psychologe muß die Klinik und die Klinik ihn kennen. Konkret heißt dies: das Dienstzimmer auf die Station legen; einen Kittel anziehen, wenn alle ihn anhaben; Kontakte ins Stationszimmer suchen; möglichst ähnliche Dienstzeiten wie die Ärzten festlegen; nicht einseitig den Psychotherapeuten spielen, sondern verschiedene Tätigkeiten übernehmen; das in Kliniken besonders wichtige Berichtswesen kompetent mitspielen; keine „Schweigepflichtspielchen" gegenüber der Krankenpflege spielen, also nicht eine „gesteigerte Sensibilität" psychologischer gegenüber medizinischen Daten reklamieren; das Pflegepersonal emotional in Belastungssituationen unterstützen, aber keinen Therapiekontext erzeugen; vorhandene Formen wie formalisierte Überweisungen, Kurvenvisiten, Weiterbildung in der Klinik nutzen. Für das Wichtigste hält Mittag gemeinsame Fallbearbeitung, denn diese erschaffe Transparenz.

Gemeindepsychiatrie

Die gemeindepsychiatrischen Kooperationsdebatten liefern einige Anregungen zum Gelingen und Scheitern regionaler Zusammenarbeit, die auch für andere Arbeitsfelder zutreffen dürften.

Planung: bei der Planung neuer Versorgungsstrukturen, die die aktive Kooperation oder zumindest die passive Duldung seitens anderer Dienste erfordert, ist frühzeitige Planungsmitsprache essentiell (Mitzlaff u. Wegner 1985). Niemand wichtiges darf von vornherein ausgelassen werden, sonst rächt sich das später (Wienberg 1988).

Verhandlung: Zwischen zwei Einrichtungen muß die Gewinn- und Verlustrechnung stimmen, z.B. beim Überweisen und Überwiesen-bekommen, bei dem für Kooperation erforderlichen Aufwand etc. Die eigenen Interessen müssen gegenseitig hinreichend offengelegt (zumindest: plausibel gemacht) werden (Mitzlaff u. Wegner 1985), evtl. auch das eigene Kooperationsnetz, das jeder bereits mitbringt (Bergold u. Filsinger 1993).

Alltägliche Kooperation: Sie läuft oft dort gut, wo sie vertrauten Bahnen folgen kann. Das gilt besonders da, wo Mitarbeiter des gleichen Status und in gleichen Berufsgruppen miteinander kooperieren, z.B. zwischen Ärzten oder zwischen Sozialarbeitern. Ungewöhnliche Kooperation (Widmaier-Berthold 1988), etwa durch das Knüpfen ungewöhnlicher, unvertrauter, nicht routinisierter Kontakte, scheint vor allem dort harmonisch zu verlaufen, wo eingespielte Praktiken des eigenen Dienstes oder des anderen Kooperationspartners davon nicht tangiert werden. Schwierig wird es insbesondere, wenn ein Dienst vom anderen „im Interesse der Patienten/Klienten" Änderungen in dessen Arbeitsweise verlangt. Solche Änderungen erfolgen i.d.R. nicht aufgrund der Kritik eines benachbarten Dienstes, sondern nur nach hinreichendem Druck von außen, etwa durch einen weisungsbefugten Koordinator oder auf Druck der Kunden.

Territorialfragen: Solange Einrichtungen in weit auseinanderliegenden „Versorgungslücken" angesiedelt sind und etwa in Aufbauzeiten diese miteinander schließen wollen, scheint Kooperation leichter, als wenn Grenzen der Terrains und Interessen schon aneinanderstoßen (Widmaier-Berthold 1988). Möglicherweise hat Kooperation auch eine ethologische Komponente: Wo sich zuviele Parteien zu eng auf den Füssen herumstehen und um knappe Güter (Klienten, Zuweisungen, Ruhm) konkurrieren, wird Kooperation schwieriger.

Koordinator: Umstritten ist in der kommunalen psychiatrischen Versorgung der Nutzen und Schaden eines speziellen Koordinators oder Koordinationsausschußes im Sinne einer den Beteiligten übergeordneten, auch anweisungsbefugten Autorität, die auf Einhalten von Übereinkünften achtet, „Gerechtigkeits-Vermittlungen" macht, vielleicht auch die Ziele des Gesamtunternehmens (hier: Patientenversorgung) den einzelnen Einrichtungen immer wieder vor Augen führt. Machleidt und Elgeti (1987) warnen, daß unter dem möglichen Dirigismus des Koordinators zuvor agile Basisaktivisten abschlaffen können. Wienberg (1988) hält einen Koordinator dort für nötig, wo angesichts von Privilegien eines der Beteiligten die Grenzen von Kooperation erreicht werden. Er oder sie sollte dann Macht besitzen, gegen Sonderinteressen zu entscheiden.

Mitzlaff (1988) bietet eine Voraussetzungsliste für schlecht funktionierende Kooperation an, die einige dieser Punkte noch einmal knapp zusammenfaßt:

(1) Beide Partner kämpfen um den gleichen Kuchen.
(2) Sie stehen unter Beweiszwang.
(3) Zumindest einer erwartet nichts oder nur Ärger.
(4) Die Kompetenzen der Partner sind unklar oder
(5) die Kompetenzen der Partner überschneiden sich.
(6) Die Verbindlichkeit der Kooperation ist gering.
(7) Die Partner wissen nichts oder das Falsche voneinander.
(8) Die Partner haben unterschiedliche Fachsprachen und fechten hiermit zusätzlich Überlegenheitskämpfe aus.

3.7 Resümee

Fassen wir zusammen:

(1) Kooperation i.S. von Aktivitäten zur Erreichung gemeinsamer Ziele wird nicht, zumindest nicht dauerhaft, durch moralische Appelle an ein abstraktes Gesamtinteresse gefördert. Kooperation findet statt, wenn sie sich für die beteiligten Parteien lohnt.

(2) Damit sie sich lohnen kann, ist zum einen ein oft von außen, etwa von einer Leitungsebene oder durch die Kundennachfrage definierter Rahmen emotionaler, geistiger, finanzieller oder sanktionsorientierter Anreize nötig. Zudem muß das Ergebnis der Kooperation in den internen Eigenwährungen der verschiedenen Akteure überhaupt einen Wert haben, wovon man nie selbstverständlich ausgehen kann.

(3) Auch in den Feldern des Gesundheits- und Sozialwesens herrscht eine sehr unübersichtliche Währungsszenerie, etwa zwischen Sozialarbeitern und Ärzten, Universitäts- und Versorgungskliniken, Freiberuflern und Angestellten, ehrgeizigen und unambitionierten Mitarbeitern. Erfolgreiche Kooperation setzt daher voraus, daß die unterschiedlichen Eigenwährungen wechselseitig hinreichend transparent werden. Wo diese nicht von vornherein kompatibel sind, muß solange verhandelt werden, bis allen Beteiligten der Eigengewinn hinreichend groß scheint.

(4) Wenn zwei miteinander kooperieren, kann dies für Dritte von Nutzen sein, muß das aber keinesfalls. Kooperation kann heißen: zwei Gesundheitsfachdienste verständigen sich auf ein gemeinsames Vorgehen, welches Dritte verärgert. Kooperation ist eine ambivalente Angelegenheit – nichts grundsätzlich „Gutes“.

(5) Ob eine Kooperation sich gelohnt hat, ja ob überhaupt eine Kooperation stattgefunden hat, ist extrem beurteilerabhängig. Schon von zwei Teilnehmern, umso mehr von einem beobachtenden Dritten kann dies ganz unterschiedlich beantwortet werden.

(6) Es gibt demnach auch keine Kooperationsprobleme als „Dinge an sich", sondern nur Interaktionsmuster, die von einem Teil der Beteiligten als solche definiert werden. Wer was für ein Kooperationsproblem hält, unterscheidet sich bereits zwischen verschiedenen Kooperationsparteien; umsomehr zwischen Kooperationsteilnehmern und außenstehenden Beobachtern wie Forschern, Politikern und Medien.

(7) Dies gilt es auch in der Forschung über Kooperationsprobleme zu beachten. Sie sollte von einem weiten, von Qualitänsansprüchen freien und beobachterabhängigen Kooperationsbegriff ausgehen.

4. Was macht Kooperation im Gesundheits- und Sozialwesen schwierig?

4.1 Eigene Praxiserfahrung

Anstöße zum Start dieser Arbeit im Jahr 1992 kam für mich aus seinerzeit 18 Jahren Erfahrung mit Kooperationsproblemen im Sozialwesen (Gemeinwesenarbeit, Jugendhilfe) und im Gesundheitswesen (Community Mental Health, Psychiatrie, Psychosomatik), die ich in verschiedenen Veröffentlichungen bereits seit 1980 bearbeitet hatte.

Die wesentlichen Kooperationsprobleme, auf die ich in diesen Tätigkeitsfeldern stieß, und die auch andere systemisch orientierte Autoren in diesem Zeitraum thematisierten, waren:

- in der Gemeinwesenarbeit in einem sozialen Brennpunkt die Schwierigkeit, psychologische Beratungsangebote „passend" zu machen für Menschen in Armutssubkulturen (Scheer-Wiedemann u. Schweitzer 1980);
- in der stationären Jugendpsychiatrie die „gemeinsame Homöostase" im ungewollten Zusammenwirken von jugendlichem Patient, Angehörigen und psychiatrischer Station bei der Einleitung psychiatrischer Karrieren (Schweitzer 1984 b);
- in der Jugendhilfe die undurchschaute Komplexität von Multi-Helfer-Systemen, die ungewollt die Eskalation dissozialer Karrieren Jugendlicher fördert (Schweitzer 1989);
- in der außerstationären Psychiatrie chronizitätsfördernde Versorgungsarrangements mit ambulanten Langzeitpatienten (Schweitzer u. Schumacher 1995).

Am Ende dieses Prozesses standen für mich folgende Hypothesen:

(1) Wenn psychologische Therapie- und Beratungskonzepte nicht auf unterschiedlichste Klientengruppen angepaßt, sondern die Klienten passend für die vorgegebenen Konzepte ausgewählt werden, werden Psychotherapie und psychosoziale Beratung im Gesundheits- und Sozialwesen marginale Tätigkeiten bleiben.

(2) Wenn nicht versucht wird, die präsentierten Probleme der Klienten in ihren lebensweltlichen und institutionellen Kontexten zu verstehen, bleiben diese unverständlich und schwerer zu lösen.

(3) Defizitorientierte Ideen und Beschreibungen regen Handlungen an, die im Sinne einer sich selbst erfüllenden Prophezeiung pathologische und chronifizierte Problemlagen zementieren.

(4) Der auf den Fachleuten oft lastende Druck, auch dann intervenieren zu müssen, wenn die Interventionsaussichten gering und die drohenden Nebenwirkungen mannigfaltig sind, fördert eskalierende Konflikte, Widerstand und mittelfristig Resignation.

(5) Wenn Fachleute in Institutionen mit hoheitlichen Funktionen bei denselben Klienten zugleich Servicehandlungen und Zwangshandlungen auszuführen haben, führt die Verleugnung dieses Widerspruchs in „verrückte", unlösbare Situationen.

Diese aus der Praxis gewonnenen Hypothesen dienten mir als Ausgangspunkt meiner Auseinandersetzung mit der Fachliteratur über Dienstleistungssysteme im Wohlfahrtsstaat allgemein, im Gesundheitswesen und in der Sozialen Arbeit.

4.2 Rahmenbedingungen von Kooperationsproblemen im Überblick

Ich möchte die aktuelle sozialwissenschaftliche Diskussion über Behandlungsideen und Versorgungsstrukturen im westdeutschen Gesundheits- und Sozialwesen der späten achtziger und frühen neunziger Jahre in vier Punkten zusammenfassen, die in den folgenden Kapiteln eingehender belegt und diskutiert werden.

(1) *Wachstum – Spezialisierung – Hyperkomplexität:* Seit Beginn der Industrialisierung, besonders stark aber in den 60er und 70er Jahren, hat es ein heftiges Wachstum von Dienstleistungseinrichtungen gegeben, welches immer kompetentere und spezialisiertere Einrichtungen zur Lösung immer speziellerer Probleme hervorbrachte.

Wachstum und Spezialisierung erzeugen eine Komplexität, die sowohl von den Anbietern wie den Kunden der Dienstleistungen immer schwerer zu durchschauen ist. Überblick und Durchblick, wer wo wie mit wem tätig ist, sind zunehmend schwerer zu erlangen. Zudem folgt jeder Institutionstyp unterschiedlichen fachlichen Regeln für die Analyse und Behandlung von Problemen, verarbeitet Informationen nur innerhalb der für ihn konstitutiven Leitdifferenzen (z.B. „Organ defekt / nicht defekt" oder „sozialhilfeberechtigt / nicht sozialhilfeberechtigt") und läßt darin nicht verarbeitbare Informationen als irrelevant außen vor. Dies macht die Verständigung in einer gemeinsamen Terminologie schwieriger. Da schließlich auch institutionelle Ziele und Wertmaßstäbe auseinanderdriften, ist ein Interesse der Beteiligten am Gesamtergebnis des Gesundheits- und Sozialsystems viel unwahrscheinlicher als die Dominanz von Partikularinteressen (Willke 1989, S.107).

Mangelhafte Abstimmung von Maßnahmen, widersprüchliche Zielsetzung und unkoordiniertes Vorgehen sind daher keine pathologische Abweichung, sondern der Normalzustand funktional differenzierter Gesellschaften. Komplexe Dienstleistungssysteme unterliegen damit dem Risiko, neben dem erwünschten Effekt differenzierter Angebote für unterschiedlichste Probleme eben auch unerwünschte Nebeneffekte aufgrund mangelhafter Abstimmung zu zeitigen. Die Produktivität und Kontraproduktivität spezialisierter Dinge bedingen sich wechselseitig.

(2) *Defizit-Orientierung:* Die Arbeitsweise der spezialisierten Dienstleister ist auf das Aufspüren und Bearbeiten von Problemen ausgerichtet: von kranken Organen oder von materiellen und psychischen Notlagen, nach denen die jeweilige Einrichtung fahndet. Nur selten werden Ärzte zum Feststellen von Gesundheit, Sozialarbeiter zum Feststellen von Reichtum, Psychotherapeuten zur Diagnostik von Urvertrauen und gutem Selbstwert eingestellt. Vereinfacht gesagt: Problemideen dominieren über Lösungsideen, Krankheitskonzepte über Gesundheitskonzepte.

Diese Konzentration auf Defizite erhöht die Wahrscheinlichkeit, daß Probleme, wo sie vorliegen, auch festgestellt werden. Sie erhöht aber zugleich das Risiko, daß Nicht-Probleme irrtümlich als Probleme diagnostiziert werden. Und sie macht unwahrscheinlicher, daß Unproblematisches, Schönes und Gutes, Gesundheit, Reichtum, psychische Stabilität, vorhandene Copingstrategien, Invulnerabilitätsfaktoren, in den Mittelpunkt kollektiver Suchprozesse gerückt werden. Dadurch wird unwahrscheinlicher, daß bislang ungenutzte Ressourcen im Klientensystem selbst für die professionelle Behandlung aktiviert und genutzt werden. Und die Chance erhöht sich, daß die einseitige Suche nach Defiziten Mechanismen einer „selbsterfüllenden Prophezeiung" anstößt.

(3) *Interventionsdruck:* Im technologisch-wissenschaftlichen Zeitalter besteht ein erhöhter Anspruch, diagnostisch beschreibbare Probleme auch lösen zu können. Therapieresistenz wird nicht wie einst als Schicksal hingenommen, sondern wird zur ärgererregenden Herausforderung. Der Vorteil ist, daß Patienten nicht vorschnell aufgegeben, daß Hilfeversuche bei früher unlösbaren Problemen unternommen werden können. Aber es erhöht sich die Gefahr, daß auch weiterbehandelt wird, wo nichts mehr zu erreichen ist, und daß immer

intensivere Behandlungsstrategien intensive unerwünschte Nebenwirkungen erzeugen, die schlimmer erscheinen als die ursprüngliche Krankheit selbst.

(4) *Hilfe und Kontrolle:* In Gesundheits- und Sozialdiensten mit vielen hoheitlichen Aufgaben lassen sich zwei gleichzeitig gestellte, aber zueinander höchst widersprüchliche Ansprüche beobachten: unerwünschtes Verhalten auch gegen den Willen des Betroffenen im Zaume zu halten („soziale Kontrolle") und diesen Menschen zugleich Hilfe, Fürsorge, Behandlung zukommen zu lassen. Auch dies sorgt dafür, daß nichts, was wichtig wäre, unterlassen wird. Aber in der Praxis stellt sich oft die Frage, ob die resultierende Wirkung gleichzeitiger kontrollierender, fürsorglicher, behandelnder Interventionen sich nicht gegenseitig aufheben bzw. verrückte oder aggressive Konstellationen erst recht anheizen. Psychiatrie und Jugendhilfe als moderne Dienstleistungsbetriebe in der Nachfolge der längst vergangenen Asyle und Korrekturanstalten vor 1800 liefern hierzu zahlreiche Beispiele.

4.3 Wachstum, Spezialisierung und Hyperkomplexität

Es ist unstrittig, daß der Dienstleistungssektor im allgemeinen und Medizin wie Sozialarbeit im besonderen mit der Industrialisierung quantitativ stark gewachsen sind und in ihren Angeboten sich qualitativ enorm differenziert haben. (Zum Überblick siehe für die Medizingeschichte Eckart 1994, S.250-254; für die Entwicklung psychosozialer Dienste s. Filsinger u. Bergold 1993, S.15-23; für die Entwicklung der Sozialen Arbeit s. Müller 1991).

Ausmaß

Das Wachstum läßt sich gut an einigen Daten zur Expansion des deutschen Gesundheitswesens dokumentieren (nach Alber 1992). Von 1885 (dem Einführungsjahr der Gesetzlichen Krankenversicherung) über 1950 bis 1987 stieg der Anteil der Krankenkassen-Ausgaben am Bruttoinlandsprodukt von 0,2% über 2,6% auf 6,2%. Der durchschnittliche Beitragssatz der Versicherten stieg von 2,0% über 6,0% auf 12,6%. Die Ärztedichte nahm nahezu kontinuierlich zu: 1885 kam ein Arzt auf 3004 Einwohner, 1952 auf 700 Einwohner, 1987 auf 356 Einwohner. Ähnliches galt bis in die 50er Jahre für die Zahl der Krankenhausbetten: 1885 teilten sich, statistisch gesehen, 324 Einwohner eins dieser Betten, 1952 nur noch 89. Hier hat es aber inzwischen eine Trendwende gegeben: die Zahl der Krankenhausbetten sinkt wieder.

Zunehmende Spezialisierung zeigt sich zum einen in der Einrichtung immer spezialisierterer Dienste für bestimmte Lebenszyklen, Bevölkerungssubgruppen und Probleme. Als Beispiele können spezialisierte Beratungsstellen für hör- und sehgeschädigte Vorschulkinder, für sexuell traumatisierte Jungen, für türkische Familien mit Erziehungsproblemen dienen. Und die Berufsgruppen spezialisieren sich: Facharzt- und Fachkrankenschwester-Spezialisierungen vermehren sich, neue technische (Informatiker, Physiker, Biochemiker, Datentechniker) und psychosoziale Berufe (Psychologen, Sozialarbeiter, Musik-, Bewegungs-, Gestaltungstherapeuten) treten hinzu.

Triebfedern

Für die allgemeine Expansion des Dienstleistungssektors hat Offe (1987) einige Erklärungen angeboten, die auch für das Gesundheits- und Sozialwesen Relevanz haben:

(1) Aus gesellschaftspolitischer Sicht erzeugt die wachsende gesellschaftliche Komplexität einen steigenden Steuerungsbedarf im Sinne vermehrter Planung, Koordination, Steuerung und Kontrolle, die die Tätigkeiten der immer differenzierteren Akteure noch miteinander vermitteln – in der Wirtschaft etwa als Immobilien- und Börsenmakler oder Finanzkaufleute, im Gesundheits- und Sozialwesen etwa als Psychiatriekoordinatoren oder Jugendhilfeplaner.

(2) Aus Sicht der Kunden von Dienstleistungen wächst mit steigendem Einkommen und Konsumsättigung bei den privaten Haushalten die Nachfrage nach Dienstleistungen statt nach Produktionsgütern.

(3) Aus Sicht der Beschäftigten dient der Dienstleistungssektor als ein Auffangbecken für Arbeitskräfte, die durch den Produktivitätsfortschritt in der Industrie überflüssig werden. Zudem gilt Dienstleistungsarbeit als attraktiver denn Produktionsarbeit, immer mehr Menschen möchten lieber in diesem Sektor arbeiten.

Der vermehrte Bedarf nach sozialpädagogischen Dienstleistungen in der sozialpädagogischen Diskussion läßt sich mit einem „wachsenden Steuerungsbedarf" nicht nur der gesellschaftlichen Großinstitutionen, sondern auch kleiner Lebensgemeinschaften und sogar Einzelner begründen. Pluralisierung und Individualisierung der Lebensverhältnisse geht einher mit einer „Erosion tradierter Struktur- und Deutungsmuster", durch die die Bewältigung des Alltags von einer Selbstverständlichkeit zu einer Aufgabe wird. „Die Verhältnisse verlieren ihre bindende Kraft, relativieren sich; Chancen und alternative Optionen ergeben sich zugleich mit der Erwartung und Zumutung, das eigene Leben inszenieren zu müssen" (Thiersch 1992, S.246). All dies erzeugt vermehrten Bedarf nach Hilfen zur Gestaltung eines gelingenden Alltags.

Wachstum in der Medizin verdankt sich vor allem deren bisherigen Erfolgen. Mit wachsenden Kenntnissen und vermehrten Möglichkeiten der Gesundheitserhaltung und -wiederherstellung wächst auch der individuelle und kollektive Druck, sich gesund zu halten oder zu machen. Damit wächst auch der Bedarf nach medizinischer oder paramedizinischer Beratung und Intervention. Der solchermaßen steigende Kundenbedarf fügt sich nahtlos in das Interesse einer steigenden Zahl von Anbietern an der Ausweitung ihrer Dienste. Bei steigender Arztdichte, konstanter Bevölkerungszahl und Einzelleistungsvergütung werden sich Ärzte mehr Zeit pro Patient nehmen und mehr Leistungen pro Patient abrechnen. Auch die Krankenkassen können damit zufrieden sein, insofern sie mit wachsendem Abrechnungsvolumen mitwachsen (Krämer 1989). Unzufrieden zeigen sich dritte Parteien, die diesen Mehraufwand mitfinanzieren, ohne gewiss zu sein, davon in gleichem Ausmaß zu profitieren – vor allem beitragszahlende Unternehmen, die nicht selbst im Pharma- und Medizintechnikgewerbe tätig sind.

Produktivität und Kontraproduktivität

Die Vorteile dieses Wachstumsprozesses öffentlich angebotener und/oder geförderter Dienstleistungen sind leicht beschreibbar (Olk u. Otto 1987). Für spezielle Probleme gibt es mehr spezielle, darauf zugeschnittene Hilfsangebote; diese sind universell und auch verläßlich zugänglich; durch ihre Spezialisierung arbeiten sie konzentrierter und effektiver.

Relativ positiv als zwar riskant, aber unvermeidlich wird die wachstumsbedingte funktionale Differenzierung von Systemtheoretikern wie Luhmann (1984) und Willke (1989) gesehen: Die funktionale Differenzierung steigert die Zahl möglicher Optionen, das Prinzip der Machbarkeit ersetzt das der Tradition. Klare hierarchische Beziehungen zwischen Teilsystemen werden von hoher Interdependenz zwischen immer autonomeren Teilsystemen abgelöst. Steuerung und Planung kann nicht mehr mittels direkter Anordnung und direktem Eingriff laufen. Die Gesellschaft wird als chancenreicher (und risikoreicher) und selbsterschaffungsfähiger (aber traditionsärmer), ihre Elemente als autonomer (aber stärker verbunden), gesellschaftliche Steuerung als dezentraler beschrieben. In diesen Ideen schimmert m.E. eine positive Sicht dieser Wachstumsprozesse durch.

Zumindest für die Bereiche Medizin und Sozialarbeit werden aber zunehmend auch Kritik an den Folgen dieser Entwicklung laut. Die m.E. grundlegendste, aber auch umstrittenste Kritik stammt von Ivan Illich (1977,1979). Er hat die These bekannt gemacht, daß in einer vom Wachtumsgedanken bestimmten Industriegesellschaft jede Institution in ihrer quantitativen Ausbreitung zwei „Wasserscheiden" überschreitet. Vor der ersten Wasserscheide sind ihre Angebote unzureichend, nur wenigen Privilegierten zugänglich. Ab der ersten Wasserscheide sind sie in einem Ausmaß zugänglich, in dem ihr Nutzen eindeutig überwiegt. Jenseits der zweiten Wasserscheide aber wächst der von der Institution produzierte Schaden schneller als der von ihr produzierte Nutzen und sie wird schließlich kontraproduktiv: sie verstärkt das Problem, zu deren Lösung sie eingerichtet wurde. Illich demonstrierte dies u.a. am motorisierten Individualverkehr, der zunächst zunehmende Mobilität fördert und schließlich im Stau, in Unfallkrankenhäusern und Automobilwerkstätten mehr gesellschaftliche Lebenszeit „verbraucht" als „einspart". Für das Gesundheitswesen postuliert Illich, daß dieses 1913 die erste und 1963 die zweite Wasserscheide überschritten habe, seither mithin sich in einem vorwiegend kontraproduktiven Bereich befinde, in dem es mehr Krankheit als Gesundheit erzeuge.

Der neoliberale Wirtschaftsstatistiker Krämer (1989) kritisiert Illichs „Herummäkeln“ an der Medizin, kommt aber mit einer positiven Haltung gegenüber den Leistungen der modernen Medizin aus ökonomischen Überlegungen zu einer Diagnose, die sich mit der Illichs etwas überlappt: „Die moderne Medizin bedroht uns nicht durch ihre Fehler, sondern durch ihre Erfolge. Ihr Haupttroblem ... ist, daß sie zuviel kann, nicht daß sie zuwenig kann“. Weil durch diese Erfolge immer mehr Menschen am Leben gehalten, aber nicht wieder ganz gesund gemacht werden, die früher gestorben wären, wächst mit einer guten Medizin auch der Krankenstand und damit wieder die nötigen Ausgaben für dessen Behandlung.

Illich und Krämer kritisieren aus unterschiedlichen Interessensichten: Illich eher aus Sicht der Nutzer des Gesundheitswesens, Krämer eher aus Sicht der Beitragszahler. Gleichwohl verbindet sie eine Überlegung: Gerade das quantitative Wachstum und der zunehmende Erfolg einzelner Maßnahmen erzeugen rekursiv Folgen, die auf einer globaleren Ebene eben diese Erfolge wieder infrage stellen.

Kognitive Probleme im Umgang mit Komplexität

Unstrittig ist: Wachstum und Arbeitsteilung schaffen eine Komplexität, die „bewältigt“ werden muß. Kunden, Anbieter und Planer solcher Dienste müssen einen Überblick über die Interaktion der Einzelelemente und deren Effekte bekommen, um in diesem System adäquat „mitspielen“ zu können und bei wiederholtem Auftauchen von Problemen ggf. die Spielregeln ändern zu können.

Systemtheoretische Forschung hat in den letzten Jahren die Grenzen der Verstehbarkeit und der Steuer- und Planbarkeit komplexer (lebender, nichttrivialer) Systeme deutlich gemacht.

Komplexe Aufgabenfelder stellen auch an die individuelle Informationsverarbeitung der darin Arbeitenden besondere Anforderungen. Sind wir Menschen dafür gerüstet? Dörner (1989) hat die Denkprozesse von Probanden untersucht, dic in Computcrsimulationcn cinmal cin Entwicklungsland entwickeln, einmal eine Kleinstadt verwalten sollten. Und er hat zu simulieren versucht, wie die Wachmannschaft des Katastrophenreaktors von Tschernobyl die Katastrophe ohne Erfolg zu verhindern versuchte. Die Ergebnisse waren bescheiden: die meisten Probanden zeigten sich überfordert, weil sie Neben- und Langzeitfolgen der von ihnen intendierten „guten Taten“ nur selten vorabzuschätzen vermochten.

Ist dieses Problem durch Denktraining und Simulationen lösbar, wie Dörner dies vertritt? Vertreter einer an Selbstorganisations-Konzepten orientierten Systemtheorie wie Luhmann und Willke betonen die engen Grenzen von Planung und Steuerung nicht wegen der Grenzen der Denkfähigkeit, sondern wegen der von außen nie vollständig „verstehbaren“ Eigenlogik anderer Systeme als des eigenen. In dieser Sicht beschäftigt sich jedes System mit der Selbstreproduktion seiner basalen Operationen, die „aneinander anschließen“: in der Wirtschaft schließt Geld an Geld an, in Verwaltungen schließt Verwaltungshandeln an Verwaltungshandeln an, im ZNS Transmitter an Transmitter, im Sozialwesen vielleicht Hilfe(leistungen) an Hilf(losigkeit), im Gesundheitswesen Krankheiten an Krankenbehandlungen. Diese sich differenzierende Eigenlogik begrenzt zunehmend die Möglichkeiten externer Steuerungen dieser Systeme von außen, z.B. durch Politik. Dienstleistungssysteme „verstehen“ Information von außen nur soweit sie diese in ihre Eigensprache übersetzen können (z.B. in die Verwaltungs-, in die Medizin-, in die Sozialarbeitssprache), sie lassen sich von diesen „anregen“ oder „verstören“, die Reaktion auf diesen Input kann aber sozusagen nur „in der eigenen Währung“ erfolgen. Wer von außen Einfluß nehmen will, kann nur Rahmenbedingungen schaffen (Willke 1989 spricht von „Kontextsteuerung“), nicht aber direkt eingreifen.

Wer also in einem komplexen Dienstleistungssystem wie Medizin oder Sozialarbeit kooperieren will, dem empfiehlt sich die Vorannahme, daß er/sie wahrscheinlich nur wenig versteht und wenig (direkt) beeinflussen kann. Dies erhöht die Wahrscheinlichkeit „fehlerfreundlichen“ Vorgehens: sich Übersicht zu verschaffen, die Risiken verschiedener Eingriffe vorzubedenken und dann „fehlerfreundlich“ so einzugreifen, daß schnelle Korrekturen am eigenen Vorgehen möglich werden. Umgekehrt ließe sich als eine allgemeine „Anleitung zu scheiternder Kooperation“ formulieren: in einer unübersichtlichen und risikobehafteten Situation möglichst einseitig und irreversibel eingreifen, sozusagen die unübersichtlich flackernden Kontrolllampen im Atomkraftwerk mit einer Axt kräftig bearbeiten.

4.4 Problem-Orientierung: die Suche nach Krankheit und Bedürftigkeit

Gesundheitswesen und Soziale Arbeit richten ihren Aufmerksamkeitsfokus bislang ganz dominant auf die Probleme und sehr wenig auf die Problemlösungen ihrer Klientel. Defizite stehen traditionell weit mehr im Mittelpunkt als Ressourcen. Die Medizin sucht wenig nach Gesundheit, salutogenen Faktoren (Antonovsky 1979), Invulnerabilität (Rutter 1985), Spontanremission (Schweitzer 1984 a). In der Jugendhilfe ist bislang noch der Blick auf elterliche Erziehungsdefizite geläufiger als der auf Erziehungskompetenz unter widrigen Bedingungen, auf kindliche Schädigungen als auf die Bedingungen, unter denen Kinder trotz widriger Bedingungen dennoch „etwas werden“ (Kolip 1993).

Die Suche nach Problemen sichert, daß diese auch gefunden und bearbeitet werden. Problematisch an der Problemsuche sind zwei ihrer möglichen Nebenwirkungen.

- Es kann die Idee neu erzeugt werden, etwas sei ein Problem, was der Klient bislang nicht als Problem sah. Der Klient akzeptiert dies und es entwickelt sich im Wege einer „selbst-erfüllenden Prophezeiung“ in Kooperation ein neues Problem.

- „Nicht-Problem-Felder“, also gesunde Prozesse, Selbstheilungstendenzen, persönliche Kompetenzen sowie die positiven Nebeneffekte vorhandener Probleme (z.B. Krankheitsgewinn) werden seltener aufgespürt und in der Folge auch weniger genutzt.

Problemorientierung umfaßt eine Reihe miteinander verbundener Ideen und Praktiken, die ich in vorausgehenden Publikationen näher beschrieben habe:

(1) *„Da fehlt etwas“ – die Mangelhypothese:* Diese Idee liegt sowohl der allopathischen Medizin wie großen Teilen der Sozialarbeit zugrunde: Dem Körper, der Psyche, der Familie fehlt etwas (chemische Stoffe, Selbstvertrauen, Kommunikationsfähigkeiten, Geld), dessen Fehlen die Probleme verursacht und das daher von außen zugeführt werden muß.

(2) *„Bedürftigkeit statt Bedarf“ – Probleme als Anspruchsberechtigungs-Grundlage:* Öffentliche Gesundheits- und Sozialdienste bieten ihrem Kunden nicht einfach das, was er haben will, sondern was er „braucht“. Anspruchsgrundlage ist nicht sein subjektiver Wunsch, sondern seine objektive Bedürftigkeit (in der Sozialarbeit) bzw. die korrekte Indikation (in der Medizin). Ob eine solche Bedürftigkeit oder Indikation vorliegt, haben Experten zu entscheiden, die Klienten können dies nicht zureichend beurteilen. Die Krankschreibung von Erwerbsarbeit, die Frühberentung, die Gewährung von Sozialhilfeleistungen oder die Genehmigung von Psychotherapie-Kassenanträgen verdeutlichen diesen Mechanismus. Für Klienten, die mehr Geld, weniger Arbeit oder eine Psychotherapie anstreben, diese Wünsche aber nicht mit eigenen finanziellen Mitteln verwirklichen können, bleibt dann oft nur die Möglichkeit, bestimmte Probleme zu entwickeln, vorzuzeigen und ggf. längerfristig zu chronifizieren, um ihr Ziel auf diesem Wege zu erreichen.

Wer frühzeitig einen ungeliebten Arbeitsplatz verlassen will, auf eine Rente aber nicht verzichten kann, kann solche Frühberentung nur durch eine gut dokumentierte Liste gescheiterter ambulanter und stationärer Krankheitsbehandlungen plausibel machen. Ein Alkoholiker, dem im Winter das Dach über dem Kopf fehlt, ist i.d.R. auf zusätzliche psychotische Symptome angewiesen, um seinen Platz in der psychiatrischen Klinik sicherzustellen.

(3) *„Therapeutische Vollversorgung“ – Angebote im Gesamtpaket:* Qualifizierte Krankenhäuser und Rehabilitationseinrichtungen bieten oft ihre Leistungen als Gesamtpaket an: jeder Patient kann, muß aber auch alle dort angebotenen Leistungen in Anspruch nehmen. Auch ein Klient, der nur ein oder zwei dieser Angebote nutzen will, etwa der schon erwähnte Alkoholiker, der für einige Nächte im Winter in der psychiatrischen Klinik ein Dach über dem Kopf sucht, muß diese Angebote „nutzen“ oder ihnen zumindest so ausweichen, daß es nicht auffällt.

Dem „Gesamtpaket“ innerhalb einer Einrichtung entspricht zwischen mehreren Einrichtungen die Idee der „therapeutischen Kette“: die Idee, man müsse Klienten beständig von einer Stufe zur nächsten innerhalb der Kette führen, ihr gänzliches Herausfallen aus dieser sei grundsätzlich schädlich, ein problematischer „Abbruch“ eher denn eine erfolgreiche Verabschiedung.

(4) *„Artifizielle Chronifizierung“ – Die Verewigung von Problemen durch Ideen über Chronizität:* Mancherlei Lehrmeinungen über die Chronizität etwa bestimmter psychiatrischer Störungen legen die Idee nahe, man müsse sich dauerhaft auf ein Leben mit der Krankheit einrichten. Dies kann sehr druckentlastend sein und dabei helfen, nicht mit dem Unvermeidlichen zu hadern, sondern neue Lebensstile im Umgang mit Behinderungen und Dauerkrankheiten zu finden. Aber sie kann auch zu einer „artifiziellen Chronifizierung“ (Ciompi 1981) mittels selbsterfüllender Prophezeiung führen. Solche Chronifizierung kann sich auch in der Kommunikation zwischen Mitarbeitern sozialer und medizinischer Dienste fortpflanzen, wenn in Konferenzen oder Akten die „Hoffnungslosigkeit dieses Falles“ immer ausführlicher dokumentiert und an neue Fachleute weitergereicht wird, die bereits mit entsprechender Voreinstellung dann an die Arbeit gehen. (Beispiele bei Imber-Black 1991 und Schweitzer 1987).

(5) *„Einer trage des anderen Last“ – Christliche Leidensideen:* Christliche Ideentraditionen, nach denen das diesseitige Leben eher ein Jammertal ist, das erst nach guten Taten im Diesseits seine nachträgliche Honorierung im Jenseits findet, tragen implizit zur erwähnten Problemorientierung bei. Die Arbeitszeiten vieler Krankenhausärzte oder die Stimmung auf manchen Sozialarbeitstagungen können den Eindruck aufkommen lassen, Medizin und Sozialarbeit müßten als prinzipiell aufzehrende, dornenreiche, nur begrenzt freudvolle Tätigkeiten betrachtet werden.

Defizitorientierungen von Fachleuten gegenüber ihren Klienten bleiben nicht ohne Rückwirkungen auf die Profis selbst, wie Reimer(1994, S.76) in einer Untersuchung über spezielle Belastungen von Psychotherapeuten schildert: „Irgendwie sind wir in der Rolle von Müttern und Vätern, die in permanenter Sorge um ihre defizitären Kinder leben und nicht selten eine Art innerer Verpflichtung spüren, im Grunde rund um die Uhr verfügbar und ansprechbar sein zu müssen.“ Dieser selbstinduzierte Streß hängt damit zusammen, wie gestört der Patient und wie anspruchsvoll und zugleich ergebnisarm die eigene Tätigkeit konstruiert wird. Die Selbst-Verpflichtung, ein „liebevolles, tragfähiges Arbeitsbündnis“ mit „selbstunsicheren grenzgestörten Patienten kontinuierlich aufrechtzuerhalten“, dabei sich mit eigenen unangenehmen Erinnerungen und unangenehmen Gemeinsamkeiten mit dem Patienten auseinandersetzen zu müssen und am Ende dann doch „relativ wenige Erfolgserlebnisse in der Therapie, zumindest im Hinblick auf Heilung“ zu haben, enttäuscht, kränkt und fördert resignative, pessimistischen Einstellungen und Verhaltensweisen gegenüber Patienten. Hier zeigt sich, wie manchmal Kooperationsideen, die sich ein Berufsstand zum Umgang mit seiner Klientel auferlegt, erheblichen Stress induzieren können. Verwandte Helfer-Konzepte in der Sozialpsychiatrie der siebziger Jahre, die dort einen dichten und „menschlichen" Kontakt mit den Patienten bei sehr geringer professioneller Abgrenzung propagierten, hat Stoffels (1983) als „Mythos vom Samariter" persifliert.

Die nachhaltigste mir bekannte Infragestellung solcher Problem – und Defizitorientierung ist von den Systemtherapeuten Goolishian und Anderson (1990) im Konzept des „problemdeterminierten Systems" formuliert worden: Systeme haben nicht ein Problem, sondern um die Wahrnehmung einer alarmierenden Situation herum organisiert sich ein System. Bleibt dieser Systemzusammenhalt rund um das Problem als „verbindende Mitte" und gemeinsamer Inhalt zentriert, dann verfestigen sich Problembeschreibungen, Problemwahrnehmungen, auf das Problem bezogene Handlungen. Die Problematik chronifiziert. Dieser kommunikative Prozeß kommt zum Ende, wenn eine Kommunikation begonnen wird, die nicht mehr um das Problem, sondern um Lösungen oder problemfreie Zustände kreist. Wie ein Problemsystem in Kommunikation erzeugt wird, so wird es auch in Kommunikation wieder aufgelöst.

Nach dieser Überlegung sind also problem-orientierte Beschreibungen selbst das Problem, dessen Beschreibung sie zu sein glauben. Watzlawick hat das in einem Bonmot so formuliert (sinngemäße mündl.Mitteilung): „Die größte Massenheilung in der modernen Geschichte geschah an dem Tag, als die American Medical Association entschied, Homosexualität aus dem Katalog behandlungsbedürftiger Krankheiten herauszunehmen. Da wurden Millionen Menschen mit einem Schlag gesund".

4.5 Interventionsdruck: Man darf nicht nichts tun

Wenn ein differenziertes Interventionssystem verfügbar ist, ist es in Situationen mit ungünstiger oder hoffnungsloser Prognose gleichwohl schwer, dieses nicht anzuwenden, auch wenn man sich kaum etwas davon verspricht. In der Medizin zeigt sich dies angesichts der nahezu unbegrenzten Möglichkeiten der Reanimationsmedizin besonders kraß als Gefahr der Lebenserhaltung um jeden Preis (Eckart 1994, S. 316 f). Intensivmedizinische Geräte können bei langanhaltenden Komazuständen nicht abgeschaltet werden, wenn der Patient einen eventuell entgegenstehenden Willen nicht mehr äußern kann, und oft auch obwohl der Patient einen entsprechenden Wunsch früher schriftlich fixierte. Manchmal werden in Arztpraxen Medikamente verschrieben trotz starker ärztlicher Zweifel an deren Nützlichkeit, damit der Patient nicht das Gefühl bekommt, es geschehe gar nichts mit ihm. Auch Psychotherapien oder Kuraufenthalte werden nach gescheiterten früheren Versuchen häufig nicht in Hoffnung, sondern weil man nicht nichts tun kann, indiziert.

All dies sind Lösungen vom Typ „mehr desselben": „Es hat nichts genutzt – darum mache es weiter!". Daß solche Situationen heute im Gesundheits- und (seltener) im Sozialwesen der Industrieländer soviel häufiger sind als früher, hängt neben dem verbesserten Interventionsangebot auch mit einer philosophischen Entwicklung seit der Renaissance zusammen, die den Menschen nicht mehr als einem unabänderlichen Schicksal ausgesetzt, sondern als den Herrscher dieses Schicksals sieht.

4.6 Auftragsvermischung: Hilfe, Kontrolle, fürsorgliche Kontrolle

Medizin und Sozialarbeit haben immer schon eine Doppelverpflichtung bekommen und sich gestellt: ihrem einzelnen Klienten/Patienten und zugleich dem öffentlichen Interesse zu dienen.

Dabei waren immer einzelne Dienstleistungen und einzelne Institutionen mehr auf das individuelle Kundeninteresse oder auf das Interesse der Öffentlichkeit spezialisiert.

Das Gesundheitsamt, die Rechtsmedizin, die Gutachter der Rentenversicherung, die Bundeswehr- und Gefängnisärzte, die forensische Psychiatrie, die Sozialämter werden vor allem für die Befriedigung öffentlicher Kontroll- und Prüfinteressen bezahlt. Die individuellen Kundeninteressen dürften in privaten Praxen und Kliniken, besonders bei Privatpatienten, aber auch in Beratungsstellen mit Schweigepflicht und Zeugnisverweigerungsrecht stärker im Vordergrund stehen.

Hilfe und Kontrolle verteilen sich aber nicht ganz so übersichtlich auf einzelne Institutionen. In vielen Alltagssituationen im Gesundheits- und Sozialwesen wandeln die Mitarbeiter auf einem schmalen Grad zwischen der Erbringung von Leistungen, die ihre Klienten sich wünschen, und dem Durchsetzen von Aufträgen Dritter gegen den zumindest partiell entgegenstehenden Willen ihrer Klienten: beim Schutz Suizidgefährdeter vor deren eigenen Impulsen; bei der psychiatrischen Behandlung von Menschen, die sich nicht für psychisch krank halten; bei der Chemotherapie krebskranker Kinder; beim Umgang des Jugendamtes mit Eltern, deren Erziehungskompetenz in Frage gestellt wird; beim Umgang mit sexuellem Mißbrauch oder mit dem Verdacht darauf.

Stärker als klassische Repressionsinstanzen wie Staatsanwaltschaft, Amt für öffentliche Ordnung, Polizei und Strafvollzug einerseits und private Dienstleistungsanbieter andererseits, stehen vor allem die Jugendhilfe, die Bezirkssozialarbeit und die Psychiatrie im Zwiespalt zwischen entgegengesetzten Handlungsmustern. Dieser Zweispalt verschäft sich, seitdem dort Dienstleistungsphilosophien vermehrt propagiert und auch gefördert werden, traditionelle Kontrollaufgaben aber weiterhin eine rechtlich vorgeschriebene Pflichtaufgabe bleiben. Von Leitung und Mitarbeitern werden solche Kontrollaufgaben manchmal etwas schamhaft hinter einem pädagogischen oder therapeutischen Ethos zu verstecken und zu dementieren versucht. Kommunikativ erzeugt aber die verbal dementierte Ausführung von Kontrollaufgaben potentielle Doppelbindungen. Der Empfänger der Botschaft erhält miteinander inkompatible Botschaften, denen er gleichzeitig gehorchen soll: „Dies ist nur ein Angebot an Sie“ und zugleich „Dieser Aufforderung müssen sie folgen“. Sofern er nicht davonläuft oder in Metakommunikation über diese Situation eintritt, gerät er in eine Dilemmasituation, in der, was immer er tut, falsch ist.

In der Sozialarbeitswissenschaft wird das Risiko einer „Kolonialisierung von Lebenswelten“ durch die Zunahme zugleich hilfs- und kontrollorientierter personaler Dienstleistungen beschrieben (Olk u. Otto 1987, Blanke u. Sachße 1987). Pflege, Beratung, Erziehung, Therapie, als „Änderung von Personen in direkter persönlicher Interaktion“ können nur wenig standardisiert werden. Die Deutung und die Lösung von Einzelfallproblemen ist nirgendwo verbindlich kodifiziert. Fachleute akzeptieren im Regelfall nicht einfach die vorgefundenen eigenen Problemdeutungen ihrer Klienten, sondern stellen diesen eigene, fachliche gegenüber. Dies läßt die Klienten oft als ein wenig inkompetent erscheinen. Sie ordnen sich den professionellen Meinungen zunächst meist unter, rächen sich aber dann durch eine gewisse Ambivalenz gegenüber den Fachleuten, etwa indem sie deren mangelndes inneres Beteiligtsein beklagen („Sie haben gut reden!“).

Diese Über- und Unterordnung hat sozialarbeitsgeschichtlich eine lange Tradition in der „Fürsorge“. Fürsorge sollte nicht, wie die Sozialversicherungen, die allgemein üblichen Notlagen (Krankheit, Alter, Unfall) abdecken, sondern die besonderen Einzelfall-Probleme der besonders Armen, besonders Kranken, besonders Verwahrlosten. Diese Fürsorge zeigte und zeigt sich dem Kunden janusköpfig. Einerseits ist sie Ort besonderen Einsatzes und Engagements. Andererseits war sie (und ist heute die Sozialhilfe) mit repressiven Merkmalen ausgestattet, die verhindern sollten und sollen, daß die Fürsorge (Sozialhilfe) für zuviele Menschen zu attraktiv wird. Die Geldleistungen liegen unter dem Arbeitseinkommen unterer Lohngruppen; sie können mit einer Arbeitsverpflichtung und häufigen amtlichen Prüfungen in der Privatsphäre der Klienten verbunden werden. „Die Individualisierung der Leistung bedingt also die Ungewißheit über Art und Maß ihrer Erbringung“ (Blanke und Sachße 1987, S.257)

In der Medizin gilt ähnliches am ausgeprägtesten in der forensischen Psychiatrie: der straffällige, aber schuldunfähig geschriebene Mensch wird Teil einer Institution, die Merkmale des Krankenhauses mit Merkmalen des Strafvollzuges verbindet (Wahlster 1995).

4.7 Erhöhte Kooperationsanforderungen in Psychologischer Medizin und Sozialer Arbeit

Die psychologische Medizin, speziell die Psychiatrie, und die personalen Dienstleistungen der Sozialen Arbeit, speziell die Jugendhilfe, scheinen mir ein besonders interessantes Feld für Kooperationsstudien zu sein. Sie stellen höhere Anforderungen an die Gestaltung von Kooperation als die mehr technisch-handwerklich orientierten Fächer der Medizin (etwa Chirurgie, Röntgenologie) und als die auf die Gewährleistung materieller Unterstützung ausgerichteten sozialen Dienste (etwa Sozialversicherung oder behördliche Sozialarbeit).

(1) *Sie erfordern mehr „sich-als-Person-einlassen".* Wo die Dienstleistungen in Gesprächen und anderen Formen persönlichen Kontaktes bestehen, kaum aber im Einsatz von Technik, Handwerk oder Geld, eröffnet diese größere „Nähe" Konflikträume. Profis können ihren Klienten leichter als überengagiert oder zu gleichgültig, als sich einmischend oder sich zu sehr raushaltend erscheinen. Auch zwischen Profis sind Konflikte über die „richtige" Dosierung des Kontaktes zu den Klienten wahrscheinlich.

(2) *Sie beinhalten besonders viele Langzeit-Kooperationen.* Mehr „Einlassen" – und damit auch mehr mögliche Reibungspunkte mit den Klienten – wird zusätzlich dadurch gefördert, daß beide Sektoren eher längerfristige Klientenkontakte anbieten. Die psychologische Medizin hat bislang ihre Schwerpunkte eher in der Versorgung chronisch Kranker (Rehabilitation, Onkologie, Dialyse, chronische pädiatrische Krankheiten, Rehabilitations- und Langzeitpsychiatrie) denn in der Akutbehandlung. Personale soziale Arbeit hat ebenfalls oft einen langen Zeithorizont in der Arbeit mit ihrer Klientel.

(3) *Es gibt große Ermessensspielräume für das „richtige" Vorgehen.* Wo dieses am wenigsten verbindlich festgelegt ist, bestehen größere Ermessensspielräume und damit mehr Raum für Meinungsverschiedenheiten, die nicht durch Nachblättern in Lehrbüchern oder Dienstvorschriften aufgelöst werden können. Dies gilt in der Medizin am ausgeprägtesten für die „Psy-chofächer" Psychosomatik und Psychiatrie, in mittlerem Maß für die nicht-operativen Fächer, wie Innere Medizin, Pädiatrie oder Dermatologie, am wenigsten für die operativen Fächer. Im Sozialbereich gilt es am stärksten für Beratung, Pädagogik, Therapie, weniger für materielle Einzelversorgung etwa mit Kindergeld oder Arbeitslosengeld, am wenigsten in der rechtlich vollkommen normierten Sozialversicherung.

(4) *Was die Klienten oder Patienten brauchen, ist schwerer objektivierbar:* Wo der Kunden-Bedarf besonders schwer objektiv von außen überprüft und bestimmt werden kann, werden besonders zwischen den Anbietern und zwischen Anbietern und Finanziers Meinungsverschiedenheiten auftauchen. Speziell in Psychiatrie und Jugendhilfe stellt sich zudem schärfer das Problem der doppelten und leicht zu vermischenden Aufgaben von Hilfe und Kontrolle. Wo Versorgungsaufgaben („Service") mit hoheitlichen Kontrollaufgaben verbunden sind, ist mit ambivalentem bis mißtrauischem Klima zwischen Anbieter und Leistungsempfänger zu rechnen.

Daß Kooperation hier mit besonderen strukturellen Schwierigkeiten zu kämpfen hat, bedeutet aber nicht, daß sie hier tatsächlich schlechter laufen muß als etwa in der Chirurgie oder der Rentenversicherung. Es ist ja denkbar, daß die

„weichen“ Arbeitsfelder Menschen mit erhöhter kommunikativer Kompetenz anziehen, die diese größeren Spielräume und Freiheitsgrade schätzen und die diese strukturellen Probleme besser bewältigen. Es bedeutet aber, daß in diesen Arbeitsfeldern die Formen der Kooperation weniger eingeschliffen, normiert und selbstverständlich sind, und daß gute Kooperation daher höhere Ansprüche an die „Kooperations-Kompetenz“ der Beteiligten stellt.

4.8 Resümee

Medizin und Sozialwesen haben seit Mitte des 19. Jahrhunderts sowohl quantitativ beträchtlich expandiert wie auch sich funktional stark spezialisiert – aufgrund wachsender Kundennachfrage wie aufgrund der Expansionslogik der Anbieterseite. Dies ermöglicht spezialisierte Bedürfnisbefriedigung und die effiziente Lösung gut definierbarer gesundheitlicher und sozialer Probleme.

Auf der Nachteilsseite wird es aber schwieriger, noch Überblick über eine so differenzierte Versorgungslandschaft zu gewinnen, und inkompatible Strategien gegenüber demselben Klienten zu verhindern. Herrschen zusätzlich eine überstarke Problemorientierung, ein großer Interventionsdruck sowie (in Einrichtungen mit hoheitlichen Befugnissen) eine Vermischung von Hilfe und Zwang, so kann es dabei zu verstärkter Entmündigung und Abhängigkeit der Kunden und bei Überschreiten einer kritischen Schwelle zu unerwünschten „Nebenwirkungen“ kommen, die den Schaden durch die Intervention größer werden lassen als deren Nutzen.

Wenn wir nach soviel Problemanalyse den Fokus auf mögliche Lösungsansätze richten, so können wir quasi im Umkehrschluß formulieren, was es bräuchte, um solche Kooperationsprobleme zwar nicht aufzulösen oder gar zu verhindern, aber um sie besser zu bewältigen. Es bräuchte Verfahren, die „Durchblick“ ermöglichen, die Lösungs-Ressourcen in den Blick bringen, die den Interventionsdruck reduzieren und die Zwang und Hilfe entmischen.

5. Was kann systemische Beratung bei diesen Kooperationsproblemen leisten?

5.1 Was gebraucht wird: Selbstreflexion, Diskursverfahren, Kontextsteuerung

Kooperationsprobleme in modernen arbeitsteilig spezialisierten Dienstleistungssystemen können nicht mehr durch Dekret eines übermächtigen Dritten (des Staates, der Politik, nicht einmal des Chefarztes oder des Abteilungsleiters) gelöst werden, sondern verlangen dezentral angesiedelte Kompetenzen. Die Steuerung von Kooperationsprozessen ist nach Willke (1993) auf drei moderne „Kulturtechniken“ angewiesen: Selbstreflexion, Diskursverfahren, Kontextsteuerung. Ich will im folgenden die These belegen, daß die systemische

Beratung zumindest für zwei von diesen drei Techniken (systemische Selbstreflexion und Diskursverfahren) vielerlei Handwerkszeug anbietet.

(1) *Systemische Selbst-Reflexion* heißt: Systeme müssen sich selbst – genauer: die Wirkungsweise ihrer eigenen Operationen in ihrer Umwelt und die Rückwirkungen von dort ins System – beobachten.

Dann können sie – vorausgesetzt sie haben Freiheitsgrade für unterschiedliche Identitätsgestaltungen, d.h. sie stehen nicht unter dem Zwang, immer nur dasselbe zu tun – aus ihrem „Kontingenzraum möglicher Identitäten" diejenigen auswählen und in Handlung realisieren, welche zu den jeweils wahrgenommenen Umwelten am besten passen.

Durch Reflexion lassen sich also auch Veränderungen vorausschauend vordenken, lassen sich virtuelle (bislang noch nicht verwirklichte) Identitäten durchspielen (Willke 1993, S.123). Dann können die Systeme wählen, z.B. ob sie das aus ihrer Sicht maximal Mögliche herausschlagen wollen (Maximierungsstrategie) oder ob sie etwas aus ihrer Eigensicht weniger wünschenswertes, aber in den Kontext besser passendes, tun wollen (Optimierungsstrategie).

Abb. 6a: Ein System beobachtet die Interaktionen zwischen sich und seiner Umwelt

Abb. 6b: Ein System wählt aus seinem „Pool möglicher Identitäten" eine passende aus

(2) *Systemische Diskurse* sind Verhandlungssysteme, in denen die Akteure die Regeln ihrer Interaktion selbst definieren, mit dem Ziel einer Verständigung. Verständigung kann heutzutage meist nicht mehr bedeuten, am Ende einer Meinung zu sein – das ist angesichts der Spezialisierung einfach zu unwahrscheinlich. Sondern es gilt primär zu erkennen, warum und wo man die anderen nicht versteht, wo man mit ihnen verschiedener Meinung ist, und wie man mit diesen Meinungsverschiedenheiten in Zukunft umgehen will.

Willke (1993, S. 139) nennt dies „konsensentlastete Diskurse". Voraussetzung ist, daß jede Seite jederzeit aus dem Diskurs aussteigen kann, wenn die Verhandlung ihre eigene Autonomie zu bedrohen scheint („Zwanglosigkeit"). Ziel systemischer Diskurse ist, daß die Akteure sich gegenseitig Handlungsmöglichkeiten unterbreiten, welche zur jeweiligen Selbstorganisation passen, zugleich aber keine oder geringere Folgeschäden in der Kooperation zwischen ihnen sowie im Blick auf ein vielleicht gemeinsames Arbeitsziel verursachen.

Voraussetzung ist ein wechselseitiges Interesse an Kooperation, also daß beide Seiten dabei mehr gewinnen als ohne Kooperation. Das ist aber, wie schon oben gezeigt, im Gesundheits- und Sozialwesen oft nicht der Fall. Dann wird Kooperation erst lohnend, wenn Dritte wie der Staat, die Leitung oder die Kunden Rahmenbedingungen schaffen, die Kooperation wertvoller machen. Das nennt man „Kontextsteuerung".

(3) *Kontextsteuerung* heißt: ein System definiert die Rahmenbedingungen, unter denen der „Output" eines Systems oder der Kooperation zwischen mehreren Systemen bewertet wird – also die Konsequenzen, die verschiedene Outputs haben werden. Das den Kontext steuernde System überläßt es aber den anderen, wie sie diesen Output erreichen.

> Beispiele: Ein Produktionsleiter definiert die von einer Arbeitsgruppe erwartete Akkordmenge; ein Chefarzt definiert Qualitätsstandards auf einer Station; ein Gesundheitsminister definiert eine Budgetobergrenze für die Abrechnung von Psychotherapie durch Kassenpsychotherapeuten. Wie die in diesen Kontexten operierenden Arbeiter, Assistenzärzte oder Kassenpsychotherapeuten dieses Ziel ereichen, bleibt ihnen bzw. ihren Organisationen überlassen.

Solche Kontextsteuerung ist für Kooperation extrem wichtig: Sie definiert, ob Kooperation sich lohnt, erforderlich ist, überflüssig ist, schädlich ist.

Abb. 6c: Systemische Diskurse: Verstehen, wo man sich nicht versteht

Abb 6d: Ein System definiert die Rahmenbedingungen für die Kooperation der anderen

5.2 Was systemische Beratung anbietet: Grundhaltungen, Techniken und Settings

In der systemischen Therapie und Beratung ist viel konkretes Know-How für das Erfassen des eigenen Beteiligtseins in gelingenden oder scheiternden Kooperationsprozessen, sowie für das (Er-)finden von Auswegen daraus im Dialog mit anderen Systembeteiligten entwickelt worden. Gerade für „Systemische Selbstreflexion“ und für „Diskursverfahren“ (weniger für „Kontextsteuerung“) im Willkeschen Sinne ist hier viel Handwerkszeug entwickelt worden.

Meine These ist, daß dieses Handwerkszeug gerade bei den beschriebenen Grundproblemen in modernen Gesundheits- und Sozialsystemen Nutzen verspricht: der wachstumsbedingten Hyperkomplexität, der einseitigen Problem- und Defizitorientierung, dem technologischen Interventionsdruck, der Vermischung von Hilfe und Kontrolle. So kann „Auftragsklärung“, also die Beantwortung der Frage „Wer will was von wem? Wann? Wielange? Wozu?“ oft zu mehr Transparenz und zu einem klareren Aushandeln diffuser oder widersprüchlicher Arbeitsaufträge beitragen. Das „Umdeuten“ von Problemen und Störungen in sinnvolle Bewältigungsversuche kann die einseitige Fixierung auf Pathologie reduzieren helfen. „Lösungsorientiertes Fragen“ fördert bislang ungenutzte Ressourcen zutage. „Hypothetische Zukunftsfragen“ helfen neue Optionen zu erfinden und selbsterfüllende Negativprophezeiungen zu überwinden. Der Ausstieg aus symmetrisch wie aus komplementär eskalierenden Beziehungsmustern kann festgefrorene Konflikte bisweilen auftauen.

Das Vorgehen systemischer Beratung sei anonymisiert am Beispiel einer Klinikabteilung mit hohem Krankenstand und hoher Kündigungsrate beschrieben.

> Wenn hier eine Beratung mit Ärzten und Pflegepersonal zustande kommt, wird der Berater zunächst klären, wessen Idee die Beratung war, und ob überhaupt ein Konsens über ihr Ob und ihr Wozu besteht. Wenn ja, werden die Probleme als organisatorische oder zwischenmenschliche und nicht als individuelles Versagen Einzelner zu klären versucht: Was stört wen an wem? „Klemmt“ es intern oder mit anderen Abteilungen oder mit den Patienten? Seit wann läuft es schlechter? Welche Interaktionen halten das Problem derzeit am Leben?
>
> Schon bald wird nach Eigenressourcen gesucht: Gibt es auch gute Arbeitstage? War es früher besser? Was wurde da anders gemacht? Das richtet den Blick auf Kompetenzen, die evtl. wieder genutzt werden können. Liebgewordene Traditionen kommen auf den Prüfstand: Warum werden auf dieser schwierigen Station immer die jüngsten Mitarbeiter eingesetzt? Was würde passieren, wenn die Krankenschwestern ihre Beschwerden bei der Übergabe präsentierten statt ihrem Hausarzt bei der Krankschreibung? Lösungsideen werden aufgeworfen und durchgespielt: wie würde ein anderer Schichtdienstplan, oder mehr oder weniger Autonomie der Krankenschwestern den Krankenstand beeinflussen? Daraus entstehen Handlungsideen, die erprobt und deren Nützlichkeit bei der nächsten Beratung bewertet werden können.

Solche Ideen und Vorgehensweisen lösen Kooperationsprobleme nicht einfach auf. Aber sie können deren Systemcharakter den Beteiligten selbstreflexiv verdeutlichen und Ideen für alternative „Ausgänge“ erzeugen. Erfahrungen aus Therapien, Supervisionen, Team- und Organisationsberatungen zeigen, daß ein solches Vorgehen mit weniger Selbst- und Fremdbeschuldigungen, weniger Fatalismus, mehr institutioneller Phantasie und größerer Gelassenheit einhergehen kann.

Grundannahmen, Gesprächstechniken, Diskurssettings und Selbstreflexionsmethoden der systemischen Beratung sind andernorts ausführlich beschrieben (von mir selbst in knapper Form in Schweitzer 1993 a und ausführlich in v.Schlippe u. Schweitzer 1996; andernorts z.B. von Stierlin 1988, Weber u. Stierlin 1989, Weber u. Retzer 1991, Ludewig 1992, Gröne 1995). Ich will mich hier auf eine ganz kurze Übersicht in Thesensätzen, mit speziellem Bezug auf Kooperationsprobleme beschränken.

Nützliche Grundannahmen über Kooperationsprobleme

1 *Kontextorientierung:* Das Verständnis der sozialen (institutionellen, finanziellen, familiären) Rahmenbedingungen hilft mir, auch unverständliches oder widersinnig erscheinendes Kooperationshandeln einzelner Akteure auf einen verstehbaren Kern zu bringen.

2 *Lösungsorientierung:* Man muß nicht zwangsläufig die Geschichte und Gründe eines Kooperationsproblems erkunden – man kann oft direkt an die Erfindung von Lösungen gehen.

2.1 *Ressourcenorientierung:* Es gibt oft ungenutzte, verschüttete Erfahrungen über gelingende Kooperation, die es (wieder)zuentdecken gilt.

2.2 *Positive Konnotation:* Auch gräßlichste Kooperationsprobleme haben neben allem Schaden auch irgendeinen Nutzen, sonst würden sie nicht aufrechterhalten – sie tragen zur Lösung irgendeines anderen Problems bei.

3. *Optionen vermehren* durch multiple Wirklichkeits- Konstruktionen: Das laute Andenken bislang ungedachter, tabuisierter, für absurd oder abwegig gehaltener Erklärungen oder Handlungsalternativen vermehrt die Zahl möglicher Kooperationsstrategien, aus denen ausgewählt werden kann.

4. Eine *neutrale, neugierige, nicht wertende Haltung* gegenüber verschiedenen im Konflikt liegenden Kooperationsparteien (Neutralität gegenüber Personen), gegenüber verschiedenen zur Diskussion stehenden Ideen (Neutralität gegenüber Ideen) und gegenüber der Frage, ob etwas ein Problem ist oder keins (Neutralität gegenüber dem Problem), ist für systemische Berater unerläßlich und für die Akteure oft hilfreich, um aus eingefahrenen Gedankenbahnen „auszusteigen“.

Spezielle Gesprächstechniken

1. *Kontext- und Auftragsklärung:* Der Kontext des Zustandekommens einer Kooperationsberatung und die Erwartungen an diese werden geklärt: Wer will was von wem?

2. *Problemkontextualisierung:* Der zeitliche, räumliche und Bedeutungskontext eines Kooperationsproblems wird erfragt: Welches Verhalten stört wen, seit wann, aus welchen Gründen, an wem?

3. *Lösungsfragen:* Verschüttet gegangene Ressourcen werden erkundet: Wann lief Kooperation einmal gut? Wie wurde das damals erreicht? Wie würde Kooperation nach einer wundersamen Lösung des Problems laufen? Was von dem, was Sie nach dem Wunder tun würden, tun sie schon heute gelegentlich? Was geschähe, wenn Sie dies öfter tun würden?

4. *Verschlimmerungsfragen:* Beziehungsabläufe, die das Problem aufrechterhalten, werden erfragt: Wie könnte Kooperation erschwert oder verhindert werden?

5. *Hypothetische Zukunftsfragen:* Neue Lösungsmuster werden durch hypothetische Zukunftsfragen angedacht: Was wäre, wenn...?

6. *Umdeutung, Reframing:* Die bislang nicht wahrgenommenen positiven Nebeneffekte belastender Kooperationsprobleme werden formuliert und wertgeschätzt.

7. *Bremsen:* Wenn neue Lösungsideen aufkommen, wird die Möglichkeit erörtert, vorläufig bewußt noch beim alten Zustand zu verbleiben, um belastende, zu schnelle oder zu abrupte Veränderungen zumindest vorläufig noch zu vermeiden.

8. *Experimente, Hausaufgaben, Verschreibungen*: Experimente werden vereinbart, die alte und neue Lösungsstrategien, oft in absichtlichem Wechsel, miteinander vergleichen und bewertbar machen sollen.

Verschiedene Diskurs-Settings, in denen systemisches Arbeiten zur Anwendung kommen kann

1. *Konsultation mit externer Beratung:* Eine externe BeraterIn berät andere Fachleute bei der Lösung von deren Kooperationsproblemen. Ein solches Setting stellen dar:

- die *Therapie* und Beratung von Patienten oder Klienten;
- die *Fallsupervision* anderer Fachleute im Blick auf deren klientenbezogene Arbeit;
- die *Team- und Organisationsberatung* für andere Einrichtungen.

2. *Konsultation ohne externe Beratung:* Die Akteure versuchen in gemeinsamer Verhandlung ohne externe BeraterIn Kooperationsprobleme zu lösen oder ihnen vorzubeugen. Zu solchen Settings gehören:

- *Runde Tische* mit allen Beteiligten, im Einzelfall z.B. als Familie-Helfer-Konferenzen oder dauerhaft institutionalisiert als kontinuierliche Arbeitsgemeinschaften;

- *Regionale Weiterbildungs- oder Forschungskooperation,* die ein kooperationsförderndes „ideelles Milieu“ aufbaut;
- Der *Griff zum Telefon* als schnelle Konfliktklärung zwischen zwei Akteuren;
- *Selbst-Supervision* als Anwendung systemischer Supervisionsstrategien im Do-it-Yourself-Verfahren.

Methoden zur Förderung systemischer Selbstreflexion

1. *Systemlandkarten:* Komplexe Systemprozesse können durch geeignete optische Veranschaulichung übersichtlicher und durchschaubarer werden: durch Genogramme über mehrgenerationale Familienentwicklungen, durch den Vergleich offizieller und inoffizieller Organogramme in Institutionen, durch das Aufzeichnen von Helfer-Netzwerken.

2. *Zirkuläres Fragen,* im klassischen Fall die Befragung eines Dritten über die Kooperationsprozesse zwischen zwei anderen, die dabeisitzen und zuhören, was über ihre Kooperation gesagt wird, erzeugt neue Beziehungsinformationen.

3. *Skulpturen,* die Darstellung schwieriger Kooperationsprozesse durch Aufstellung der Akteure in einem symbolischen Raum, helfen Nähe-Distanzprozesse, Hierarchiefragen etc. eindrücklich zu visualisieren.

4. *Video-Aufzeichnungen* realer Kooperationsprozesse helfen, mit großer Distanz die eigene Beteiligung an Kooperationsprozessen aus Beobachterperspektive zu sehen.

5. In *simulierten Rollenspielen* können neue Kooperationsideen zunächst probeweise in die Praxis umgesetzt werden.

5.3 Kundenorientierung: ein Arbeitsprinzip zur Verminderung von Kooperationsproblemen

Ich habe andernorts (Schweitzer u. Reuter 1991, Schweitzer 1993 b, 1995) die aus dem Wirtschaftsleben entlehnte Idee der Kundenorientierung als ein nützliches Arbeitsprinzip zur Verminderung von Kooperationsproblemen in öffentlichen Gesundheits- und Sozialdiensten für ärmere Patienten und Klienten, insbesondere in Psychiatrie und Jugendhilfe, vorgeschlagen.

Kundenorientierung bedeutet, daß Leistungserbringer möglichst genau das anbieten, was ihre Kunden subjektiv haben wollen, und nicht das, was sie nach Meinung der Fachleute „brauchen“. Professionelle Interventionen richten sich nicht nach „Indikationen“ oder „Bedürftigkeit“, sondern nach dem subjektiven „Bedarf“ der Kunden.

Bisherige Erfahrungen vor allem aus Fallsupervision und Teamberatung zeigen, daß kundenorientiertes Arbeiten einerseits dort unnötige Arbeit und

Mühsal vermeiden hilft, wo man feststellt, daß man eigentlich gar keinen Auftrag hat. Scheinbar „unkooperative“, „unmotivierte“ oder „schwierige“ Klienten, Angehörige oder Fachleute zeigen sich in dieser Perspektive einfach als Nicht-Kunden, die eben keinen Bedarf formuliert haben. Andererseits können damit aber auch Versorgungslücken deutlich werden: Die Kunden wollen schon etwas, aber nicht das, von dem die Fachleute bisher dachten, daß die Kunden es wollten. Kooperation zwischen Anbietern und Kunden, die die Kundenwünsche möglichst präzise erfüllt, wird, zunächst von den Kunden und längerfristig auch von den Anbietern, als befriedigender erlebt.

Die Klärung und Realisierung von Kundenwünschen ist aber in öffentlichen Gesundheits- und Sozialdiensten, insbesondere solchen für ärmere Klienten und mit zusätzlichen Kontrollaufgaben wie Psychiatrie und Jugendhilfe, aus mehreren Gründen nicht ganz einfach:

(1) Diese sind nicht nur ihren Patienten oder Klienten verpflichtet. Eine psychiatrische Klinik etwa liefert wesentliche Dienstleistungen für erschöpfte Angehörige und Nachbarn, für Polizei und Gerichte. Und in ihr arbeiten auch Fachleute, die ihre eigenen Ideale und Zielvorstellungen in der Arbeit mit Patienten realisieren wollen; diese müssen mit dem subjektiven Bedarf der Patienten nicht übereinstimmen.

(2) Kundenaufträge sind in diesem Bereich nur selten klar formuliert. Häufig wollen Menschen aus verständlichen Gründen nicht so gerne sich und anderen klarlegen, was sie eigentlich wollen. Manche Menschen bevorzugen das Klagen gegenüber dem Wünschen. Sie gehen davon aus, daß andere ohnehin das nicht tun, was sie möchten, und haben sich das Äußern von Wünschen daher gänzlich abgewöhnt. Manche Menschen haben sich aus der Kommunikation mit anderen ein Stück weit verabschiedet. Um zu verhindern, daß andere sie auch verstehen, kommunizieren sie möglichst so unklar, daß man sie auf nichts festnageln kann. Manche Menschen sagen oft aus Gründen sozialer Erwünschtheit nicht das, was sie wollen, sondern das, was sie wollen zu sollen glauben – Sprich: was sie denken, was der andere hören will.

Eine spezifisch systemische Kundenorientierung erfordert daher als erstes eine ausführliche Klärung, wer alles zu den Auftraggebern gehört und was diese von dem Dienstleister genau wollen. Die Grundfrage solcher Auftragsklärung ist: „Wer will was? Von wem? Wieviel? Ab wann? Bis wann? Wozu? Gegen wen?“

Besonders nützlich können dabei die Umkehrungen dieser Frage sein: „Wer will nichts?“ (Ist jemand evtl gar kein Kunde?) „Was nicht?“ (welche Dienstleistungen sind evtl. irrelevant?) „Von wem nicht?“ (Welche Anbieter halten sich irrtümlicherweise für angesprochen?) „Wann noch nicht?“ (Ist es zu einer längerfristig sinnvollen Maßnahme jetzt evtl. noch zu früh?) „Wann nicht mehr?“ (Ist die Nachfrage bereits erloschen?) „Wozu nicht?“ (Über welche Zielsetzungen besteht evtl. gar kein Konsens?).

Dabei können zwei Typen von „unmöglichen Auftragslagen" deutlich werden:

(1) Verschiedene externe Auftraggeber können sich nicht darüber einigen, was der Fachmensch tun soll;

(2) Fachmensch und Kunde haben widersprüchliche Vorstellungen.

Beides erfordert Verhandlungsstrategien. Im ersten Fall kann der Fachmensch den Auftrag an die sich streitenden Auftraggeber zurückgeben und diese um eine Klärung untereinander bitten. Im zweiten Fall kann er sein Angebot klar und deutlich unterbreiten und den Kunden vor die Wahl stellen, ob er dieses annehmen oder ablehnen will.

Eine kundenorientierte Haltung läßt sich in den Sätzen zusammenfassen: Ich tue nichts, wovon ich nicht hinreichend überzeugt bin, daß meine Tat zufriedene Nutznießer findet. Ich schreite erst zur Tat, wenn mein Kundensystem mir einen Auftrag erteilt hat, der mit meinen Mitteln auch realisierbar ist.

Systemische Kundenorientierung kann dabei helfen, unnötige Arbeit zu vermeiden und mancherlei „Widerspenstigkeit" oder „schlechte Compliance" als vernünftige Reaktion des Klienten auf eine „Geschäftsführung ohne Auftrag" aufzudecken.

5.4 Was es nützen mag: einige Praxiserfahrungen

Abschließend formuliere ich, absichtlich alltagssprachlich, was mir Kolleginnen und Kollegen in informellen Gesprächen als positive Rückwirkungen der Aneignung systemischer Konzepte auf ihre Kooperationspraxis geschildert haben:

(1) Sie „blicken leichter durch", weil sie sich klarer machen, „wer alles mitspielt" und nach welchen Regeln.

(2) Sie „machen sich selbst weniger zur Schnecke", weil sie Kooperationsprobleme weniger auf ihr individuelles Versagen attribuieren, sondern mehr auf die Kontextbedingungen der Kooperation – weil sie u.a. auch beim „Scheitern" von Kooperation sich noch überlegen, wozu das nun wieder gut ist.

(3) Sie „entdecken mehr Möglichkeiten", weil sie stärker Alternativen durchspielen, sich „verrücktere Fragen erlauben", sich weniger „Denkverbote" auferlegen.

(4) Sie „stehen weniger unter Druck", weil sorgfältigere Auftragsklärung öfter deutlich macht, inwieweit bestimmte Aufträge unlösbar sind oder überhaupt gar kein Auftrag vorliegt – und weil sie sorgfältiger über Aufträge solange verhandeln, bis „machbare" Aufträge übrigbleiben.

(5) Sie stimmen sich mit anderen nicht mehr, aber zielgerichteter ab.

(6) Infolgedessen haben sie an ihrer Arbeit mehr „Spaß“, der subjektive Streß bis hin zum Burn-Out reduziert sich – wenn das an der bestehenden Arbeitsstelle nicht gelingt, hören sie eher auf und fangen etwas Neues an.

6. Weiterbildung und Kooperation

6.1 Weiterbildungsgänge zwischen Kooperation und Abschottung

Jede Weiterbildung spiegelt in der Teilnehmerzusammensetzung und in den Kursinhalten implizit die (Nicht)-Kooperationskonzepte ihrer Anbieter oder der Instanzen wieder, auf deren Anerkennung Anbieter und Teilnehmer spekulieren.

Vorhandene, meist psychotherapeutische Weiterbildungscurricula in der Psychologischen Medizin und in der Sozialen Arbeit lassen sich nach meinen Beobachtungen, nach Auskünften von Weiterbildern verschiedener Richtungen sowie nach vereinzelten Literaturhinweisen (FU/FHSS Berlin 1987, Regus 1990) auf einem Kontinuum der „Abschottung vs. Selektion“ zwischen den verschiedenen Berufsgruppen im Gesundheits- und Sozialwesen anordnen. Sie unterscheiden sich u.a. danach,

(1) ob sie in den Teilnahmevoraussetzungen einzelne Berufsgruppen herausselektieren oder nicht: Nur Ärzte und Psychologen? Auch Pädagogen, Sozialarbeiter, Lehrer, Pfarrer? Auch Profis ohne Studium, z.B. aus der Krankenpflege?;

(2) ob der Abschluß ihren Absolventen zu einem „neuen Beruf“ (z.B. Psychoanalytiker, Familientherapeut) verhelfen oder diese in ihrem Grundberuf qualifizieren soll;

(3) ob der Abschluß dem Absolventen zu höherem Einkommen oder Status verhilft;

(4) ob die Weiterbildung teurer oder preisgünstiger ist;

(5) ob Kooperation in der Weiterbildung ein inhaltliches Thema ist oder nicht.

Einige mir bekannte Weiterbildungsangebote möchte ich entlang dieser Überlegungen auf diesem Kontinuum anordnen:

(1) Psychoanalyse / Psychotherapie (DPG, DPV, DGPPT) und Klinische Verhaltenstherapie (FKV) lassen nur Ärzte und Psychologen zu. Ihr Abschluß berechtigt (Stand März 1995) zu einer Krankenkassen-Zulassung und wird meist als Grundlage eines neuen Berufsbildes angesehen.

(2) Psychodrama- und Gestaltweiterbildungen lassen zusätzlich auch Lehrer, Sozialpädagogen, Sozialarbeiter zu, bieten diesen aber ein teilweise anderes Curriculum mit anderer Abschlußbezeichnung (z.B. „Psychodramatherapeut“ vs. „Psychodramalehrer“).

(3) Weiterbildungen in Systemischer Therapie und Beratung bieten in berufsgruppen- und arbeitsfeldgemischten Kursgruppen allen Teilnehmern eine identische Weiterbildung an. Neben den bislang erwähnten Berufsgruppen nehmen gelegentlich auch andere teil. Der spezifische Ansatz und teilweise der Preis sorgen gleichwohl für eine gewisse Eliten-Selektion: Pflegepersonal ist grundsätzlich nicht ausgeschlossen, aber fast nie anzutreffen.

(4) Gesundheitspolitisch engagierte Fachverbände und Hochschulen bieten eine fachlich heterogenere, konzeptuell bewußt wenig spezifische, preisgünstigere, manchmal auch etwas basisdemokratischer organisierte Weiterbildung ausdrücklich für alle Berufsgruppen im Arbeitsfeld an. Hier stellt die Kooperation zwischen diesen einen expliziten Schwerpunkt dar. Beispiele sind die Ergänzungs- und Weiterbildungsstudiengänge „Psychosoziale Versorgung“ an der FU und FHSS Berlin (FU/FHSS 1987), der Modellversuch „Medizinisch-psychosoziale Basisqualifikationen für Gesundheits- und Sozialberufe“ an der GHS Siegen in Kooperation mit der Gewerkschaft ÖTV (Regus 1990), die Weiterbildungsgruppen der Deutschen Gesellschaft für Soziale Psychiatrie (DGSP) und die Weiterbildungsgruppen der Deutschen Arbeitsgemeinschaft für Familientherapie (DAF) in den späten siebziger und frühen achtziger Jahren.

(5) Neuerdings bringen einzelne Weiterbildungsangebote Fachleute und Patienten oder deren Angehörige als gemeinsam Lernende zusammen, – z.B. die „Psychoseseminare“ in Hamburg (Buck u. Bock 1992).

Diese Übersicht verdeutlicht ein Dilemma: die stärker kooperationsfördernden Weiterbildungen fördern zwar die Kooperation, lohnen sich aber weniger für das individuelle Fortkommen von Fachleuten auf einem konkurrenzorientierten Arbeitsmarkt. Deshalb finden sich die statushöheren Berufsgruppen („Overdogs“) eher in den abgeschotteteren Weiterbildungen wieder. Die statusniedrigeren („Underdogs“) strömen in die kooperationsfördernden, weil sie da hinein „dürfen“. Dort treffen sie aber zunehmend seltener auf die „Overdogs“, insbesondere auf Ärztinnen und Ärzte, und bilden folglich dort ein Ghetto eigener Art.

Ob sich kooperationsfördernde Weiterbildungen für die Teilnehmer lohnen, ist also auch hier eine Frage der Kontextsteuerung. Diesen Kontext steuern in Deutschland neben den Leitern öffentlich finanzierter Dienste über ihre Einstellungskriterien für Mitarbeiter vorwiegend die kassenärztlichen Vereinigungen, die bislang Kassenanerkennungen daran knüpfen, daß die Weiterbildungen maximal Ärzte und Psychologen als Teilnehmer zulassen.

6.2 Kooperationseffekte von Weiterbildung

Mir ist bislang nur eine empirische Evaluation der Kooperationseffekte von Weiterbildung im psychosozialen Bereich des Gesundheits- und Sozialwesens bekannt. Bergold, Filsinger, Kleiber, Möller, Rommelspacher, Tasche und

Wendlandt (FU/FHSS Berlin 1987) evaluierten in einem Prä-Post-Design u.a. die Kooperationseffekte zweier Programme, die verschiedenste Berufsgruppen und Arbeitsfelder in berufsbegleitenden Hochschulstudiengängen zusammenbrachten. Neben vielen persönlichen Veränderungen zeigte sich als m.E. interessantestes Ergebnis eine signifikant intensivierte Kooperation zwischen den Teilnehmern und deren Institutionen im Alltag, bedingt vor allem durch den Zuwachs an Wissen über die anderen Institutionen aus dem gemeinsamen Weiterbildungsverbund.

6.3 Die Weiterbildung der Internationalen Gesellschaft für Systemische Therapie

Die von mir beforschten Weiterbildungen der IGST haben folgende konzeptionelle, didaktische, personelle und organisatorische Charakteristika:

(1) Der inhaltliche Kern der Weiterbildung ist in Kap. 5.2 kurz beschrieben. Diese Grundhaltungen, Techniken, Settings und Selbstreflexionsmethoden werden in den Kursen allerdings immer sehr anwendungsbezogen vermittelt, beispielsweise für die Arbeit mit depressiven, suizidalen, dissozialen oder körperlich kranken Klienten oder für die Arbeit in Einrichtungen der Psychiatrie, Psychosomatik, Jugendhilfe, Frühförderung usw. Der fallbezogene Umgang mit anderen Fachleuten spielt eine große Rolle in der Weiterbildung, vor allem mit Überweisern und Mitbehandlern.

(2) Das didaktische Kursprinzip besteht darin, Systemprozesse in Simulationen, Übungen und Demonstrationen erst erlebbar zu machen und erst danach theoretisch zu beschreiben, und die Beobachtung von Systemprozessen stets mit möglichen Interventionen zu verbinden. Dazu dient eine Mischung aus Life- oder Videodemonstrationen von Therapieprozessen, aus Simulationen mittels Rollenspielen und Skulpturen, aus instruierten Kleingruppenübungen zu speziellen Systemprozessen und aus Kurzvorträgen mit Diskussion etwa über Interventionen und über Theorie-Themen wie Autopoiese, Konstruktivismus oder Kybernetik.

(3) Die Teilnahme an strukturierter Selbsterfahrung (welcher Art auch immer) ist Bewerbungsvoraussetzung, aber absichtlich nicht offizieller Pflicht-Teil der Weiterbildung. Damit sollen asymmetrische Beziehungssituationen zwischen Lehrtherapeuten und Teilnehmern vermieden werden, in denen letztere von ersteren gesagt bekommen, sie seien für irgendetwas „noch nicht weit genug" und müßten „noch mehr an sich arbeiten". Nach Mitteilung vieler Teilnehmer hat diese Aufhebung der Pflicht zur Selbsterfahrung für viele intensive Erfahrungen über sich selbst in Systemen gerade ermöglicht und gefördert.

(4) Aus ähnlichen Gründen wird die Weiterbildung bislang absichtlich nicht mit einer Abschlußprüfung und mit einem Zertifikat mit Titel abgeschlossen, sondern mit einer ausführlich qualifizierten Teilnahmebescheinigung. Eine Verschulung mit Prüfer-Prüfling-Verhältnis einschließlich Prüfungsangst wird

von den LehrtherapeutInnen für kontraproduktiv gehalten. Vor Einführung einer Kassenzulassung für Systemische Therapie oder Familientherapie und angesichts der bislang guten Verwertbarkeit dieser Teilnahmebescheinigung auf dem Arbeitsmarkt wird sie auch nicht für erforderlich gehalten.

(5) Die TeilnehmerInnen kommen ganz überwiegend aus den Grundberufen Medizin, Psychologie und Sozialarbeit/Sozialpädagogik, manchmal auch aus Krankengymnastik, Ergo-, Musik- und konzentrativer Bewegungstherapie, aus der Krankenpflege, der Theologie, der Schulpädagogik oder der Rechtswissenschaft. Sie arbeiten vor allem in der Psychiatrie, im Beratungswesen, in Psychotherapiepraxen, als niedergelassene- oder Klinikärzte in Allgemeinmedizin, Dermatologie, Gynäkologie oder Pädiatrie, in der Rehabilitation, in der Jugendhilfe, in der Weiterbildung und Supervision. Frauen nehmen häufiger teil als Männer. Die Kurse werden bewußt möglichst heterogen nach Berufen, Arbeitsfeldern und Geschlecht zusammengestellt.

(6) Die zum Untersuchungszeitpunkt acht LehrtherapeutInnen der IGST (A. Ebbecke-Nohlen, P. Gester, A. Retzer, I. Rücker-Embden-Jonasch, F.B. Simon, G. Schmidt, J. Schweitzer, G. Weber) sind je zur Hälfte Mediziner und PsychologInnen. SozialpädagogInnen oder SozialarbeiterInnen sind im Lehrtherapeutenteam nicht vertreten, Frauen sind unterrepräsentiert. Ihre Berufsbiografien führten eine Mehrheit von ihnen durch psychiatrische und z.T. psychosomatische Kliniken sowie durch die von H. Stierlin geleitete Familientherapieabteilung der Universität Heidelberg in einen Kontext, der heute bei den meisten durch Privatpraxis, Supervision und Weiterbildung gekennzeichnet ist. Bei sehr ähnlicher theoretischer Grundorientierung sind ihre persönlichen Stile und Anwendungsinteressen sehr unterschiedlich.

(7) Die Weiterbildung besteht aus drei einjährigen Kursen, die aufeinander aufgebaut werden können, wobei nach jedem Kurs aufgehört oder unterbrochen werden kann. Jeder Kurs besteht aus sechs Drei-Tages-Seminaren, in etwa zweimonatigen Abständen über das Kursjahr verteilt. (Das zweite Jahr besteht als „Supervisionsjahr“ bis Anfang 1996 nur aus drei Zwei-Tages-Seminaren. Ab 1996 wird auch dieses aus sechs Drei-Tages-Seminaren bestehen).

7. Praxisrelevante Kooperationsforschung

Praxisorientierte Kooperationsforschung soll zweierlei nutzen. Zum einen soll sie Kooperation verbessern helfen, indem sie Kooperationsprobleme identifiziert, deren systemische Kontexte klarlegt und Lösungsansätze entwickeln hilft. Zum anderen soll sie die Nützlichkeit kooperationsfördernder Interventionen evaluieren, um Entscheidungen über deren Fortsetzung oder Beendigung zu unterstützen. Gefragt ist also nach dem „Wie“ und nach dem „Ob“. Im folgenden soll nach Sichtung von dazu geeigneten Forschungsansätzen die methodische Konzeption diese Arbeit begründet werden. Methodische Details finden sich in den einzelnen Studien.

7.1 Evaluations-, Handlungs- und Praxisforschung

Das Spektrum sozialwissenschaftlicher Praxisforschung läßt sich m.E. gut zwischen zwei Polen unterschiedlicher ideologischer Traditionen verorten, deren praktische Empfehlungen sich oft gegenseitig ausschließen, manchmal aber auch überlappen.

(1) *Evaluationsforschung* (ich folge hier Bengel u. Koch 1988) etablierte sich in den USA um 1970. Ihr Auftraggeber scheint bis heute vorrangig die Finanzier- und Trägerseite von Gesundheits- und Sozialdiensten zu sein. Mitarbeiter und Patienten/ Klienten erscheinen meist als „Beforschte“. Die Evaluationsforscher stehen daher oft bei diesen in Verdacht, ein trojanisches Pferd kontroll- und sparfreudiger praxisferner Kräfte zu sein. Inhaltlich ist Evaluation „der Prozeß der Beurteilung des Wertes und des Nutzens eines Produktes oder eines Programmes“ (Bengel u. Koch, S.323). Zwar werden „summative“ (das Ergebnis prüfende) und „formative“ (das Projekt operationalisierende und seine Ziele auswählende) Evaluation unterschieden. Der Weg der Produktentwicklung, also wie gute Praxis erdacht und entwickelt wird, scheint aber nur selten Gegenstand von Evaluationsforschung zu sein.

Evaluationsforschung benutzt eine sehr technische Sprache mit Begriffen wie „performance measurement“, „adequacy measurement“ oder „process measurement“ (Bengel u. Koch, S.323). Sie strebt eine Operationalisierung von Zielen, Ergebnissen und Prozessen in einzelnen Variablen an, die statistische Verarbeitung ermöglichen. Zumindest bei der Ergebnisevaluation wünscht sie sich auch Kontrollgruppendesigns.

Daß solche Evaluationsforschung oft ein schwieriger sozialer Prozeß ist, machen Bengel und Koch (S.337) deutlich: „Im allgemeinen ist der Forscher in hohem Maße auf die Kooperationsbereitschaft des Personals angewiesen. Dies wird manchmal dadurch erschwert, daß der Forscher das Personal selbst zum Forschungsgegenstand werden lassen muß. Die Forschungstätigkeit des Evaluationsteams kann beim Personal erhebliche Kontrollängste auslösen, vor allem wenn bei nachgewiesenem Mißerfolg des Programms einzelne Personalstellen oder ganze Institutionen gefährdet sind.

(2) *Handlungsforschung* (ich folge hier Moser 1977 und Filsinger u. Hinte 1988) hat sich ebenfalls in den siebziger Jahren vor allem im deutschen Sprachraum als Kritik an solcher empirischer Sozialwissenschaft entwickelt.

Weit mehr als die objektive Beforschung von außen strebt sie eine aktive Partizipation der Beforschten an, die selbst zu Mit-Forschern werden sollen. Der Diskurs, nicht die Bestandsaufnahme, ist der zentrale Forschungsprozeß. Die (oft widersprüchlichen) Beobachtungen und Bewertungen der Akteure, ihre subjektiven Sichtweisen stehen mehr im Vordergrund. Schließlich wird meist eine engere, direktere Theorie-Praxis-Verknüpfung als in der Evaluationsforschung angestrebt.

Erkenntnistheoretisch wird Traditionen der phänomenologischen Soziologie, des Symbolischen Interaktionismus, der Ethnomethodologie, neuerdings des Konstruktivismus gefolgt: Forschung soll und kann nicht Wirklichkeit abbilden, sondern unterschiedliche Bilder von Wirklichkeit erzeugen. Die Reduktion von Komplexität auf (auch multivariat kombinierte) Variablen wird abgelehnt, ganzheitlichere Systembeschreibungen werden gesucht.

Solche Forschung steht weniger unter dem Risiko „mit hohem Aufwand relativ schlichte Wahrheiten herauszufinden", die die Praktiker „sowieso wissen, bisher aber nicht mit Fragebögen, Statistiken und Tabellen beweisen konnten" (Filsinger u. Hinte 1988, S. 35). Allerdings zahlt sie „den Preis der punktuellen Unübersichtlichkeit, der momentanen Konfusion und des scheinbar nicht aufzulösenden Chaos" (Filsinger u. Hinte 1988, S. 37).

(3) Einen m.E. interessanten Mittelweg zwischen exakter Trivialität und interessantem Chaos, der zudem die Kluft zwischen Praktikern und Forschern verringern kann, bieten Konzepte der Praxisforschung (Heiner 1988 a) und speziell der Selbstevaluation (Heiner 1988 b), die derzeit vor allem in der Sozialarbeit entwickelt werden. Der Selbstevaluation geht es darum, Praktikern Handwerkszeug für eine Selbst-Beforschung der eigenen Arbeit an die Hand zu geben, die diese mit geringem Zeit- und Geldaufwand als Reflexionsinstrumente ihrer laufenden Arbeit einsetzen können. Hier spielt die Auswertung von Dokumenten, die ohnehin angefertigt werden (Tagebücher, Akten, Klientenstatistiken etc.) eine große Rolle. Aber auch Praxisforschung mit Hilfe kooperierender externer Forscher bemüht sich um Forschungsökonomie, die dem Handlungsdruck der Praxis gerecht wird (Kardorff 1988): lehrreiche Beispiele werden wichtiger als Vollständigkeit, Widerstände gegen Veränderungen interessanter als der Status Quo.

7.2 Theorie- und Gegenstandsorientierung

Soweit Forschung sich in neue Gefilde begeben und nicht nur schon gut bekanntes noch einmal überprüfen will, steht sie vor der Frage, ob ihre vorhandenen theoretischen Konzepte dabei mehr nutzen (klären) oder schaden (den Blick einengen). Letztere Ansicht wird vor allem von den Soziologen Glasser und Strauss (Glasser u. Strauss 1967, Strauss u. Corbin 1990) vertreten, die mit ihrer „Grounded Theory" (im deutschen mit „gegenstandsorientierte Theoriebildung" übersetzt) eine Strategie für eine sehr offene, die Theorie beim Untersuchen induktiv erst erschaffende Forschung entwickelt haben.

Dieser Ansatz fasziniert einerseits beim Betreten von „Neuland". Vor allem bei teilnehmender Beobachtung zuvor unbeforschter sozialer Prozesse erlaubt er, Schritt für Schritt Beobachtungen zu sammeln, daraus erste grobe Kategorien zu entwickeln, dann nach anderen Prozessen zu suchen, die diese Kategorien differenzieren helfen, und so Theoriekonstruktions- und Datensammlungsschritte Zug um Zug aufeinander aufzubauen.

Dies hat aber auch seine Tücken (Flick 1989). Zum einen ist es, gerade auch in der kontinentaleuropäischen Wissenschaft, schwierig, so theorielos an einen Gegenstand heranzugehen. Zum zweiten macht es der scientific community die Verständigung entlang gemeinsamer zentraler Theoriekonzepte schwieriger. Für hypothesenprüfende Evaluationsforschung mit einheitlicher Fragestellung an einer großen Stichprobe eignet sich dieses Vorgehen selbstverständlich nicht; seine Stärke liegt in Exploration und Hypothesenformulierung.

7.3 Qualitative und Quantitative Forschung

Nach Jahrzehnten einseitig quantitativer Forschung haben qualitative Untersuchungsansätze wieder wissenschaftliche Reputation gewonnen (Jüttemann 1985, Mayring 1990). Bei den Erhebungsmethoden werden vor allem die teilnehmende Beobachtung, die Gruppendiskussion (Mangold 1960), das narrative- (Schütze 1977) und das problemzentrierte Interview (Witzel 1982), bei den Auswertungsmethoden vor allem die Inhaltsanalyse (Mayring 1983) oft verwendet. Es wird zunehmend betont, daß qualitative Forschung („Was geschieht?") sinnvollen quantifizierbaren Operationalisierungen („Wieviel geschieht? Geschieht hier mehr als dort?") zugrundeliegen muß und zugleich interpretationsbedürftige quantitative Befunde aufklären helfen muß („Welche Prozesse sorgen dafür, daß dieses hier mehr als dort geschieht?"). Andererseits bleibt quantitative Forschung eine sinnvolle Bewährungsprobe für vermeintliche Allgemeinbehauptungen, die aus vereinzelten Beobachtungen gewonnen werden.

7.4 Begründung und Grundkonzept meiner Forschungsmethodik

Zur Mitentwicklung einer praxisorientierten Kooperationsforschung im Gesundheits- und Sozialwesen erschien es mir eine gute Gelegenheit, dasselbe Grundkonzept (Kooperation) in drei Anwendungsbereichen (Psychiatrie, Jugendhilfe, gesamte Psychologische Medizin und Soziale Arbeit) mit unterschiedlichen (qualitativen und quantitativen) Methoden zu untersuchen, und durch den Vergleich der mit verschiedenen Methoden erzielten Ergebnisse (in der Methodenlehre „Triangulation" genannt, Mayring 1990, S. 106) ein Gesamtbild zu zeichnen. Dieser Versuch zeigt sich in meiner Arbeit folgendermaßen:

(1) Die drei Studien *ergänzen sich methodisch,* wie die Abb. 7 auf der folgenden Seite zeigt.

Von der Jugendhilfe- über die Psychiatrie- zur Gesamtstudie wird die Methodik immer selektiver und bewegt sich von vorwiegend qualitativen zu vorwiegend quantitativen Verfahren. Dafür wird die Stichprobe immer größer, von 15 Fachleuten (und 30 Jugendlichen) in der Jugendhilfestudie über 52 Fachleute in der Psychiatriestudie bis zu 159 Fachleuten in der Gesamtstudie Psychologische Medizin und Soziale Arbeit. Zugleich nimmt die mögliche Verallgemeinerbarkeit der Ergebnisse zu: in der Jugendhilfestudie geht es um eine einzige konkrete Institution (die Sozialpädagogischen Jugendwohngemeinschaften), in der Psychiatriestudie um zwei Institutionstypen (psychiatrische Kliniken und sozialpsychiatrische Dienste), in der Gesamtstudie schließlich nehmen MitarbeiterInnen aus über hundert verschiedenen Einrichtungen aus den verschiedensten Bereichen der Psychologischen Medizin und der Sozialen Arbeit teil. Dieser Zuwachs wird freilich erkauft mit zunehmend abstrakteren, weniger anschaulichen Ergebnissen.

	Methoden-spektrum	Stichproben-größe	Verallge-meinerbarkeit
Jugendhilfe	• Teilnehmende Beobachtung • Ratingskalen • Interviews • Ereignis-dokumentation	• 15 Mitarbeiter • 30 Klienten	Eine Institution • Jugendwohn-gemeinschaft
Psychiatrie	• Interview • Fragebogen	• 52 Mitarbeiter	Zwei Institutionstypen • Psychiatrische Klinik • Sozialpsychia-trischer Dienst
Gesamtstudie	• Fragebogen	• 159 Mitarbeiter	Verschiedenste Institutionen und Institutionstypen

Abb. 7: Drei Studien

(2) Alle drei sind *Verlaufsstudien* (vergl. Abb. 8), die Veränderungen von Kooperation im Verlauf eines meist zwölfmonatigen, in der Jugenhilfestudie nur neunmonatigen Weiterbildungskurses untersuchen.

Sie tun dies in einem post-hoc-Design (Psychiatriestudie), einem reinen prä-post-Design (Gesamtstudie) und, am anspruchsvollsten, in einem prä-post-Design mit Vorlauf und Follow-Up-Phase sowie kontinuierlicher Prozeßbeobachtung und nichtreaktiver Ereignisdokumentation (Jugendhilfestudie).

Die untersuchten Zeiträume sind relativ kurz, was an der zeitlichen Begrenzung meines Forschungsprojektes lag. Sie erlauben es, kurz- und mittelfristige Veränderungen zu beschreiben, nicht aber „Langzeitfolgen".

(3) Die *Qualitätskontrollen* der von mir verwendeten Forschungsmethoden sind *methodenspezifisch.* In der Jugendhilfe und der Psychiatriestudie folge ich überwiegend den Validierungsstrategien qualitativer Forschung (Verfahrensdokumentation, Regelgeleitetheit, Gegenstandsnähe, Kommunikative Validierung, Methodentriangulation – vgl. Mayring 1990, S. 103-106), ergänzt durch Reliabilitätskontrollen der inhaltsanalytischen Interviewauswertungen. In der Gesamtstudie hingegen wird der Großteil der Ergebnisse mit inferenzstatistischen Methoden geprüft.

(4) In allen drei Studien war uns eine gute *Kooperation auch im Forschungsprozeß* essentiell. Hohe Teilnehmerquoten lohnten die damit verbundenen Mühen. Am dichtesten war die Forschungskooperation in der Jugendhilfestudie, wo Ergebnisse wiederholt den Weiterbildungsteilnehmern rückgemeldet wurden. Bei diesen Rückmeldungen wurden teilweise unsere Interpretationen von den Teilnehmern korrigiert („Kommunikative Validierung", Mayring 1990, S.105/106); zum anderen modifizierten die Zwischenergebnisse im Sinne der Handlungsforschung auch den Fortgang der Weiterbildung. In Psychiatrie- und Gesamtstudie erfolgte die Rückmeldung erst nach Projektende. In der Psychiatriestudie allerdings geschah eine Diskussion mit den Interviewpartnern darüber, wie der Interviewer die Ergebnisse „richtig" zu verstehen habe, bereits fortlaufend während des Interviews. Am meisten „Forschungsobjekt" blieben die Teilnehmer der Gesamtstudie. Entsprechend haben sie uns das „Eintreiben" der Fragebögen auch am schwersten, aber schließlich doch noch möglich gemacht.

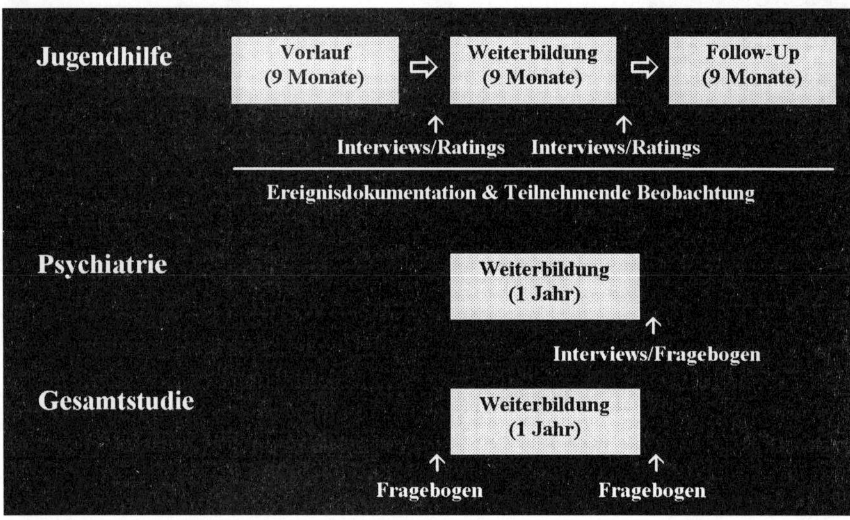

Abb. 8: Verlaufsstudien

III. „Wo lassen Sie Ihr Kind erziehen?“: Kooperation mit den Kunden stationärer Jugendhilfe

1. Einführung in die Fragestellung

Jugendhilfe umfaßt alle staatlich geregelten und geförderten Maßnahmen für Kinder und Jugendliche, deren familiäre Versorgung und Erziehung sehr unzureichend erscheint und ein Eingreifen externer Erziehungsinstanzen notwendig erscheinen läßt.

Ihre zentrale Institution ist das Jugendamt als ambulante Anlaufinstanz, die zugleich für eventuell nötige administrative Eingriffe in das elternliche Sorgerecht und für die Finanzierung vieler Jugendhilfemaßnahmen zuständig ist. Zum „Instrumentarium“ der Jugendhilfe gehören im ambulanten Bereich beispielsweise die Erziehungsberatung und die sozialpädagogische Familienhilfe. Im stationären Bereich bot sie traditionell Heimerziehung in großen Einrichtungen an, heute aber vermehrt kleinere und differenzierte Institutionen wie Jugendwohngemeinschaften, betreutes Einzelwohnen, Notschlafplätze, teilstationäre Tageseinrichtungen. Anders als die Jugendpflege (Jugendclubs, Jugendfreizeitwerke etc.) richtet sie ihr Angebot nicht an alle Kinder und Jugendliche, sondern nur an solche, die „in Not“ sind. Historisch stammt sie aus der autoritär-caritativen „Fürsorgeerziehung“, einer Ausdifferenzierung der noch früheren „Armenhäuser“ und „Waisenhäuser“. In Berührung mit ihr kommen Kinder und Jugendliche dann, wenn Hinweise auf grobes elterliches „Fehlverhalten“, wie Verwahrlosung, Vernachlässigung, und Mißhandlung, oder auf familiär nicht bewältigbares kindliches „Fehlverhalten“, wie chronisches Schulschwänzen, prädelinquentes oder delinquentes Verhalten, dem Jugendamt bekannt werden.

Jugendhilfe bewegt sich also in jenem Konfliktfeld, in dem die angebotene Dienstleistung sowohl eine Hilfestellung wie auch eine Kontroll- oder Zwangsmaßnahme darstellt. Dies (und nur dies) verbindet sie mit der Psychiatrie und macht sie zu einem interessanten „Härtefall“ für die Entwicklung kooperativer Praktiken im Sozialwesen. Noch bis weit nach dem Zweiten Weltkrieg fand sie vorwiegend zwangsweise statt – gegen den Willen der Eltern und den der Kinder und Jugendlichen. Seit Anfang der siebziger Jahre sind die staatlichen Eingriffsbefugnisse immer weiter zurückgedrängt worden. Die stationären Jugendhilfeeinrichtungen wurden verkleinert, dezentralisiert, gemeindenäher angesiedelt und dem Alltag anderer Lebensformen angeglichen. Vorläufiger Höhepunkt dieser Entwicklung ist das Kinder- und Jugendhilfegesetz, das Eltern nun umgekehrt einen Anspruch auf Hilfe bei Erziehungsproblemen gegenüber dem Staat einräumt, und das Alternativen zur stationären Fremdunterbringung hohe Priorität beimißt.

Jugendhilfe steht heute also im Spannungsfeld zwischen einer autoritären Fürsorgetradition einerseits, deren Nachwirkungen in der Praxis in vielen Details noch spürbar bleiben, und einer hochdifferenzierten Dienstleistung andererseits, auf die ihre Kunden einen Rechtsanspruch haben. Das zeigt sich u.a. an der Kooperation mit den Eltern der Jugendlichen, die allerorts als erstrebenswert genannt, aber vielerorts noch unbefriedigend verwirklicht ist (Planungsgruppe Petra 1987, Heun 1981, Conen 1990). Bei Jugendlichen in stationären Jugendhilfeeinrichtungen wird immer wieder auf Kooperationsprobleme zwischen ihrer Familie und der Jugendhilfeeinrichtung hingewiesen, die für Loyalitätskonflikte („zwischen den Stühlen sitzen") und für dissoziales Verhalten der Jugendlichen in und außerhalb der Einrichtung mitverantwortlich gemacht werden (Linke 1983, Pleyer 1983, Gerlicher et al. 1986, Schweitzer 1987a, Rotthaus 1990). Schwierige Kooperationsprobleme sind oft auch zwischen den professionellen Diensten der Jugendhilfe zu beobachten (Schweitzer 1989).

Hier setzt unsere Jugendhilfestudie an. Eine systemische Weiterbildung mit dem Mitarbeiterteam einer stationären Einrichtung mit mehreren Jugendwohngemeinschaften soll daraufhin untersucht werden, wie sie die Zusammenarbeit zwischen den beteiligten Gruppen und Einzelpersonen beeinflußt – vor allem zwischen den im Projektverlauf sich als zentral herausstellenden drei Gruppen der Jugendlichen, der Eltern und der pädagogischen Mitarbeiter.

2. Kooperation in der Jugendhilfe: der Diskussionsstand

Da es inzwischen mehrere gute und umfängliche Literaturübersichten zu diesem Thema gibt (Schweitzer 1987, Conen 1990, Rotthaus 1990, Döhmen 1996), sollen hier nur kurz diejenigen Befunde, Hypothesen und Erfahrungen referiert werden, die zu unseren Ausgangshypothesen hinführen.

2.1 Familiendynamik bei dissozialen Jugendlichen

Ressourcen-Knappheit
Klientenfamilien der Jugendhilfe kämpfen mit unterschiedlichen Formen von Ressourcen-Knappheit. Ihnen fehlen materielle, soziale, psychische oder gesundheitliche Rahmenbedingungen, wie sie erziehende Eltern im Regelfall zu ihrer Verfügung haben (zur Bedeutung von Ressourcen für das Sozialwesen siehe Staub-Bernasconi 1986). Wenige oder kurzfristige Ressourcenprobleme können meist kompensiert werden. Bestehen mehrere von ihnen über längere

Zeit, so ist die Bewältigungskompetenz der Familien oft überfordert. Ein charakteristischer Problem-Mix bei Klientenfamilien der Jugendhilfe sieht etwa so aus:

(1) Eltern sind so absorbiert mit eigenen Sorgen, daß sie sich nur unzureichend um die Kinder kümmern können. Dies kann an schwelenden oder offenen Partnerkonflikten, den mit einer Scheidung verbundenen Belastungen, an eigenen Krankheiten oder Alkoholproblemen, am „Leiden an sich selbst", an protrahierten Trauerprozessen nach Todesfällen oder anderem liegen.

(2) Alleinerziehende Eltern (meist, aber nicht immer: Mütter) können sich Erziehungsarbeit nicht mit einem Partner aufteilen und sind auch unter günstigen persönlichen Vorraussetzungen stärker gefordert – umsomehr, wenn sie in eine Krise geraten.

(3) Ausfallende elterliche Erziehungskompetenz kann ein Stück weit durch Verwandte, Freunde oder durch gute öffentliche Kinderbetreuung ausgeglichen werden. Gibt es aber wenig Kontakt mit Großeltern, anderen Verwandten oder Freunden, werden diese weder zum Besprechen von Erziehungsproblemen noch zum „Abnehmen" der Kinder verfügbar sein. Ähnliches gilt, wenn Kindergärten, Kinderhorte, Jugendzentren und -gruppen, Schulen etc. unzureichend geöffnet sind, unengagiert arbeiten oder gar nicht zugänglich sind.

(4) Materielle Not verschärft dies, wenn Geld für hinreichende Wohnbedingungen oder notfalls privat finanzierte Kinderbetreuung fehlt, wenn Geldmangel die Eltern zu übermäßig langer Arbeit mit folgender Vernachlässigung der Kinder zwingt, wenn aussichtslose Verschuldung Eltern perspektivlos werden läßt.

(5) Ressourcenprobleme können aber nicht nur durch Not, sondern auch durch gesellschaftlich geförderte Ambitionen verschärft werden – etwa elterliche Karriere- oder Anschaffungsambitionen, denen zeitliche und emotionale Erziehungsressourcen geopfert werden.

Trennungserfahrungen

Kumulieren solche Ressourcenprobleme über lange Zeit, so kommt es in Klientenfamilien der Jugendhilfe oft zu vorzeitigen Trennungen zwischen Eltern und Kindern. Eingeleitet werden diese meist entweder bei Jugendlichen durch deren wiederholtes „Abhauen" oder indem Außenstehende das Jugendamt auf Vernachlässigungs- oder Verwahrlosungserscheinungen hinweisen und dieses das Kind „herausholt".

Jugendliche mit einer gewissen Jugendhilfekarriere haben oft mehrere Trennungserfahrungen hinter sich: ein- oder mehrmals aus der Herkunftsfamilie, später oft auch aus Pflegefamilien oder anderen Jugendhilfeeinrichtungen. Charakteristikum dieser Trennungserfahrungen ist deren negative Konnotation. Weggehen ist nicht primär ein Akt des „Soweit-Seins", „Erwachsenwerdens", „Neues sehen wollen", sondern primär ein Akt des „Rausgeschmissen-" oder „Rausgezogenwerdens".

Die Erfahrung, daß man sich auf stabile Zugehörigkeit nicht verlassen kann, wird von diesen Jugendlichen gut abgespeichert. Später bewahren sie oft ihre tiefe Sehnsucht, irgendwo dazuzugehören, aber zugleich die profunde mißtrauische Erwartung, daß dies nie gelingen wird. Sie verhalten sich oft so, daß sie häufig gerade dann Beziehungen abbrechen, wenn diese intensiv werden könnten – denn dann ist die Gefahr einer erneuten Enttäuschung am größten. Sie verhalten sich gegenüber dieser Gefahr präventiv („Lieber gehe ich, bevor ich gegangen werde“), machen damit aber zugleich neue Beziehungen besonders instabil (Heinemann 1994).

Bindungs-Ausstoßungs-Zyklen
Sowohl Ressourcenmangel wie der Umgang mit Trennungserfahrungen unterliegen zyklischen Schwankungen. Wie Minuchin u.a. (1967) bei amerikanischen Ghettofamilien und ich selbst (Schweitzer 1987a) bei schwäbischen Jugendhilfefamilien zeigten, fluktuieren sowohl die Verfügbarkeit von Ressourcen (z.B. nach Scheidungen und nach Wiederverheiratungen) wie auch die Balance zwischen Beziehungsmißtrauen und Beziehungssehnsüchten über die Zeit heftig. Minuchin u.a. beschreiben einen charakteristischen Zyklus zwischen Bindung („Enmeshment“) und Ausstoßung („Disengagement“): Auf dem Höhepunkt der Erschöpfung trennen sich Eltern und Kinder, nach längerer Trennungszeit wächst beidseits die Sehnsucht nach Zusammensein, wird irgendwann erfüllt, läuft aber irgendwann dem nächsten Erschöpfungshöhepunkt zu, auf den irgendwann die nächste Trennung folgt.

2.2 Die schwierige Kooperation zwischen Jugendhilfe und Familien

Kooperation zwischen Jugendhilfe und Familien ist oft durch einander abwechselnde Zyklen großer Konfliktspannung und starker Kontaktvermeidung gekennzeichnet (Hess 1986, Schweitzer 1989). Sie kann unter zwei sich zirkulär ergänzenden Perspektiven gesehen werden: wie interagiert Jugendhilfe als Mitspieler in der Familiendynamik; und wie interagieren Familien als Mitspieler im System Jugendhilfe?

Jugendhilfe in der Familiendynamik
Jugendhilfe wird meist gerufen, wenn in der Familie die Tendenzen zu Ausstoßung, Vernachlässigung, Verwahrlosung, Chaos vorherrschen. Halten Jugendhilfemitarbeiter nun die ihnen präsentierte Momentaufnahme für die Familiensituation schlechthin, so werden sie Maßnahmen ergreifen, die als relativ dauerhaft geplant werden (traditionell: Fremdplazierung). Aber oft fördert diese externe Intervention schon bald eine innerfamiliäre Gegenbewegung in Richtung Bindung – sei es, daß externe Unterbringung eines Mitglieds diesem und den anderen eine „Erholungspause“ verschafft, in der alle wieder Kraft sammeln, oder sei es, daß eine Jugendamtsmaßnahme die zuvor zerstrittene Familie in Einstimmigkeit und Harmonie gegen das Jugendamt wieder vereint.

Familien im System Jugendhilfe

Andererseits stehen viele Ideentraditionen der Jugendhilfe einer kundenorientierten Kooperation im Wege. Offiziell sind diese Ideentraditionen zwar aus der Mode, faktisch aber leben sie intensiv weiter. Dies sind Ideen, daß die Eltern versagt hätten, aus Unfähigkeit oder mangelndem Bemühen; daß nun eine bessere, professionelle Erziehung an ihre Stelle treten müsse; daß Jugendhilfemitarbeiter Advokaten ihrer Schutzbefohlenen gegenüber deren Eltern sein müßten (diese vor den sie schädigenden Eltern retten müßten); daß Jugendhilfe nachreifend Schäden ausgleichen müßte, die zuvor im familiären Kontext entstanden.

Diese Ideen haben zwar ihre Blüte in den siebziger Jahren gehabt und somit hinter sich. In modernem Gewand leben sie aber weiter – manchmal auch in der Idee, Jugendhilfefamilien bräuchten regelmäßig Familientherapie.

Jugendliche zwischen Familie und Jugendhilfe

Zwischen Familie und Jugendhilfe geraten die Jugendlichen oft in die Zwischenposition: der Kontakt läuft oft nur indirekt über das, was sie der einen Seite über die andere Seite mitteilen. Sie sitzen „zwischen den Stühlen" – werden dorthin gesetzt und setzen sich oft auch gern dorthin, weil dies strategisch manche Möglichkeiten des Gegeneinander-Ausspielens der Erwachsenen eröffnet. Im günstigen Fall können sie so eigene Interessen besser durchsetzen; im ungünstigen Fall geraten sie in Loyalitätskonflikte.

2.3 Das Kinder- und Jugendhilfegesetz (KJHG): neue Rahmenbedingungen für Kooperation

Seit 1.1.1991 wird Jugendhilfe durch ein lange vordiskutiertes neues „Kinder- und Jugendhilfegesetz" (KJHG) geregelt, das das ältere „Jugendwohlfahrtsgesetz" (JWG) ablöst. Gegenüber dem JWG stellt das KJHG folgende für unsere Studie wichtigen Aspekte verstärkt in den Mittelpunkt (Gernert 1990):

(1) Viele Jugendhilfeleistungen sind nicht mehr freiwillige, sondern Pflichtaufgaben, auf die die Eltern einen Rechtsanspruch haben.

(2) Jugendhilfe muß ein differenziertes Instrumentarium anbieten. Innerhalb dessen haben ambulante Hilfen Vorrang vor stationärer Unterbringung.

(3) Das lokale Jugendamt ist für all diese Hilfen verantwortlich. Es muß sie im Sinne einer umfassenden Jugendhilfeplanung planen und ist auch alleiniger Kostenträger für diese. Überörtliche, vom Geschehen weit entfernt angesiedelte Kostenträger sind nicht mehr beteiligt.

Diese gesetzliche Regelung fixiert und stabilisiert Trends, die sich in der Jugendhilfe bereits lange abzeichnen: Die Eltern werden vermehrt als anspruchsberechtigte Kunden definiert; familiäre Eigenerziehung soll auch in schwierigen Umständen gegenüber stationärer Ersatzerziehung gefördert werden; Jugendhilfe wird regional dezentralisiert, das Jugendamt zu deren autonomer Koordinationsstelle.

Dieses Gesetz wurde einerseits in der Fachöffentlichkeit als „zeitgemäß“ begrüßt. Sein kritischer Punkt sind die Finanzen: werden die Kommunen nicht nur die Zuständigkeit, sondern auch die erforderlichen Finanzmittel übertragen bekommen? Geschieht dies nicht, dann droht die Präferenz für familiäre Eigenverantwortung und ambulante Hilfen vor allem von Sparüberlegungen diktiert zu werden, die dann im Einzelfall wieder gerade nicht die Autonomie von Jugendlichen und Familien respektiert, sondern die Drohung „Du kommst ins Heim“ durch die Drohung „Du kommst wieder in Deine Familie“ ersetzt. Die im Projektzeitraum stattfindende Verarmung öffentlicher, besonders kommunaler Finanzhaushalte, muß als Hintergrund solcher Entwicklungen im Auge behalten werden.

2.4 Angehörigenarbeit in der stationären Jugendhilfe: der „Stand der Kunst“

Der „Stand der Kunst“ einer Angehörigenarbeit in der stationären Jugendhilfe läßt sich, unter Rückgriff auf normative Forderungskataloge (Planungsgruppe Petra 1987), Praxisberichte (Gerlicher, Jungmann u. Schweitzer 1986, Börsch u. Conen 1987) und Übersichtsarbeiten (Reith 1985, Conen 1990, Rotthaus 1990, Döhmen 1996) so zusammenfassen:

Haltungen gegenüber den Angehörigen

Die Mitarbeiter verstehen sich als Delegierte der Eltern bei der Erziehung von deren Kindern; sie erziehen sozusagen in deren Auftrag. Sie gehen davon aus, respektieren und schätzen es, daß für die Jugendlichen die Angehörigen existentiell-emotional wichtiger sind als sie selbst – auch und gerade in Phasen von Trennung oder starkem Konflikt. Sie sehen nicht elterliches „Fehlverhalten“ als Ursache des Jugendhilfebedarfs, sondern das Verhalten aller als verständliche, subjektiv bestmögliche Reaktion auf schwierige Lebenssituationen. Sie versuchen, möglichst viel Verantwortung bei den Eltern zu belassen oder diesen wieder zurückzugeben. Andererseits akzeptieren sie auch Kontaktabbruch als eine mögliche, vorübergehend vielleicht auch sinnvolle Gestaltung familiärer Beziehungen.

Kooperative Praktiken von der Aufnahme bis zur Entlassung

Kooperation beginnt vor der Aufnahme, bei den ersten Verhandlungen über Anlaß, Ziel und Zeitperspektive einer stationären Maßnahme. Stationäre Aufnahme erfolgt nicht, wenn und weil sie indiziert ist, sondern wenn und weil alle Beteiligten sich darüber einig sind. An diesen Aufnahmeverhandlungen sind Familienmitglieder soweit beteiligt wie möglich. Es werden u.a. auch Vereinbarungen darüber angestrebt, wann und wie die Maßnahme eines Tages beendet sein soll und wie Einrichtung und Angehörige bis dahin zusammenarbeiten oder eben auch nicht zusammenarbeiten wollen.

Die Kontaktdichte (Wochenendbeurlaubungen, Besuche in der Einrichtung) zwischen Jugendlichem und Familie wird möglichst eng an deren Wünschen orientiert. Es wird ein Spektrum regelmäßiger, nicht unbedingt hochfrequenter Elternarbeit angeboten, und dies bereits im „Normalbetrieb" und nicht erst in Krisenzeiten.

Den Aufenthalt infrage stellende Krisen, wie sie in der stationären Jugendhilfe sehr häufig vorkommen, werden zumindest auch vor einem familiendynamischen Hintergrund verstanden – beispielsweise als ein Versuch, wieder nachhause zu kommen. Vorzeitige, „unzeitige" Ausstiegswünsche aus der Jugendhilfemaßnahme werden nicht als Katastrophe verwünscht, sondern als eine interessante Idee mit Neugier genauer exploriert.

Die Entlassung ist folglich bereits vom ersten Tag an Thema und gedanklich im Visier. Ungeplante Entlassungen werden möglichst nicht als Katastrophe mit negativen Prognosen versehen, sondern als eine auch mögliche Entscheidung auf ihren auf den ersten Blick nicht gleich erkenntlichen Nutzen hin geprüft.

Organisatorisch wird all dies durch größere Gemeindenähe der Jugendhilfeeinrichtung gefördert sowie dadurch, daß pädagogische Mitarbeiter in Angehörigenarbeit weitergebildet werden und für diese ein Zeitbudget erhalten. Bevorzugt machen diese Angehörigenarbeit je ein Mitarbeiter der Gruppe (wegen des „engeren Drahtes") und ein gruppendienstübergreifender Mitarbeiter wie PsychologIn oder ErziehungsleiterIn (wegen der emotionalen Distanz zum Gruppenalltag und oft wegen der familienberaterischen Vorbildung) gemeinsam.

Spezielle Probleme: ältere Jugendliche und unmotivierte Angehörige

Ist Angehörigenarbeit bei Jugendlichen und Heranwachsenden sinnvoll, die möglicherweise nicht mehr in ihre Familie zurückkehren werden? Sicher wird sie weder als geplante „Rückkehrvorbereitung" (obwohl erstaunlich viele auch ältere Jugendliche zumindest zeitweise Familienaufenthalte nach Jugendhilfemaßnahmen einlegen) noch als „gemeinsam geteilte Erziehungsverantwortung" eine ähnlich große Rolle spielen wie bei Kindern. Aber sie wird bedeutsamer als Auseinandersetzung mit „Herkunftsfragen" und deren Bedeutung für die eigene künftige Lebensplanung: gibt es neben dem vielen erfahrenen Elend auch Positives, was an Erfahrungen aus dieser Familie „mitgenommen" werden kann? Ist nach langen Konflikten eines Tages wieder Versöhnung möglich? Kann trotz eigener Wohnung der Jugendliche in guter Weise bei den Eltern immer wieder mal vorbeischauen? Stehen sie langfristig vielleicht als Großeltern zur Verfügung? Da die Relevanz der Familie nicht mit dem Auszug endet, bleibt Angehörigenarbeit auch bei Adoleszenten und Heranwachsenden potentiell nützlich. Freilich wird der direkte Kontakt mit den Angehörigen wahrscheinlich seltener sein als bei Kindern, und familienbezogene Gespräche mit dem Jugendlichen allein werden größeren Raum einnehmen.

Wenn die Angehörigen keinen Kontakt wollen? Dann kann ein offenes, nicht auf Beantwortung drängendes, Angebot zur Kooperation ausgesprochen werden, das zwar aktuell nicht genutzt wird, auf das die Angehörigen aber später (bei Krisen, bei neuen Entwicklungen und Motivationen) zurückgreifen können und das atmosphärisch den Ton auch dann verändert, wenn es nicht genutzt wird. Sinnvoll bleibt dann (gerade dann), im Gespräch mit dem Jugendlichen seine familiäre Situation und speziell diesen Kontaktabbruch zu „verdauen“.

2.5 Umgang mit den Jugendlichen: zwischen Alltagsorientierung, Kontrolle und Beratung

Stationäre pädagogische Arbeit mit Jugendlichen ist weder administrativ sehr präzise geregelt, noch besteht Konsens über ihre sozialpädagogisch-fachlichen Standards. Daher läßt sich aus Praxisbeobachtungen und sozialpädaogischer Literatur eine Reihe ganz unterschiedlicher pädagogischer Konzepte extrahieren, die die Kooperation zwischen Mitarbeitern und Jugendlichen beeinflussen. Die meisten real existierenden Einrichtungen und Mitarbeiter praktizieren eine je andere Mixtur dieser idealtypischen Konzepte.

- *„Gelingender Alltag“* (als sozialpädagogisches Konzept ausgearbeitet bei Thiersch 1992): Pädagogen leben mit Jugendlichen den kompletten Alltag, ziehen sich nicht auf Sonderfunktionen wie „Therapie“ oder „Sozialberatung“ zurück, bringen dabei ihre ganze Person ein, verschaffen sich freilich durch Supervision und Fachberatung hinreichenden inneren Freiraum gegenüber dem Geschehen.
- *„Anwalt des Jugendlichen“:* Der Pädagoge hat den als tendenziell unterdrückt, marginalisiert, ausgegrenzt, kriminalisiert, oder verarmt gesehenen Jugendlichen gegen Gesellschaft, Familie oder Kontrollinstanzen als dessen solidarisch verbündeter Anwalt zu verteidigen. Eine weniger politisch und mehr psychoanalytisch inspirierte Variante dessen ist die der
- *„Nachreifung im beschützten Milieu“:* eine frühe Traumatisierung soll durch das Angebot einer neuen, diesmal verläßlicheren Beziehung, die auch viele harte Beziehungstests des Jugendlichen aushält, überwunden werden.
- *„Soziale Kontrolle“:* Der Jugendliche neigt dazu, Hausordnungen und Regeln nicht einzuhalten, „krumme Sachen“ zu machen, die Pädagogen zu „linken“. Die Pädagogen müssen demgegenüber Wachsamkeit und ein gesundes Mißtrauen bewahren, praktikable Kontrolltechniken entwickeln, die Einhaltung der Regeln durchsetzen.

- *„Geplante Lernprozesse“:* Die Jugendlichen weisen Lerndefizite auf, die auf der Grundlage von Erziehungsplänen systematisch und schrittweise durch neue Lernprozesse angegangen werden können.
- *„Neutrale Beratung“:* Die Jugendlichen sind prinzipiell entscheidungsfähige Subjekte ihres eigenen Schicksals. Die Pädagogen helfen ihnen, die für sie passenden und von ihnen gewünschten oder zuerst noch unklar erahnten Wege zu erkennen, abzuwägen und auf ihnen zu gehen. Die Pädagogen sind dabei offen gegenüber ganz unterschiedlichen Entscheidungen der Jugendlichen.

Jede – auch elterliche – Erziehung wird viele dieser Komponenten aufweisen. Pädagogische Stile von Eltern wie von Jugendhilfeeinrichtungen lassen sich allerdings deutlich nach dem Gewicht unterscheiden, welches einzelne dieser Konzepte in der Erziehungspraxis haben.

Die systemische Beratung kann in diesem „Erziehungs-Mix“ zweierlei Funktionen haben. Zum einen bietet sie Grundlagen und Handwerkszeug der beschriebenen „neutralen Beratung“ an. Zum anderen kann sie helfen, via Systemanalyse die interaktionellen Folgen der verschiedensten Erziehungsstrategien in den sozialen Systemen der Jugendlichen zu verdeutlichen („Was bewirke ich in diesem sozialen System?“), zu bewerten („Wie nützlich ist das? Will ich das?“) und ggf. Alternativen durchzuspielen („Was würde geschehen, wenn ich stattdessen... tun würde?“). Sie bietet also neben Rüstzeug für einen inhaltlichen Teilbereich pädagogischer Arbeit auch Hilfen für das Abwägen verschiedener pädagogischer Konzepte an.

2.6 Kann systemisches Arbeiten Kooperationsprobleme in der Jugendhilfe vermindern helfen?

Welche Beiträge sind nun speziell von Systemtheorie und systemischer Beratung für erleichterte Kooperation in der Jugendhilfe zu erwarten? Dies soll hier allgemein skizziert werden. Konkrete Erwartungen an systemisches Arbeiten in den hier beforschten Jugendwohngemeinschaften formuliere ich erst später (Kap. 3.2).

Beurteilung der ungewollten „Nebenwirkungen“ von Jugendhilfemaßnahmen
Das Denken in rekursiven Interaktionsketten („Was werden die Eltern tun, wenn der Sohn aus der WG abhaut? Werden Sie ihn eher zurückbringen oder lieber zuhaus behalten? Wie wird das Jugendamt reagieren, wenn sie ihn zuhause behalten? Werden die Eltern es akzeptieren oder dagegengehen, wenn das Jugendamt ihn in die WG zurückbringt? Wenn sie dagegengehen: wird die WG ihn dann trotzdem wieder aufnehmen? ...) erlaubt die Folgen einzelner künftiger Maßnahmen im Interaktionsgeflecht aller Beteiligten im Vorhinein gedanklich durchzuspielen und hypothetisch vorauszusehen. Dies kann helfen,

unproduktive Maßnahmen erst gar nicht zu starten und „nebenwirkungsärmere“ anzugehen (ausführlich dazu Schweitzer 1989).

Das Verstehen des Unverständlichen und der Verzicht auf illusionäre pädagogische Planung

Einige Prämissen der neueren Systemtheorie können pädagogische Mitarbeiter zu sehr veränderten Haltungen gegenüber den Jugendlichen und deren Angehörigen anregen (ausführlich Schweitzer u.Reuter 1991):

(1) *„Man kann niemanden instruieren“* – was ein lebendes System im Endeffekt tut, wird von dessen innerer Struktur determiniert, die von seiner Umwelt lediglich angeregt oder verstört (im Extremfall auch: zerstört), aber nicht in ihrem Verhalten determiniert werden kann. Dieses Postulat von Maturana und Varela (1987) verweist auf die sehr engen Grenzen pädagogischer, auch familientherapeutischer „Steuerung“ von Menschen. Wer ihm folgt, wird eigene Macht- und Ohnmachtsphantasien drastisch beschneiden und ein „Helfersyndrom“ erst gar nicht entwickeln.

(2) *„Jede Beobachtung hängt vor allem vom Beobachter ab“* – diese konstruktivistische Prämisse (v.Glasersfeld 1981, v.Förster 1985, Maturana u. Varela 1987) verwandelt alle quasiobjektiven Beurteilungen wie Testergebnisse, Schulnoten, Anamnesen, Entwicklungsberichte, Amtsakten und Mitarbeiterbeurteilungen – in Beziehungsinformationen über die Beziehung zwischen dem, der sie anfertigt und dem, über den sie angefertigt werden. Wer dieser Idee folgt, wird festschreibende Formulierungen („unkooperative Familie“, „schwieriger Jugendlicher“, „gescheiterter Heimaufenthalt“) immer wieder infragestellen und statt dessen mit anderen, nämlich lösungs-, ressourcen- und zukunftsorientierten Formulierungen arbeiten, die mehr Handlungsmöglichkeiten eröffnen.

(3) *„Jedes Verhalten paßt zu seinem(n) Kontext(en) – auch ein scheinbar chaotisches, destruktives oder pathologisches“.* Diese evolutionäre Passungsidee ermuntert in der Jugendhilfe die Suche nach Erklärungsrahmen, in denen bislang unverständliches Sinn zu machen beginnt. Innerhalb solcher Erklärungsrahmen kann dann ein unmotiviertes „Abhauen“ als liebevolles „wieder nachhause gehen wollen“ erscheinen, eine, Suizidhandlung als ein wichtiges Nothilfesignal, das Scheitern in der Wohngemeinschaft als ein Loyalitätsakt gegenüber der Familie. Dies hilft Pädagogen in der Jugendhilfe, das Verhalten ihrer Klienten stärker zu akzeptieren, mit ihnen darüber weniger „in Clinch“ und aus Kontrollkämpfen häufiger herauszugehen und langfristig auch die eigene Wirksamkeit positiver zu bewerten.

Zusammenfassend verleitet systemisches Denken in der stationären Jugendhilfe dazu, immer wieder drei Fragen zu stellen: Wie paßt das aktuelle Problem zur „Eigenlogik“ der Beteiligten? Welche „Schwankungen“ gab es bislang und wird es künftig vielleicht geben? Welche Neben- und Fernwirkungen könnten meine jetzt zu treffenden Entscheidungen im Gesamtsystem wohl anregen und will ich diese? Aus den Antworten können Lösungen entstehen, die das Ausmaß an Konflikteskalation, Zwangshandlungen und Frustration bei allen Beteiligten verringern.

2.7 Methodenfragen der Jugendhilfeforschung

Nach einer Übersicht von Trede (1993, mit ausführlicher Literaturliste) ist Heimerziehung seit den achtziger Jahren intensiv beforscht worden, zuvor nur in geringem Maße. Forschungsschwerpunkte waren bzw. sind:

(1) die Geschichte der Heimerziehung in affirmativer oder historisch-kritischer Sicht;

(2) die einer Heimerziehung vorausgehenden sozialen Ettikettierungsprozesse aus Sicht vor allem des Labelling Approach;

(3) Lebenssituation und Alltag im Heim unter den Gesichtspunkten: neue Formen der Jugendhilfe; subjektive Verarbeitung des Heimalltags; spezielle Arbeitsformen im Heim; spezielle Klientengruppen im Heim; Berufsrollen und -situation von Heimerziehern;

(4) Lebensbewährung ehemaliger Heimbewohner und langfristiger „Erfolg" von Heimerziehung.

Es fehlt also nicht mehr an forschungsgestützter Reflexion in diesem Bereich, und auch hinsichtlich des Methodenspektrums finden sich streng behavioral-operationalisierende (Planungsgruppe Petra 1987) und Prä-Post-Studien (Bürger 1991, Hebborn-Brass) neben qualitativ-interpretativen (Niederberger u. Bühler-Niederberger 1988) und neben den weiterhin dominierenden kasuistischen Studien (vielzitiert etwa Birtsch, Eberstaller u. Halbleib 1980 sowie Freigang 1986).

Gegenüber diesem Forschungsstand soll unsere Jugendhilfestudie folgende Erkenntniszuwächse erbringen:

(1) Sie soll die Rückwirkungen einer genau beschriebenen Intervention, nämlich der systemischen Weiterbildung eines Jugendhilfeteams in einer Einrichtung präzise und in kontrollierbaren Schritten evaluieren. Damit geht sie über die bisherige systemische Literatur hinaus, die rein konzeptionell und/oder kasuistisch arbeitet.

(2) Sie soll ein auch quantitativ orientiertes Prä-Post-Design mit einer qualitativen, anschaulichen und fortlaufenden Prozessbeobachtung verbinden.

(3) Ihre Ergebnisse sollen in Rückmeldeschleifen an die Praxis vermittelt werden und dort zu Weiterentwicklungen nutzbar sein.

Praxisbegleitende Forschung, wie die von uns angestrebte, muß in der Jugendhilfe eine Reihe von Problemen lösen, wie sie Moch (1993) gut zusammengefaßt hat. Forscher und Beforschte müssen das Tun des jeweils anderen hinreichend akzeptieren, sich auf als valide anerkannte Beurteilungsregeln von Forschungsergebnissen einigen und gegenseitige „Kolonialisierungsbestrebungen" in den Griff bekommen. In Anlehnung an Moch (1993) sind dabei folgende Prinzipien hilfreich:

- *Multiperspektivität:* Das Jugendhilfegeschehen sollte parallel aus verschiedenen Perspektiven, nicht nur aus der des Forschers oder einzelner Akteurgruppen, beschrieben werden.
- *Kommunikative Ergebnisvalidierung mit den „Beforschten":* Die Ergebnisse und deren Interpretationen sollten den Beforschten zur Revalidierung wieder vorgelegt werden.
- *Klare Kontextbeschreibung:* Der persönliche, institutionelle und historische Kontext, in dem die Ergebnisse gewonnen wurden, sollte möglichst klar beschrieben werden, damit Leser die Ergebnisse auf Anwendbarkeit in ihrem eigenen Kontext untersuchen können.
- *Langfristige Untersuchungszeiträume:* Jugendhilfeforschung sollte langfristige Entwicklungsverläufe untersuchen, in diesen auf vorausgegangene Entwicklungen Bezug nehmen, definitive Vorhersagen über weitere Entwicklungen machen und diese wiederholt überprüfen.
- *Praxisverwertbarkeit:* Als Qualitätskriterium der Ergebnisse sollte weniger deren „Richtigkeit" als deren Praxisverwertbarkeit im Mittelpunkt stehen.
- *Personelle Trennung Forscher und Beforschte:* Trotz dieses pragmatischen Forschungsverständnisses ist es dennoch günstig, Forscher und Beforschte personell zu trennen, um mehr innere Distanz und „frischen Blick" gegenüber den beforschten Vorgängen zu wahren.

Von diesen sechs Desideraten sind in der Jugendhilfestudie vier realisiert. Der Untersuchungszeitraum ist allerdings mit drei mal neun Monaten eher mittel- als langfristig angelegt, und Forscher und Beforschte sind nicht vollständig getrennt.

3. Die „Jugendhilfestudie": Konzept und Methoden

3.1 Die Weiterbildung: Vorgeschichte und Konzept

Vorgeschichte

Initiatorin dieser Weiterbildung war die zugleich als Erziehungsleiterin fungierende Psychologin der „Sozialpädagogischen Wohngruppen" – einer privaten Jugendhilfeeinrichtung, die neben mehreren erlebnispädagogischen Auslandsprojekten u.a. drei Jugendwohngemeinschaften in der Region Heidelberg – Mannheim betreibt.

Drei Faktoren begünstigten das Zustandekommen dieser Weiterbildung. Die Psychologin hatte auf einem Kongreß über system- und hypnotherapeutische Arbeit mit Kindern und Jugendliche im Herbst 1992 die Idee bekommen, diesen Ansatz nicht nur sich selbst, sondern auch ihren Mitarbeitern als ein neues und evtl. verbindendes methodisches Konzept zu vermitteln. Sie versprach sich davon mehr Klarheit, Distanz und auch Spaß in belastenden Arbeitssituationen und eine „gemeinsame Sprache“ in den Teams.

Ein Teil der Mitarbeiter wollte eigentlich Supervision ihrer eigenen Wohngemeinschaft, die vom Eigentümer und Leiter der Einrichtung finanziert werden sollte. Dieser wollte den Mitarbeitern ein Stück entgegenkommen, wobei ihm Supervision für alle drei Wohngemeinschaften zu viel war. Dem systemischen Ansatz stand er neutral gegenüber, war persönlich eher an anderen Fragen interessiert. Die Anfrage der Psychologin bei der „Internationalen Gesellschaft für Systemische Therapie“ nach systemischer Qualifizierung für ihr Team wurde an mich weitergeleitet und stieß im Kontext meiner Kooperationsforschungen auf mein Interesse. Da systemische Vorkenntnisse als Basis systemischer Supervision in den Teams weitestgehend fehlten, schien mir eine grundlegende Weiterbildung mit vielen didaktischen Elementen und starken Supervisionsanteilen in der zweiten Hälfte der Weiterbildung angemessener. Zwischen der Psychologin und mir wurde daraufhin eine solche verabredet. Die Mitarbeiter akzeptierten dieses Angebot nach dem Motto „Das ist zwar nicht genau Supervision, wie wir es wollten, aber auch etwas Gutes“.

Nach Vorklärungen mit dem Leiter und Inhaber über das Konzept und die äußeren Rahmenbedingungen stellte ich dieses Konzept und mich selbst allen (21) Mitarbeitern vor. Von ihnen arbeiteten 16 in drei Wohngruppen, drei in der Betreuung einzelwohnender Jugendlicher, zwei waren für die (inländische) Betreuung der Auslandsprojekte zuständig. Wichtig für das Gelingen war, die Teilnahme nicht verbindlich zu machen, sondern zu einer Option, zu der auch eine besondere Anmeldung erforderlich war.

Von allen 21 MitarbeiterInnen meldeten sich 18 an. Die zwei Kollegen aus dcn Auslandsprojekten stiegen nach den ersten Sitzungen aus, weil in ihrer Arbeit für familienbezogenes Arbeiten zuwenig Gelegenheit war, als daß sie die stark familienorientierten Weiterbildungsinhalte sinnvoll hätten umsetzen können. 16 machten bis zum Ende mit, darunter die Psychologin und alle drei Gruppenleiter.

Weiterbildungskonzept

Die Weiterbildung wurde „Systemisches Arbeiten in der Jugendhilfe“ genannt. Ihr Ziel war, einerseits in das systemische Denken sowie die dazu gehörende Gesprächsführung, Interventionen und Settings einzuführen, und andererseits diesen Denk- und Handlungsansatz auf die konkrete Einrichtung und ihre Anforderungen zuzuschneiden. Es sollten einerseits theoretische und praktische Kenntnisse und Fertigkeiten didaktisch vermittelt und geübt werden, wobei ich eine Lehrfunktion einnahm. Andererseits galt es gemeinsam zu erkunden, ob, wie und wo diese in der Arbeit mit den Jugendlichen, den Angehörigen und auch in der Teamkooperation genutzt werden können, was von den Teilnehmern und von mir in einer Art gemeinsamen Praxisforschung zu bewerkstelligen war.

Dementsprechend wurde von mir vor dem Kurs ein Rahmenkonzept entwikkelt, welches im weiteren Kursverlauf fortlaufend modifiziert wurde. Das daraus entstandene Curriculum zeigt folgenden thematischen Aufbau:

(1)	Gestaltung der Aufnahmesituation in der WG; Bildung systemischer Hypothesen anhand Genogramm, Erstgespräch, Skulptur; Systemische Gesprächsführung I: Wirklichkeits- und Möglichkeitsfragen (Drei ganze Tage)
(2)	Kundenorientierung in der Jugendhilfe; Aufnahmegespräche (Halbtag)
(3)	Krisen in der WG: Erklärungsmodelle und Lösungswege (Halbtag)
(4)	Systemische Gesprächsführung II: Wirklichkeits- und Möglichkeitsfragen (Halbtag)
(5)	Schlußinterventionen – Verhaltensempfehlungen (Halbtag)
(6)	Lösungsorientierte statt problemorientierter Elternarbeit (Halbtag)
(7)	Mögliche Formen lösungsorientierter Elternarbeit wie Elterntag, Erziehungsberatung, Krisenkonsultation, Entwicklungsbericht, Wohngemeinschafts-Zeitung oder der „Wohngemeinschaft als Familienpension" (Halbtag)
(8)	Entlassung – Rituale – Entlassungsrituale (Halbtag)
(9)	Die institutionelle Situation der Mitarbeiter: Tätigkeits- und Zeitverteilung; Macht und Ohnmacht. (Halbtag)
(10)	Systemische Haltungen: Neutralität, positive Konnotation, Ressourcenorientierung; der Umgang mit dem Beziehungsmißtrauen Jugendlicher („Vertrauen ist gut – Mißtrauen ist vernünftiger"); „Rückfallprophylaxe"; Strategien der Selbstsupervision (Zwei ganze Tage)
(11)	Wie die Jugendlichen frühe Trennungserfahrungen bewältigen; Rückfallprophylaxe II. (Halbtag)
(12)	Systemische Gesprächsführung III: – Verschlimmerungs- und Verbesserungsfragen (Halbtag)
(13)	Strategien der Selbst-Supervision II (Halbtag)
(14)	Grundbegriffe der Systemtheorie; systemische Gesprächsführung IV: schwierige Familiengespräche; Kursevaluation; Zukunftswerkstatt über künftige Arbeitsschwerpunkte (Zwei ganze Tage)

Abb. 9: Thematischer Aufbau der Weiterbildung

Es orientierte sich an folgenden Prinzipien:

(1) Der Ablauf der Kursinhalte sollte parallel zum Ablauf eines Wohngemeinschafts-Aufenthaltes, also „von der Aufnahme bis zur Entlassung" aufgebaut sein. Er sollte sich inhaltlich von der Arbeit mit Jugendlichen über Angehörigenarbeit zur Kooperation zwischen den Profis entwickeln.

(2) Jeglicher „Seelen-Striptease" und pure Gruppendynamik sollten vermieden werden.

(3) Zu jedem Thema sollte zunächst für die Situation der „Anderen" in der Kooperation sensibilisiert werden (die Mitarbeiter sollten Gelegenheit bekommen, „in die Haut" von Jugendlichen und Angehörigen zu schlüpfen);

daran anschließend sollten möglichst konkrete Problemlösungsmethoden vermittelt werden.

Dazu wurden didaktisch in der Weiterbildung kurze Präsentationen (Kurzvorträge, Video, Life-Demonstrationen), Kleingruppenübungen, Supervisionssitzungen und Plenardiskussionen kombiniert. Zeitlich umfaßte die Weiterbildung elf ganze Tage über einen Zeitraum von neun Monaten, aufgeteilt in ein dreitägiges und zwei zweitägige Blockseminare sowie in acht Halbtagsseminare.

3.2 Die Begleitforschung: methodische Prinzipien, Hypothesen, Projektverlauf

Zum Verhältnis von Begleitforschung und Weiterbildung
Ich verknüpfte mein Weiterbildungsangebot von vornherein mit der Begleitforschungsidee, die von der Psychologin mit großem Interesse, vom Leiter und den Mitarbeitern mit freundlicher Bereitschaft ohne Eigeninteresse aufgenommen wurde. Jedem Team wurde separat das Konzept der Begleitforschung incl. Zeitaufwand und Schweigepflichtfragen ausführlich vorgestellt. Bedenken wurden diskutiert und konnten ausgeräumt werden, so daß schließlich eine nahezu vollständige Beteiligung aller Mitarbeiter und aller Jugendlicher erreicht wurde.

Durch diese Verknüpfung hatte die Begleitforschung, vor allem die Ergebnisse aus der ersten Interviewserie und aus der frühen teilnehmenden Beobachtung, die aus Sicht einer handlungsorientierten Praxisforschung erwünschten Rückwirkungen auf den Ablauf der Weiterbildung.

Forschungsmethodische Prinzipien
Hypothesenbildung, Erhebungs- und Auswertungsmethoden und Interpretation der Begleitforschung folgen drei im Grundlagenteil (II. 7) bereits explizierten Prinzipien:

(1) *Verbindung von Theorieorientierung und Gegenstandsorientierung:* Einerseits hat diese Studie ein theoretisches Kern-Konzept, nämlich Kooperation, und ist in einen systemtheoretischen Theorieansatz eingebettet. Andererseits aber wollten wir gegenüber den Besonderheiten dieser speziellen Einrichtung sowie gegenüber unerwarteteten Beobachtungen offen sein, was durch einen zu eng theoriegeleiteten Blickwinkel oft erschwert wird. Daher kombinierten wir (angeregt durch Flick 1992) ein hypothesenorientiertes Vorgehen mit dem Vorgehen der von Glasser und Strauss begründeten „gegenstandsbezogenen Theoriebildung“ (Strauss u. Corbin 1990). Dazu legten wir, auf der Basis erster Vorabhypothesen, alle Erhebungsinstrumente zu Projektbeginn zunächst sehr „breit“ an. Mit zunehmendem Erkenntnisstand gestalteten wir zum Projektende hin alle Erhebungsinstrumente bezüglich der Erhebung und Auswertung immer selektiver.

(2) *Verbindung qualitativer und quantitativer Methoden:* Quantitative Forschungsmethoden verlangen Vorkenntnisse, welche Variablen in einem Forschungsfeld wichtig sind; qualitative Forschungsmethoden erlauben, diese überhaupt erst zu finden. Wir verbanden beide Ansätze zirkulär: wir bestimmten zunächst (z.B. in den Anfangsinterviews und in der Teilnehmenden Beobachtung), welche Variablen „eine Rolle spielen" und operationalisierten danach diese wichtigen Variablen so, daß ihre Veränderung im Projektverlauf (z.B. in den Schlußinterviews und in der Ereignisdokumentation) quantitativ beschrieben werden konnte.

(3) *Multiperspektivität:* Kooperation ist uns, wie schon im Theorieteil beschrieben, nicht als „Ding an sich" zugänglich, sondern nur als Beschreibung einer Interaktion durch einen oder mehrere Beobachter. Wie verschiedene am Kooperationsprozeß Beteiligte diesen sehr unterschiedlich beschreiben ist für uns von großem Interesse.

Die Begleitforschung untersucht daher Kooperationsveränderungen im Weiterbildungsverlauf aus verschiedenen Perspektiven:

(1) aus der persönlichen Sicht der Beteiligten: – der Jugendlichen, der Mitarbeiter, teilweise der Angehörigen und der Jugendämter (via Interviews und Ratingskalen);

(2) aus der Sicht der teilnehmenden Beobachtung der Prozesse durch die Psychologin und durch mich (via teilnehmender Beobachtung);

(3) aus der Perspektive von „Fakten", die sich aus den Gruppentagebüchern objektiv rekonstruieren lassen (via Ereignisdokumentation).

Inhaltliche Vorabhypothesen

Nachdem ich in ersten Vorgesprächen Struktur und Arbeitsweise der Einrichtung kennengelernt hatte, wurden in Teamdiskussionen mit der Psychologin und einem der drei Gruppenleiter als „Insidern" inhaltliche Voranahmen über zu erwartende Entwicklungen während der Weiterbildung formuliert, an denen die Konstruktion der Erhebungs- und Auswertungsmethoden orientiert werden sollte. Wir gingen von folgenden Hypothesen aus:

Kooperation läßt sich am besten in „kritischen Momenten" untersuchen

Kooperationsprozesse lassen sich besonders gut an einigen „kritischen Punkten" des Aufenthalts der Jugendlichen in der Wohngemeinschaft studieren:

(1) an der *Aufnahme* als (verunsicherndem) Eintritt in das neue System;

(2) an wechselseitigen *Besuchen und Gesprächen während des Aufenthalts:* den Besuchen der Angehörigen in der Wohngemeinschaft und der Jugendlichen zuhause; den Gesprächen zwischen Angehörigen und Mitarbeitern, sei dies in der WG oder am Wohnort der Familie;

(3) an den *Krisen,* in denen der Verbleib des Jugendlichen in der WG in Frage steht;

(4) an den halbjährlichen *Erziehungsberichten* als Moment, in dem eine Partei (die Mitarbeiter) über ihre Kooperation mit zwei Anderen (Jugendlichen und Angehörigen) für einen vierten (das Jugendamt) ein „amtliches", künftig in Akten weiterlebendes Dokument anfertigt und weiterreicht;

(5) an der *Entlassung* als Abschluß, bei dem es um Erfolg oder Mißerfolg wie auch um Trennung oder Im Kontakt bleiben geht.

Andere Kooperationen werden vorrangig im Dreieck Mitarbeiter - Jugendliche - Angehörige angestrebt

Im Mittelpunkt des Interesses von Weiterbildung und Begleitforschung steht die Kooperation im Dreieck Mitarbeiter - Jugendliche - Angehörige, weil hier die Mitarbeiter Veränderungswünsche formulieren. Mit der Kooperation im Team sowie mit dem Jugendamt sind sie zufrieden. Hier soll lediglich geprüft werden, ob „Nebenwirkungen" eintreten.

In den kritischen Momenten wird zwischen Mitarbeitern, Jugendlichen und Angehörigen anders kooperiert werden

(1) Die Angehörigen werden im Aufnahmeprozeß stärker beteiligt werden: die Mitarbeiter informieren sich stärker über die familiäre Situation; es wird mit der Familie mehr über ihre Erwartungen und Wünsche verhandelt; der Aufnahmeprozeß wird mit weniger Abwertung und mehr Kooperationsangeboten an die Familie einhergehen.

(2) Bei den regulären Kontakten (Besuche und Gespräche) wird es zwischen Mitarbeitern und Angehörigen etwas mehr Kontakt geben (telefonisch oder direkt), auch auf Wunsch der Angehörigen. Die Mitarbeiter werden die Angehörigen vermehrt konsultieren, um Ihre Meinung fragen, deren Erfahrungen berücksichtigen. Zwischen Jugendlichen und Angehörigen wird es quantitativ mehr, aber weniger krisenhaften Kontakt geben.

Die Mitarbeiter werden gegenüber den Jugendlichen etwas mehr professionelle „innere Distanz" gewinnen, was einerseits sich in weniger Mit-Verzweiflung, andererseits in weniger Kontrollkämpfen zeigen könnte. Innerhalb der Teams wird es mehr Aufgaben- und Zuständigkeitsabgrenzung, mehr „Autonomiestreß", weniger depressives Klagen geben.

(3) Krisen, definiert als Situationen, in denen der Verbleib in der Wohngemeinschaft „auf der Kippe steht", werden etwas seltener. Sie kommen etwas schneller zum Ende, weil dank besserer Kontextklärungs- und Diskurskompetenzen der Mitarbeiter rascher ein gemeinsames Verständnis erzielt und eine Übereinkunft über das weitere Vorgehen getroffen werden kann.

(4) Erziehungsberichte werden vermehrt andere Sichtweisen über Jugendliche und Angehörige aufzeigen: weniger persönlichkeitsbezogene und mehr kon-

textbezogene Statements; weniger negative und mehr offene Zukunftsprognosen. Im Prozeß ihrer Abfassung werden sie vermehrt mit den Jugendlichen und evtl. den Angehörigen diskutiert; evtl. finden diese Diskussionen Eingang in die abschließende Berichtsformulierung.

(5) Entlassungen vor dem geplanten Abschluß der Maßnahme anläßlich des Endes einer Ausbildung oder des geregelten Umzugs in eine eigene Wohnung, im Wohngemeinschaftsjargon „vorzeitige“ genannt, werden gleich häufig bleiben. Sie werden aber von Jugendlichen und Mitarbeitern, evtl. auch von Eltern und Jugendamt, positiver oder zumindest neutraler bewertet – weniger als eine Katastrophe und mehr als eine auch mögliche Entscheidung. Möglicherweise zeigt sich dies in veränderten Entlassungsritualen.

Kooperationen werden zufriedenstellender

Dies wird sich niederschlagen in den Bewertungen der multiplen Kooperationen durch Mitarbeiter, Jugendliche, Angehörige und Jugendamt. Hier erwarten wir größere Zufriedenheit mit den Kooperationen im Dreieck Mitarbeiter - Jugendliche - Angehörige und zumindest gleichbleibende Zufriedenheit mit den Kooperationen aller mit dem Jugendamt sowie mit der teaminternen Kooperation.

Solche Veränderungen wirken mittelfristig auch auf die Organisation der Einrichtung zurück

Mittelfristig werden mehr Jugendliche aus der Region aufgenommen, weil das Fortbestehen von Kontakt mit der Familie erwünschter wird. Damit verbunden werden Wochenendheimfahrten, Angehörigenbesuche in der Wohngemeinschaft etc. häufiger.

Aufgrund verringerter Loyalitätskonflikte wird die Wohngemeinschaft für einen Teil der Jugendlichen zu einer stabileren Heimat, verlängert sich also ihr Aufenthalt. Für eine andere Teilgruppe hingegen wird sie zu einem kurzen „Parkplatz“ während familiärer Krisenzeiten. In der Folge differenziert sich die Aufenthaltsdauer in der Einrichtung noch stärker, von ultrakurzen Kriseninterventionsaufenthalten bis zu recht langfristigen Perspektiven.

Vermehrte „professionelle Distanz“ zwischen Mitarbeitern und Jugendlichen könnte auch andere Schichtdienstpläne mit regelmäßigeren, aber kürzeren Schichten begünstigen.

Methodeneinsatz im Projektverlauf

Die Weiterbildung dauerte von April 1993 bis Januar 1994, also neun Monate. Da durch die Sommerferien im Juli und August 1993 eine deutliche Zäsur innerhalb dieser Zeit existierte, bot es sich für Forschungszwecke an, die Weiterbildung in zwei Phasen a viereinhalb Monate zu unterteilen und je zwei gleich lange Phasen vor und zwei nach der Weiterbildung zu untersuchen. So konnte die Entwicklung über insgesamt sechs Phasen a viereinhalb Monate verfolgt werden: zwei in der Vorlaufzeit, zwei während der Weiterbildung, zwei im Follow-Up-Zeitraum nach der Weiterbildung.

(1) Interviews mit Jugendlichen und Mitarbeitern wurden zu zwei Zeitpunkten durchgeführt: direkt zu Beginn und am Ende der Weiterbildung. (Einige wenige Interviews mit Angehörigen wurden nur zu Beginn der Weiterbildung geführt). Zu diesen zwei Zeitpunkten wurden auch die Ratingskalen vorgelegt.

(2) Die teilnehmende Beobachtung als Forschungsprozeß begann mit der Weiterbildung und wurde neun Monate nach deren Ende abgeschlossen. Da zwei der drei Beobachter selbst Mitarbeiter der Einrichtung waren, konnten aber auch Informationen aus der Vorlaufzeit mitverarbeitet werden.

(3) Die Erhebung von „Ereignisdaten" aus den Gruppentagebücher, die auch retrospektiv möglich war, begann neun Monate vor Weiterbildungsbeginn und endete neun Monate nach Weiterbildungsende, lief also über alle sechs Phasen.

Folgende Abbildung zeigt die Phasen und Instrumente im Überblick:

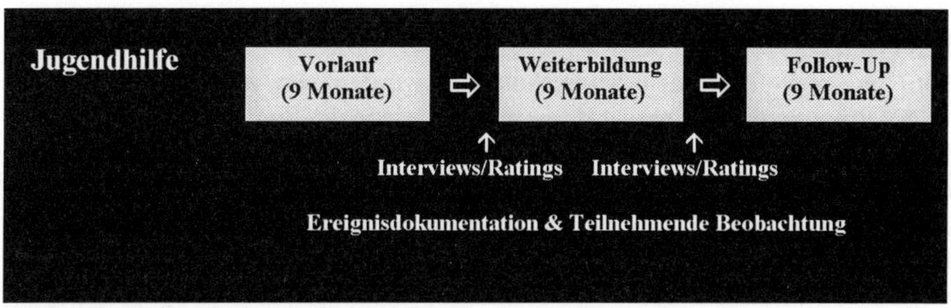

Abb. 10: Phasen und Erhebungsmethoden der Jugendhilfestudie

3.3 Stichprobe

Es gelang, vor der Weiterbildung alle Mitarbeiter und alle Jugendlichen der Einrichtung zum Interview und zum Ausfüllen der Ratingskalen zu gewinnen. Bei den Interviews nach der Weiterbildung wurden (wegen einer stärkeren Fokussierung unseres Erkenntnisinteresses) nur noch diejenigen Mitarbeiter und Jugendlichen um ihre Mitarbeit gebeten, die in den drei Wohngruppen arbeiteten bzw. lebten. Diese nahmen ausnahmslos teil. Wir haben also bei Jugendlichen und Mitarbeitern vollständige Stichproben.

Anders bei Angehörigen und Jugendämtern: hier konnten vor der Weiterbildung nur 12 von 3o Angehörigen trotz intensiver Bemühungen gewonnen werden. 22 von 26 zuständigen Jugendamtsmitarbeitern füllten eine schriftliche Kurzform des Interviews aus. Wegen nicht lösbarer Kooperationsprobleme mit einer Diplomandin, die diese beiden Gruppen interviewte, kam es nicht zur zweiten Interviewrunde nach der Weiterbildung, und standen dem Autor schließlich nur ein Teil der Interviews sowie keines der Angehörigenratings aus der ersten Runde zur Verfügung. Damit kann sich die Evaluation nur auf die Perspektiven von Jugendlichen und Mitarbeitern stützen; einige qualitative Informationen von Angehörigen und Jugendämtern können lediglich ergänzend zur Beschreibung der Ausgangslage herangezogen werden.

An den Interviews nahmen teil:

Jugendliche	- vor Weiterbildung:	30	- nach Weiterbildung:	23
Mitarbeiter	- vor Weiterbildung:	22	- nach Weiterbildung:	15
Angehörige	- vor Weiterbildung:	12		
Jugendämter	- vor Weiterbildung:	22		

Abb. 11: Stichprobe der Jugendhilfestudie

3.4 Erhebungsinstrumente

Die Konstruktion der Untersuchungsmethoden folgte unseren oben skizzierten Forschungsprinzipien (Kap. 3.2).

Interviews

Die Interview- und Auswertungsleitfäden wurden von mir gemeinsam mit zwei Diplomandinnen entwickelt – mit der einen für Jugendliche und Mitarbeiter, mit der anderen für Angehörige und Jugendämter. Durchgeführt wurden die Interviews, nach vorausgehender Schulung, selbständig von den beiden Diplomandinnen. Da die für Angehörige und Jugendämter zuständige Diplomandin das Projekt leider vorzeitig und ohne Hinterlassung eines auswertbaren Datensatzes verließ, konnten bis auf wenige Ausnahmen vollständige Interviews nur mit den Jugendlichen und den Mitarbeitern durchgeführt werden. Der hierfür zuständigen Diplomandin, Sabine Döhmen, gelang die Gewinnung aller Jugendlichen und Mitarbeiter als Interviewpartner.

Gliederungsprinzip der Interviewleitfäden waren die bereits in Kap. 3.2 beschriebenen „kritischen Ereignisse“: Aufnahme, reguläre Kontakte, Krisen, Erziehungsberichte, Entlassung.

Zu diesen kritischen Ereignissen sollte jeweils gefragt werden:

- Wie wird das tatsächliche Kooperationsverhalten der Beteiligten rund um dieses Ereignis wahrgenommen?
- Welche Gedanken (Vorerfahrungen, Ängste und Hoffnungen, Gedanken über die mutmaßlichen Gedanken der anderen Beteiligten etc.) machen sich die Beteiligten in diesen Situationen, und wie wirken diese Gedanken auf das eigene Kooperationsverhalten zurück?
- Welche Veränderungswünsche zur Kooperation werden gehegt?

Hieraus entstand ein sehr detaillierter Interviewleitfaden, der in möglichst großer Parallelität für Jugendliche, Mitarbeiter, Angehörige und als schriftliche Befragung für die Jugendämter ausgearbeitet wurde.

Die Interviews mit den Jugendlichen und den Mitarbeitern fanden im März und April 1993 (erste Erhebung) und im Januar und Februar 1994 (zweite Erhebung) statt, jeweils in einem ungestörten Raum in den Wohngemeinschaften. Die Interviewerin (Sabine Döhmen) stellte sich zuvor allen Beteiligten eingehend vor und nahm i.d.R. einen halben oder ganzen Tag am Alltag der Wohngemeinschaft teil, um die alltäglichen Rahmenbedingungen gut genug zu kennen. Die Interviews dauerten mit den Jugendlichen durchschnittlich 60 Minuten, mit den Mitarbeitern durchschnittlich 90 Minuten.

Die Interviews mit den Angehörigen fanden im April und Mai 1993 statt, meist in der Wohnung der Angehörigen, was einen erheblichen Fahraufwand bedingte, aber durch die seinerzeit nur seltenen Angehörigenbesuche in den Wohngemeinschaften erforderlich war. Die Motivation dazu war sehr unterschiedlich, von gut bis ablehnend, entsprechend dauerten die Interviews zwischen 15 und 45 Minuten. Die Jugendämter wurden von vornherein in verkürzter Form schriftlich befragt, ebenfalls im April und Mai 1993. Hier war der Rücklauf hoch, die Angaben waren allerdings teilweise sehr knapp. Die zweite Erhebung fand aus o.a. Gründen nicht statt.

Alle Interviews wurden auf Tonband aufgenommen und vollständig in einem Textverarbeitungsprogramm transkribiert.

Auswertungsleitfäden für Jugendlichen- und Mitarbeiterinterviews wurden konstruiert, indem die Interviewerin und ich an je sechs Interviews nach der Methode des offenen Kodierens von Glasser und Strauss – wir folgten der Anleitung von Strauss und Corbin 1990 – Auswertungskategorien aus dem Interviewmaterial selbst gewannen, diese mit den „inhaltlichen Voranahmen" verglichen und so ein sehr „breites" Auswertungsschema entwickelten. Dabei wurde eine weitestmögliche Parallelität der zwei Auswertungsschemata angestrebt.

Zur Erleichterung einer für Kategorienveränderung flexiblen Inhaltsanalyse wurden die Kodierungen in dem von Prof. Huber (Fach Pädagogische Psychologie der Universität Tübingen) entwickelten Inhaltsanalyse-PC-Programm „AQUAD" bearbeitet, welches u.a. bei Revisionen der Kategorien die mit den Kodierungen markierten einzelnen Textstellen automatisch umkodiert.

Die Kodierung der Jugendlichen- und Mitarbeiterinterviews wurde durch ein Team von fünf Studenten nach ausführlicher Schulung durch die Interviewerin und mich durchgeführt, mit regelmäßigen Konsensüberprüfungen und Diskussionen strittiger Kodierungen. Grundlage der Reliabilitätsbestimmung der Kodierungen waren 20 Kodierprotokolle, in denen fünf Rater 773 Kategorien in je zwei Jugendlichen- und je zwei Mitarbeiterinterviews kodiert hatten. Es wurde berechnet, wieviele Rater bei wieviel Prozent der Kategorien übereinstimmten. Das Ergebnis: in 81.2% aller 773 Kategorien stimmten mindestens vier der fünf Rater überein (in 53.6% alle fünf). Dieses Ergebnis ist angesichts der vielen Kategorien sehr befriedigend.

Schließlich wurde die Häufigkeit bestimmter Kodierungen ermittelt, um die Prominenz bestimmter Tendenzen auch quantitativ darstellen und entsprechende Vorher-Nachher-Vergleiche machen zu können. Die Ergebnisse der ersten Erhebung incl. der jeweiligen Häufigkeitsverteilungen wurden in einem Präsentationspapier zusammengestellt (Döhmen, 1996) Dieses wiederum diente dem Interviewleitfaden der zweiten Erhebung als Grundlage: nur darin beschriebene Trends wurden auf mögliche Veränderungen untersucht. In einem aktualisierten Präsentationspapier nach Auswertung der zweiten Erhebung wurden die Veränderungen dargestellt.

Die wenigen Angehörigeninterviews und die häufigen, aber sehr knappen Kommentare der Jugendamtsmitarbeiter wurden lediglich impressionistisch sondiert.

Nach beiden Interviewrunden wurden den Jugendlichen und den Mitarbeitern die Ergebnisse vorgestellt und mit ihnen diskutiert. Teilnehmenden Angehörigen und Jugendämtern wurde schriftlich nach dem Abschluß der gesamten Untersuchung eine zusammenfassende Kurzauswertung zugesandt.

Ratingskalen

Zufriedenheit mit Kooperation

Wir wollten von allen vier Gruppen wissen: Wie zufrieden sind diese (vor und nach der Weiterbildung) mit den dyadischen Kooperationen zwischen den beteiligten Gruppen? Wir konstruierten dazu Ratingskalen, auf denen in sieben Abstufungen von -3 = sehr unzufrieden bis +3 = sehr zufrieden einerseits die den Jugendlichen direkt mit einbeziehenden Kooperationen (mit Angehörigen, Mitarbeitern, Jugendamt etc.), andererseits die Kooperationen zwischen diesen Erwachsenen bewertet werden sollten.

Checkliste „Nützlichkeit einzelner Weiterbildungsinhalte“

Jede Evaluation einer Intervention muß zunächst prüfen, was von ihr denn überhaupt umgesetzt („implementiert“) wird (Bengel u. Koch 1988). Um zu beurteilen, wie nutzbar die einzelnen Weiterbildungsinhalte für die Mitarbeiter waren, erstellte ich eine Checkliste zentraler Weiterbildungsthemen und legte sie am Ende der Weiterbildung den Mitarbeitern mit zwei Ja/ Nein-Fragen („Wird das derzeit von Ihnen gemacht?“ „Wird das derzeit von Ihnen für nützlich gehalten?“) zu jedem Item vor.

Ereignisdokumentation

Im Gegensatz zu den anderen Instrumenten soll die Ereignisdokumentation die Entwicklung von „Fakten“ im Sinne beobachtbarer Ereignisse während des Projektverlaufs aufzeigen. Uns interessierten inhaltlich vier Bereiche:

Kooperationsdichte: Die Häufigkeit von Arbeitskontakten zwischen Mitarbeitern und Angehörigen („Kooperationsdichte“) dient als Prüfung, ob mehr kooperiert wird, also evaluationstechnisch gesprochen als Implementationskontrolle.

Krisenhaftigkeit des Aufenthaltes: Wie häufig der WG-Aufenthalt der Jugendlichen durch Krisen, die den Verbleib infragestellen, gekennzeichnet ist, und ob die Wohngemeinschaften für einige Jugendliche zu einer „stabileren zweiten Heimat" werden, wird an Durchschnitt und Streuung der Verweildauer einerseits, am Anteil vorzeitiger Entlassungen sowie an Häufigkeit und Dauer von befristeten und dauerhaften disziplinarischen Maßnahmen und Krisendiskussionen untersucht.

Dissoziales Verhalten und Anpassungsleistungen der Jugendlichen: Im Sinne der traditionellen Outcome-Kriterien der Jugendhilfeforschung (vgl. Pongratz u. Hübner 1959 und insbes. Bürger 1990) wird die Häufigkeit von dissozialem Verhalten, das im Gruppentagebuch „aktenkundig" geworden ist, als Negativindikator einerseits und andererseits die Entwicklung von Schulnoten und Berufsabschlußprüfungen als möglichen Positivindikatoren andererseits untersucht. Mögliche Veränderungen in diesen Bereichen sind vom Projekt nicht unmittelbar angestrebt, sondern wären eine interessante „Nebenwirkung".

Die Wohnortbiografie der Jugendlichen: Von wo die Jugendlichen in die WG kommen, wohin sie von dort gehen und wie beständig sie am Entlassungsziel bleiben, gibt Auskunft darüber, in welche familiären und institutionellen „Wanderungsbiografien" der Jugendlichen die Wohngemeinschaft eingebettet ist. Verlaufsdaten hierzu erlauben qualifizierte Vermutungen darüber, wozu die Wohngemeinschaft von Überweisern und Jugendlichen genutzt wird, und ob sie auf die Wanderungsbiografie einen Einfluß nimmt.

Zu diesen vier Hauptbereichen wurden Indikatoren formuliert, von denen die meisten sich als Ereignis („geschah oder geschah nicht"), einige als Zeitdauer (in Tagen oder Wochen) aus den ausführlichen Tagebüchern der Wohngemeinschaften auch nachträglich noch objektiv rekonstruieren ließen. Für jeden Ereignis-Indikator wurden die absoluten und relativen Häufigkeiten (bezogen auf die Zahl der jeweils in der WG lebenden Jugendlichen) ermittelt, für jeden Zeitdauer-Indikator seine Mittelwerte und Streuung. Diese Daten wurden für jede der sechs Forschungsphasen getrennt ermittelt und in Tabellen zusammengestellt, die die Entwicklung dieser Daten im zeitlichen Ablauf des Projektes, von der ersten bis zur sechsten Phase, deutlich werden lassen.

Der evidenten Bedeutsamkeit dieser Daten steht als in Kauf zu nehmender Nachteil gegenüber, daß solche Ereignisse nicht so häufig sind, als daß sie eine inferenzstatistische Prüfung der Differenz der Häufigkeiten über die sechs Phasen erlauben würden. Daher beschränke ich mich auf deskriptivstatistische Darstellungen.

Teilnehmende Beobachtung

Sie folgte demselben Prinzip wie die beiden Interviews: zunächst breit und relativ offen zu „beobachten, was läuft", dann zunehmend auf Kernfragen zu fokussieren, orientiert gleichzeitig an Glaser und Strauss' „gegenstandsbezogener Theoriebildung" und am Fokus auf Kooperation als Kernkategorie.

TeilnehmendeBeobachterInnen des institutionellen Alltags während und nach der Weiterbildung waren die Heimpsychologin (Elisabeth Nicolai) und einer der drei Gruppenleiter (Ivo Nicolai) – beide miteinander verheiratet und aus eigenem Qualifikationsinteresse (Doktor- bzw: Diplomarbeit) daran interessiert.

Für diese personelle Lösung sprach die gute Einbindung und Akzeptanz der beiden in der Einrichtung: da sie dort schon seit langem arbeiteten und gut akzeptiert waren, und da die Ankündigung ihrer Forschungsinteressen auf „freundliche Gleichgültigkeit" traf, waren kaum Reaktanzprobleme zu befürchten. Zudem hätten solch ausführliche und langwierige Beobachtungen zeitlich von keinem externen Beobachter geleistet werden können.

Andererseits stellt sich das Problem mangelnder Distanz zum Forschungsgegenstand. „Blinde Flecke", Voreingenommenheiten, Wahrnehmungseinschränkungen sind angesichts der eigenen Positionen im mittleren Führungsniveau und der mehrjährigen Geschichte in der Einrichtung sowie angesichts des eigenen Engagements der beiden für die Weiterbildung mehr als wahrscheinlich.

Ein ähnliches Problem stellte sich mir bei der regelmäßigen Protokollierung und Auswertung meiner eigenen Beobachtungen zum Prozeß in den Weiterbildungskursen. Hier war zwar wenig gemeinsame Geschichte und weit geringere institutionelle Einbindung, aber ein eigenes Interesse am „Demonstrieren von Erfolg" der von mir angebotenen Weiterbildung zu kontrollieren.

Um diese erwartbaren Probleme auszugleichen, wurden drei Kontrollstrategien gewählt. Die Psychologin und der Gruppenleiter trafen sich regelmäßig mit mir zur kritischen Diskussion ihrer Beobachtungen. Dabei wurde immer wieder geprüft, inwieweit Beobachtungen und Schlußfolgerungen durch die institutionelle Position, den eigenen Arbeitsstil und die subjektiven Theorien der beiden Beobachter beeinflußt waren, und inwieweit aus denselben Beobachtungen alternative Schlußfolgerungen gezogen werden könnten. Ich selbst wertete meine Beobachtungen in Treffen mit einem nicht-involvierten, systemisch und in teilnehmender Beobachtung erfahrenen externen Fachkollegen (Prof. Ritscher, Esslingen) aus. Schließlich wurden Teile der Beobachtungen einzelnen WG-Teams vorgestellt und mit diesen diskutiert.

Der praktische Forschungsprozeß vollzog sich entlang der Anfertigung regelmäßiger Forschungsnotizen nach folgendem Schema:

Kooperation	Beobachtungen zur Dynamik	Beobachtungen zu Veränderungen
mit Jugendlichen mit Angehörigen mit Jugendamt im Team		

Abb. 12: Forschungsnotizen-Schema für die teilnehmende Beobachtung

In jeder Supervision wurde daran gearbeitet, zentrale Kategorien aus dem Beobachtungsmaterial herauszuarbeiten. Manchmal wurde vereinbart, in den nächsten vier Wochen einem bestimmten, für zentral gehaltenen Thema genauer nachzugehen. So wurde in den weiteren Beobachtungen immer mehr auf zentrale Themen und Kategorien fokussiert.

Zum Umgang mit Statistiken

Anders als in der Gesamtstudie und in Teilen der Psychiatriestudie (Fragebogen) entschlossen wir uns in der Jugendhilfestudie, quantitative Daten aus Ratingskalen, Interviews und Ereignisdokumentation nur deskriptiv darzustellen, aber angesichts der Natur der Daten und der Stichprobe auf inferenzstatistische Prüfung der Bedeutsamkeit von Veränderungen zu verzichten.

Grundsätzlich kann und will diese Studie über eine spezielle Weiterbildung mit einer speziellen Einrichtung nicht „repräsentativ" für alle möglichen anderen Einrichtung sein, sondern exemplarisch. Ihre Übertragbarkeit für andere Weiterbildungen in anderen Jugendhilfeeinrichtungen hängt daher von deren Kontextähnlichkeit, nicht von der Wahrscheinlichkeitsrechnung ab.

Hinzu kommen zwei datentechnische Gründe. Der wichtigste ist, daß die Studie in der Ereignisdokumentation mit inhaltlich in den Organisationsprozessen bedeutsamen, aber in ihrer Häufigkeit seltenen und daher statistisch zwangsläufig bedeutungslosen Ereignissen arbeitet. Der zweite hängt mit den Stichproben zusammen: die Jugendlichen und Mitarbeiter, deren Zufriedenheit wir zu zwei Zeitpunkten (vor und nach der Weiterbildung) untersuchten, waren teilweise identisch (bei den Mitarbeitern außer einem), teilweise aber nicht (bei den Jugendlichen nur die Hälfte), sodaß die Entscheidung zwischen einem inferenzstatistischen Test für unabhängige und für abhängige Gruppen nicht sinnvoll zu treffen war.

4. Projektergebnisse aus der Sicht verschiedener Kunden

Im folgenden werden zunächst die Ergebnisse der Interviews mit den Jugendlichen und Mitarbeitern sowie einige Eindrücke aus den (sehr wenigen) Angehörigeninterviews dargestellt. Wo die Sichtweisen von Jugendlichen und Mitarbeitern übereinstimmten, wird dies nicht gesondert erwähnt; die Quelle der Information (ob Jugendliche, Mitarbeiter oder Angehörige) wird nur bei für diese Gruppe spezifischen Ergebnissen benannt. Die Darstellung verzichtet der Lesbarkeit zuliebe auf Häufigkeitsangaben. Diese finden sich in Döhmen (1996).

4.1 Differenzierte Kundenwünsche an Wohngemeinschaft und Weiterbildung

Wie Mitarbeiter die Weiterbildung unterschiedlich nutzen

Sowohl zwischen wie innerhalb der drei Wohngemeinschaften werden sehr unterschiedliche Umsetzungsstrategien gegenüber den Weiterbildungsinhalten entwickelt, die sich metaphorisch so beschreiben lassen:

„Ich will das und ich mache das."
„Ich will das, aber mir fehlen etwas die Möglichkeiten".
„Ich will das (weil es zum guten Ton gehört)."
„Ich finde das unnötig, außer wenn es unbedingt sein muß."

Deutlich wird, daß die Weiterbildung keine „missionarischen Effekte" im Sinne von Bekehrungen hat: Wer schon vorher sich für Angehörigenarbeit und systemisches Vorgehen interessierte, bei dem hat diese die nachhaltigsten Effekte gehabt. Entsprechend wird Elternarbeit nach der Weiterbildung am negativsten in derjenigen Wohngruppe bewertet, aus der von vornherein nur die Hälfte der Mitarbeiter sich zur Weiterbildung anmeldete.

Wie Jugendliche ihren Platz zwischen Familie und Wohngemeinschaft definieren

Bei den Jugendlichen lassen sich nach ihrer Haltung sowohl zu ihrer Familie wie auch zur Kooperation zwischen Wohngemeinschaft und Angehörigen drei Idealtypen unterscheiden:

(1) Die *„Abgeschobenen"* fühlen sich von ihrer Familie nicht mehr gewollt. Darauf reagieren sie, was den Kontakt mit ihrer Familie betrifft, entweder mit „Dennoch-Wünschen" („Ich gebe es nicht auf") oder mit Beschönigung („Alles in Ordnung, wie es ist") oder mit reaktiver Abwehr („Die können mir gestohlen bleiben").

(2) Bei den *„Musterknaben"* ist der Kontakt zur Familie (wieder) gut geworden und die Familie kooperiert mit der WG, was die Jugendlichen wiederum gut finden.

(3) Die *„Elternschützer"* fühlen sich ihrer Familie zuliebe in der Einrichtung untergebracht, möchten ihrer belasteten Familie die Last von mehr Kooperation mit der WG ersparen, andererseits aber möglichst nahe bei der Familie bleiben und im Bedarfsfalle dort schnell sozusagen als „Feuerwehrmann" einspringen können.

Ordnet man die konkreten Jugendlichen diesen Typen zu, so zeigt sich zwischen beiden Interviews eine sehr geringfügige Häufigkeitsverringerung der „Abgeschobenen" zugunsten sowohl der „Musterknaben" wie auch der „Elternschützer".

Wie Eltern die Kooperation mit der Wohngemeinschaft sehen
In den Wünschen und Haltungen der (freilich nur sechs) Eltern(paare) gegenüber der Wohngemeinschaft werden sehr entgegengesetzte Formen des Abgebens oder Delegierens der eigenen Verantwortung an die professionellen Pädagogen deutlich:

(1) *„Ohne mich": die distanzierte Delegation*
Die Eltern haben die Erziehung vollständig abgegeben und sind froh darüber, daß und wenn wenig Kontakt herrscht: „Wenn alles in Ordnung ist, warum soll ich mich da reinhängen?"

(2) *„Ich lasse erziehen": die engagierte Delegation*
Die Eltern bleiben trotz Fremdunterbringung zumindest gedanklich eng verbunden mit dem, was in der Wohngemeinschaft läuft. Es geschieht gewissermaßen in ihrem Auftrag: „Ich möchte, daß mich die Kinder von dort oben anrufen, weil ich möchte meine Kinder nicht im Stich lassen. Nach den Vorschlägen in den Gesprächen denke ich oft tagelang nach. Ich will daß ich dabei bin, und mein Sohn will auch, daß ich dabei bin."

(3) *„Laßt mich mitmachen!": die blockierte Delegation*
Diese Eltern sehen den Wohngemeinschaftsaufenthalt als gegen ihren Willen zustande gekommen an, beklagen ihr davon-ausgeschlossen-sein: „Da ist jeder Anruf zuviel... Ich muß sehr viel dran geben, um von den Betreuern etwas zu erfahren."

4.2 Andere Kooperationsformen bei kritischen Ereignissen

Aufnahme in die WG
Während vor der Weiterbildung die Angehörigen am Aufnahmeprozeß mehrheitlich nicht beteiligt sind, Sinn und Ziel der Aufnahme mit ihnen nur selten diskutiert werden, ist dies danach mehrheitlich umgekehrt. Negative Wahrnehmungen der Aufnahmegespräche – aus Mitarbeitersicht „zuwenig wichtige und ehrliche Informationen – zuviel sich-gut-verkaufen", aus Jugendlichensicht eine gewisse Einschüchterung durch zu offene, schwer beantwortbare Fragen nach ihren Zielen in der Wohngemeinschaft – werden nach der Weiterbildung seltener berichtet.

Alltag in der WG
Zwischen Eltern und Mitarbeitern gibt es mehr Kontakt, insbesondere mehr regelmäßigen Informationsaustausch anstelle des früher häufigeren Kontaktes „wegen Formalangelegenheiten". Akute Probleme bleiben neben dem regelmäßigen Informationsaustausch wichtigster Kontaktanlaß. Weiterhin kommt es praktisch nicht vor, daß man sich aus „erfreulichen Anlässen" treffen würde. Insoweit bleibt der Kontakt problemzentriert: wenn man sich trifft, ist dies zumindest vom Anlaß her eher unerfreulich als erfreulich.

Die Mitarbeiter fragen häufiger als früher die Eltern um deren Meinung; allerdings wird das von je einem Drittel der Mitarbeiter weiterhin „selten“ und „gar nicht“ getan.

Die Bedenken gegen Angehörigenarbeit haben sich inhaltlich verändert. Ihnen wird weniger Desinteresse an ihren Kindern unterstellt, und von ihnen wird weniger störende Einmischung in den WG-Alltag befürchtet. Daß aber die Eltern „das eigentliche Problem sind“, bleibt eine unverändert prominente Idee. Vermehrt wird auch die Sorge berichtet, sich durch Angehörigenkontakte zuviel Arbeit zu machen.

Ihr Verhalten gegenüber den Jugendlichen schildern die Mitarbeiter eingangs vor allem als flexibel, individuell („Wir sind keine pädagogischen Maschinen“), nicht autoritär, mit Herz arbeitend. Die Jugendämter und die Jugendlichen bestätigen dieses Bild aus der Außenperspektive und fügen dem die Wahrnehmung von starkem Engagement hinzu („Persönliches Verantwortungsgefühl“, „Die kümmern sich“, „Die machen mehr als ihren Job“). Daran hat sich nach der Weiterbildung nichts geändert – allenfalls eine noch stärkere „Stildifferenzierung“ zwischen den Mitarbeitern, z.b. zwischen „autoritär“ und „nicht-autoritär“.

In der Teamarbeit wird etwas mehr offene Konfliktaustragung, zugleich deutlich mehr gegenseitige Beratung und Hilfe geschildert. Die Zusammenarbeit in der Weiterbildung hat miteinander vertraut gemacht. Die klare Abgrenzung zwischen den drei Wohngemeinschaften und der geringe Kontakt zwischen diesen wird aber über die Weiterbildung hinaus nicht verändert – man hat sich eine Zeitlang öfter getroffen und geht nun wieder getrennte Wege.

Krisen

Das Fehlen von Konzepten zur Krisenbewältigung wird auffallend weniger beklagt. Das „lange Hinschleppen“ von Krisen hat sich aber nicht geändert – wobei dies von einer Mehrheit der Jugendlichen und der Mitarbeiter weiterhin positiv, eher als ein Zeichen von Geduld und Engagement, gewertet wird.

Entwicklungsberichte

Etwas mehr Eltern als zuvor, aber immer noch nicht deren Mehrheit, werden nach der Weiterbildung die Entwicklungsberichte zugänglich gemacht. Die Jugendlichen, die diese schon früher fast durchgängig zu lesen bekamen, nutzen diese Gelegenheit heute noch etwas seltener als früher, meist weil sie „den Mitarbeitern da vertrauen“.

Entlassungen

Hier hat sich wenig verändert: die Jugendlichen fühlen sich mehrheitlich weiter gut auf die geplanten Entlassungen vorbereitet. Sehr unterschiedlich verteilt sind die Wünsche, den Abgang etwas ritueller zu begehen: eine leichte Mehrheit möchte dies, eine starke Minderheit möchte dies gerade nicht. Die

Angehörigen sind bei Entlassungen weiterhin kaum beteiligt – im Gegensatz zur Aufnahme, wo sie viel stärker beteiligt sind als früher. Die Idee, daß Jugendliche auch bei einer vorzeitigen Entlassung (bei der das eingangs definierte Ziel wie Hauptschul- oder Lehrabschluß nicht erreicht wurde) dennoch „im Guten gehen" könnten, ist geringfügig prominenter geworden.

4.3 Implementation der Weiterbildungsinhalte

Zwei Gruppen von Weiterbildungsinhalten werden am stärksten umgesetzt. Die eine besteht aus den bekannten systemischen Gesprächstechniken wie zirkuläres und lösungsorientiertes Fragen und speziell Verschlimmerungsfragen, die ohne wesentliche Adaptationen genutzt werden konnten. Die andere ist gekennzeichnet durch Gesprächssettings, die in der Weiterbildung auf ihre Eignung für den Kontext „Jugendwohngemeinschaften" diskutiert, auf diesen Kontext zugeschnitten und in Rollenspielen erprobt worden waren: familienbezogene Einzelgespräche und familienbezogener Informationsaustausch im Team, Kooperationsgespräche, Krisengespräche (Abb. 13).

Häufig umgesetzt werden	**wird gemacht von N = Mitarbeitern**
Einzelgespräche mit Jugendlichen über ihre Familiensituation	16
Austausch von Informationen über die Familie	14
Zirkuläres Fragen	14
Krisengespräche mit Angehörigen in der WG	14
Adressenaustausch zum „In Kontakt bleiben"	14
Kooperationsgespräche	13
Lösungsorientiertes Fragen	12
Telefonische Krisengespräche mit Angehörigen mit Lösungsversuchen	12
„Rückfallprophylaxe" mittels Fragen nach absichtlicher Verschlimmerung des Problems	10

(Stichprobe : N = 16 Mitarbeiter)

Abb. 13: Häufig umgesetzte Weiterbildungsinhalte

Eher wenig umgesetzt werden hingegen Interventionen, die über das Fragen hinausgehen, wie Umdefinitionen, Verhaltensempfehlungen und Skulpturen, sowie Settings, die in „das Therapeutische hineingehen" könnten, wie etwa Familientherapie. Wenig oder nicht praktiziert werden auch Weiterbildungsinhalte, die zuviel Aufwand und Mühe machen: an Familienthemen orientierte Gruppenarbeit, Genogramme, der (von den Mitarbeitern vorzubereitende) Elterntag. Schließlich fanden Entlassungsrituale und Abschiedsfeste in der Praxis wenig Zuspruch (Abb. 14).

Selten umgesetzt werden	wird gemacht von N = Mitarbeitern
Rückfallprophylaxe mittels Aufforderung, das Problemverhalten absichtlich zu zeigen	4
Abschiedsfest	4
Selbst-Supervision im Team anhand des Kurs-Papiers „Ein möglicher Ablauf gegenseitiger Supervision"	4
Familientherapie	3
Gruppenarbeit mit den Jugendlichen über Familienthemen	2
Entlassungsrituale	2
Elterntag	1
Skulptur	0
WG-Zeitung	0

(Stichprobe : N = 16 Mitarbeiter)

Abb. 14: Selten umgesetzte Weiterbildungsinhalte

Dies paßt zu Beobachtungen aus der Weiterbildung. Dort hatten die Mitarbeiter oft betont, „Pädagogen, nicht Therapeuten" zu sein. Offensichtlich müssen Weiterbildungsangebote mit dem eigenen pädagogischen Berufsbild kompatibel sein – „therapeutisches" trauen sich die Teilnehmer nicht zu oder wollen so bewußt nicht arbeiten. Schließlich darf der Aufwand, gerade wenn viel Alltagsstreß zu bewältigen ist, nicht zu groß sein.

4.4 Zufriedenheit mit wichtigen Kooperationskontexten

Wie zufrieden schildern sich Jugendliche und Mitarbeiter vor der Weiterbildung mit den verschiedenen Kooperations-Beziehungen rund um das Wohngemeinschaftsgeschehen? Folgende sind die interessantesten Trends (Abb. 15):

Auffällig ist folgende Diskrepanz: Die Mitarbeiter sind am wenigsten zufrieden mit all den Kooperationen, an denen die Angehörigen beteiligt sind. Die Jugendlichen hingegen sind mit diesen besonders zufrieden, viel mehr als die Mitarbeiter.

Mit ihrem Verhältnis zueinander beschreiben sich diese beiden Gruppen übereinstimmend als relativ zufrieden. Auffällig ist die extrem hohe Zufriedenheit der Mitarbeiter mit der Teamkooperation, die mit einem Durchschnitt von 2.41 auf einer Skala von -3 bis +3 „Traumwerte" erreicht.

Nach der Weiterbildung zeigen sich zwei deutliche, inhaltlich interessante Veränderungen (Abb. 16):

Die Mitarbeiter sind mit ihrer Kooperation mit den Angehörigen zufriedener geworden und die Jugendlichen mit ihrem Verhältnis zu den Angehörigen. Dies trifft aber nur für die „Innenperspektive" zu: weder sind die Jugendlichen zufriedener mit der Mitarbeiter-Angehörige-Kooperation, noch sind die Mitarbeiter zufriedener mit dem Jugendlichen-Angehörigen-Verhältnis. Weiterhin ist die zuvor extrem hohe Teamzufriedenheit auf ein immer noch gutes mittleres Maß geschrumpft.

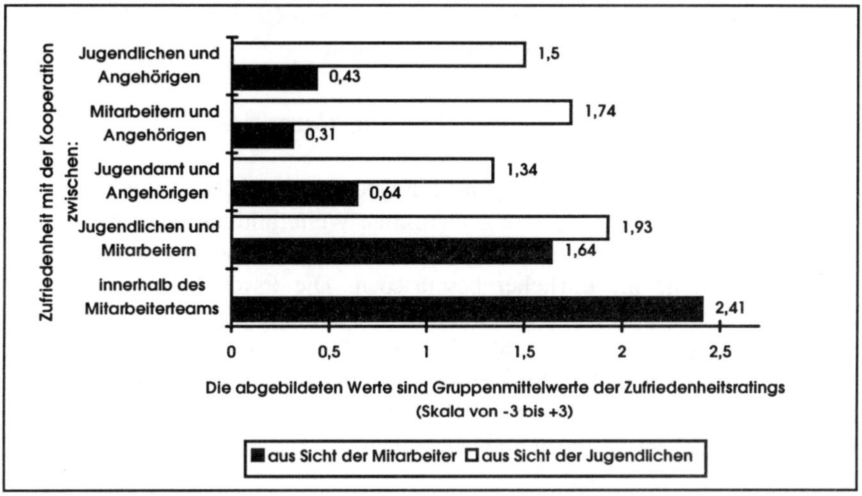

Abb. 15: Zufriedenheit mit Kooperationen: Ausgangslage

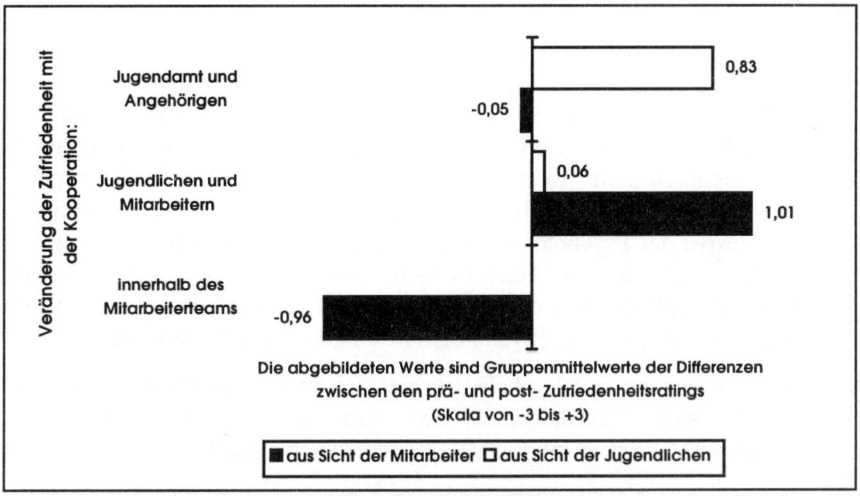

Abb. 16: Zufriedenheit mit Kooperationen: Veränderungen

5. Projektergebnisse aus Sicht der teilnehmenden Beobachtung

Die folgenden Ergebnisse der teilnehmenden Beobachtung stützen sich auf zwei Quellen: auf meine eigenen Beobachtungen aus den Weiterbildungssitzungen und auf die Beobachtungen der Psychologin, die sie in den Weiterbildungssitzungen, in Fallbesprechungen in den drei Teams, in von ihr selbst geführten Aufnahme- und Entlassungsgesprächen und aus informellen Mitteilungen der Mitarbeiter an sie sammelte.

Ich fasse die interessantesten Ergebnisse aus beiden Quellen im folgenden inhaltlich in vier gemeinsamen Themen zusammen.

5.1 Die Weiterbildung: Motive, Phasen, Rezeption

Die gemeinsame Weiterbildung und die Grenzen des Missionierens

Die Motive der Akteure für eine gemeinsame Weiterbildung eines ganzen Institutionsbereichs sind zwangsläufig immer heterogen. Das habe ich schon bei der Vorgeschichte ausführlicher beschrieben: Die Psychologin möchte zugleich sich selbst systemisch weiterbilden und ein „gemeinsames Konzept" in der Einrichtung entwickeln, schließlich eine Dissertation darüber schreiben. Manche Mitarbeiter wollen Supervison der Einzel-Wohngemeinschaften. Der Leiter möchte den Wünschen seiner Mitarbeiter ein Stück entgegen kommen. Ich will ein Konzept erproben und beforschen.

Diese unterschiedlichen Interessenlagen passen gut genug zusammen, um in ein gemeinsames Projekt zu münden. An vier Stellen im Verlauf werden aber die Grenzen der Gemeinsamkeit deutlich:

- Erst wenige Tage vor Beginn wird der Psychologin klar, daß einige Teilnehmer gar nicht mitmachen wollen, das Angebot als Zwang erleben. Sie schaltet schnell um und definiert die Weiterbildung in einem Rundschreiben als freiwilliges Angebot, an dem niemand teilnehmen muß und zudem nur teilnehmen kann, wer sich schriftlich anmeldet. Drei Wohngruppenmitarbeiter, alle aus derselben Gruppe, melden sich nicht an; 18 Mitarbeiter inclusive der Psychologin, zwei Auslandsbetreuern und drei Einzelbetreuern, melden sich an. Nach meinem Eindruck nehmen aber auch zwei Mitarbeiter teil, deren konsistent häufiges Gähnen mich vermuten läßt, sie nähmen nur teil, um der Psychologin ihren guten Willen zu zeigen.
- Der Enthusiasmus der Psychologin zeigt sich auch an den Kurstagen darin, daß sie sich komplementär von Kursinhalten dann noch mehr „beeindruckt" zeigt, wenn die Mitarbeiter sich eher skeptisch zeigen.
- Für mich wird diese Weiterbildung streckenweise anstrengender als andere, aus verschiedenen Institutionen zusammengesetzte Kurse: Wenn Bedenken, Skepsis etc. aufkommen, ist niemand aus anderen Einrichtungen da, der sagt: „bei uns läuft das" oder „wir machen das so und so". Die homogenere Erfahrungsbasis der Teilnehmer verführt mich in die Rolle des einseitigen Ideenanlieferers, manchmal Missionars, dessen Predigtgemeinde sich dann gelegentlich in Skepsis hüllt.

- In der Zukunftswerkstatt im letzten Kursblock werden ganz heterogene Zukunftsziele deutlich. Künftig mehr systemische Kompetenz zu erwerben, ist für etwa fünf von 16 Teilnehmern eine Priorität, für die anderen aber nebensächlicher als andere Ziele.

Phasen der Weiterbildung: Euphorie – Durchhänger – konkrete Schritte
Die Weiterbildung beginnt mit einer „kleinen Gemeinsamkeitseuphorie“: erstmals treffen sich alle drei Teams zu gemeinsamem Tun, dem man zudem erwartungsvoll entgegensieht. Nach dem ersten Drei-Tages Block herrscht nach dem Eindruck der Psychologin staunende Bewunderung über die demonstrierten neuen Arbeitsmöglichkeiten vor, besonders über das positive Konnotieren, das in der defizitorientierten Tradition der Heimerziehung ungewöhnlich scheint. Die Kollegen weiden sich erst einmal daran, daß man sich ein so „großzügiges Weltbild“ erlauben kann. Konkret umsetzbare Weiterbildungsinhalte werden intensiv aufgenommen, besonders das Erstellen von Genogrammen.

Diese Euphorie flaut bei den anschließenden Halbtagsseminaren etwas ab. Der Alltag bleibt hier näher, bei vier Stunden am Vormittag taucht man nicht so weit ab in eine „andere Welt“. Es entsteht eine Diskrepanz zwischen der angenehmen Vorstellung, mit mehr Gelassenheit, Wohlwollen und prozeßüberschauender Souveränität arbeiten zu können, und dem Gefühl, daß man dies im WG-Alltag nicht kann. Warum nicht? Drei Erklärungsmodelle machen die Runde:

- „Unsere Klienten sind nicht so motiviert oder gesprächsfähig wie diejenigen, die in der familientherapeutischen Ambulanz des Kursleiters sich in einen therapeutischen Kontext begeben“.
- „Uns Mitarbeitern fehlt dazu Wissen, Erfahrung, Übung und Mut zu Neuem“
- „Uns fehlen dazu die institutionellen Bedingungen“

Die Unterscheidung verschiedener Rollen im Arbeitskontext Jugendhilfe, insbesondere von Alltagsbewältigung, Kontrolle und Beratung, macht die Gründe dieser Diskrepanz klarer. Die Kollegen beginnen nun zaghaft mit verschiedenen Techniken zu experimentieren. Besonders die Elternkontakte werden ausgeweitet, bis Ende 1993 die Sorge aktualisiert wird, von den Eltern überflutet zu werden, sich gegen diese nicht mehr abgrenzen zu können. Dies wird schließlich durch klareres Aufzeigen von Grenzen des Kontaktangebotes wieder bewältigt.

Auffallend ist später noch einmal eine depressive „Durchhängerphase“, als die Weiterbildung im Januar 1994 zunächst ohne die Vereinbarung von Anschlußveranstaltungen aufhört. Der Sprung, systemisches Arbeiten nun ohne externen Anleiter weiterzuentwickeln, erscheint fast allen Mitarbeitern noch zu schwierig. Andererseits ist die völlige Rückkehr zu „prä-systemischen“ Erziehungspraktiken vergällt, weil für viele die systemische Arbeitsweise an Attraktivität gewonnen hat. Diese „Durchhängerphase“ endet im Frühjahr damit, daß die interessierten Kollegen sich darauf konzentrieren, einzelne Elemente der Arbeitsweise, die für sie gut handhabbar sind, zu nutzen und den Anspruch einer „umfassenden systemischen Arbeitsweise“ herunterzuschrauben.

Wie drei Teams dieselbe Weiterbildung ganz unterschiedlich rezipieren
Man könnte die drei verschiedenen Mitarbeiterteams forschungstechnisch fast als „natürliche Kontrollgruppen“ bezeichnen, weil sie über den ganzen Verlauf hinweg die Weiterbildung total unterschiedlich rezipieren.

In Team A wird die Weiterbildung zu Beginn von allen Mitarbeitern schnell und gemeinsam befürwortet, alle nehmen teil. Der Gruppenleiter ordnet hierarchisch die schnelle Umsetzung einzelner Weiterbildungsinhalte an – z.B. die Versendung von Entwicklungsberichten an die Eltern oder regelmäßige Gesprächseinladungen an diese. Die Mitarbeiter ziehen mit. Ca. acht Monate nach Weiterbildungsende wird anläßlich einer Krise in der Gruppe eine „Anschlußanfrage“ an den Weiterbilder gerichtet, dann aber doch wieder zurückgezogen, als nach einem „Konzeptionstag“, bei dem auch einige „Selbstsupervisions“-Anregungen aus der Weiterbildung genutzt wurden, die Krise aus eigener Kraft bewältigt wird.

In Team B wird das Weiterbildungsangebot zu Beginn zögerlich und kritisch diskutiert. Kann die Weiterbildung die bereits gute Qualität der Arbeit noch wesentlich verbessern? Ist der Kursleiter von der konkreten Arbeit nicht zuweit entfernt? Wird man bei der Weiterbildung nicht zuviel Persönliches preisgeben müssen? Es nehmen schließlich drei von sechs Mitarbeitern teil. Während der Weiterbildung werden Elterngespräche zeitweise intensiviert. Nachdem aber eine überengagierte Familie die WG mit Besuchen geradezu übeschwemmt, distanziert man sich von den Einladungen wieder. Über den ganzen Verlauf scheint das von einem Mitarbeiter formulierte Leitmotiv gültig zu bleiben: „Wir begrüßen es, wenn die Jugendlichen sich ganz hier zuhause fühlen, sich mit uns und dem Haus identifizieren. Dann wollen sie nach einem halben Jahr nichts mehr von zuhause wissen und wollen da gar nicht mehr hin. Dann sind die Probleme gelöst, und wozu soll man da die Elternkontakte intensivieren?“

Team C wollte eigentlich teaminterne Supervision. Da das Weiterbildungsangebot damit nicht identisch ist, wird es erst nach kritischer Prüfung, dann aber mit Zustimmung angenommen. Dieses Team ist geprägt von den beiden Ansprüchen „Weitgehende Autonomie jedes einzelnen Mitarbeiters“ (fast keine Hierarchie) und „Teamkonsens in wichtigen Fragen“. Folglich setzt jeder Mitarbeiter soviel von der Weiterbildung um, wie er persönlich will – wieviel das ist, schwankt sehr zwischen den Mitarbeitern und über die Phasen hinweg.

5.2 Pädagogische Haltungen: zwischen Alltagsgestaltung, Kontrolle und Beratung

Handlungsleitende pädagogische Konzepte

Beim ersten Kursblock gewinne ich den Eindruck, daß die Mitarbeiter über die Jugendlichen oft in Defizit-Begriffen sprechen wie Instabilität, Faulheit, Chaos oder Unfähigkeit. Beobachtetes Verhalten der Jugendlichen wird stets schnell als „ok oder nicht ok“ und häufiger negativ als positiv bewertet. Das zeigt sich im Kurs auch daran, daß das positive Konnotieren symptomatischer Verhaltensweisen den Mitarbeitern schwer fällt.

Gespräche sind oft „Problembewußtseins-Entwicklungsgespräche“ (ein im Kurse entstandener scherzhafter Ausdruck) nach der Devise: Die Jugendlichen sehen noch nicht, wie problematisch ihr Verhalten ist; das müssen die Mitarbeiter ihnen erst klar machen. Die Pädagogen nennen dieses Vorgehen „Problembewußtsein entwickeln“. Die Jugendlichen nennen es „jemandem ein Gespräch reindrücken“. Den Jugendlichen muß also erst klar gemacht werden, daß sie ein Problem haben, um sie dann bei der Lösung desselben beraten zu können.

Häufig sind auch kriminalistisch orientierte Untersuchungsgespräche darüber, „was wirklich los war“. Es gilt zu vermeiden, daß die Pädagogen „gelinkt“ oder „an der Nase herumgeführt“ werden. Am Neutralitätsprinzip orientierte Beratungstechniken, wie im systemischen Interview verwendet, scheinen daher hier zunächst gar nicht angebracht. Ein Kollege fragt sich, ob Neutralität gegenüber einem Problemverhalten überhaupt möglich und wünschenswert ist, wo doch alle in der Wohngemeinschaft mit Kontrollstrategien rechnen, die Jugendlichen dem Mitarbeiter seine Neutralität also ohnehin nicht glauben oder plötzlich demonstrierter Neutralität gegenüber erst recht mißtrauen würden. Ich entwickele darauf im Kurs die Idee, drei Kontexte zu unterscheiden:

(1) Alltägliches, „normales“ menschliches Zusammenleben;

(2) Soziale Kontrolle: die Jugendlichen von unerwünschtem Verhalten ab- und zu erwünschtem Verhalten anzuhalten;

(3) Beratung: den Jugendlichen helfen, eigene Ziele zu klären und Wege zu ihrer Verwirklichung zu ersinnen;

und daß möglicherweise mein Kursangebot nur zum dritten Kontext paßt, sodaß die Teilnehmer selbst prüfen müßten, wo und in welchem Umfang systemische Handlungsstrategien für sie überhaupt nützlich sind.

Die Evolution von Kontrollpraktiken

Früh in der Diskussion der teilnehmenden Beobachtung analysieren wir, welche Kontrollpraktiken in den WGs angewandt werden, auf welchen Annahmen sie beruhen, und wie sie wirken. Wir stoßen dabei auf das Durchsuchen des Zimmers nach Drogen, Alkohol oder Waffen bei vorliegendem Verdacht.

Es gibt die Kontrolle von Schulbesuch und Arbeitsstellenpräsenz durch Telefonate oder schriftliche Bestätigungen von dort. Straftaten werden aufgeklärt und ggf. zur Anzeige gebracht. Schließlich werden Ultimaten darüber formuliert, was geschehen wird, wenn ein bestimmtes unerwünschtes Verhalten nicht aufhört.

Diese Praktiken machen es oft notwendig, die Glaubwürdigkeit von Äußerungen der Jugendlichen infrage zu stellen: „Das sagt er nur, weil..." oder „Soll er erst mal zeigen, daß er das wirklich tun wird."

Was wird daraus im Weiterbildungsverlauf? Grundsätzlich werden polizeilich-detektivische Strategien ähnlich weiterverwendet. Allerdings geschieht dies seltener: Die Mitarbeiter weisen die Jugendlichen häufiger auf ihre grundsätzliche Entscheidungsfreiheit hin – also auch auf die Freiheit, sich totzusaufen oder sich ins Gefängnis zu bringen – , stellen ihre bisherigen Kontrollpraktiken ein und stellen den Jugendlichen vor die Notwendigkeit, sich selbst zu kontrollieren. So werden Kontrollpraktiken vermehrt auf einen „harten Kern" von Vergehen konzentriert, insbes. auf Straftaten. Für Schul- und Arbeitsplatzpräsenz sowie teilweise auch bei fraglichem Drogenkonsum wird den Jugendlichen mehr Autonomie zugemutet.

> Der 19-jährige E. hat früher unter Alkoholeinfluß mehrere Straftaten incl. Körperverletzung begangen. Nun geht er in die Lehre, ist lange Zeit nicht straffällig geworden, konsumiert aber Samstags abends regelmäßig viel Alkohol. Die Mitarbeiter beschäftigt lange, ob er „Alkoholiker ist", wie man ihn davon abbringt, woran man seinen Alkoholabusus diagnostizieren kann und „ob, wenn er im Alltag normal erscheint – ob das dann stimmt, oder ob er in Wirklichkeit alkoholkrank ist"? Darüber gibt es endlose Auseinandersetzungen, bis man die Entscheidung über das Alkohltrinken unter Verdeutlichung der eigenen Position in seine eigenen Hände legt. Nun rücken andere, konstruktivere Themen in den Vordergrund, der Alkohol hört auf, ein Problem zu sein.
>
> Der 18jährige I. hat zeitweilig exzessiv Drogen konsumiert, mit heftigen schulischen und beruflichen Folgeproblemen. Er beklagt selbst immer wieder die von ihm nicht beeinflußbaren Rückfälle und die Reaktion der Betreuer, die „mich nicht verstehen". Lange diskutieren die Mitarbeiter, mit welchen Ultimaten, Kontrollen und Druckmitteln man ihn vom Drogenkonsum abbringen könne. Als eines Tages die Mitarbeiter zu ihm sagen: „Es ist Deine Entscheidung, Drogen zu nehmen oder nicht. Eine mögliche Entscheidung kann die sein, als Junkie auf der Straße zu leben",- da reagiert er sichtlich erschrocken, wird nachdenklich und sagt später, daß er das ja aber gar nicht wolle. Im weiteren Gespräch wird ihm deutlich, daß sein Verfall zwar den Mitarbeiter nicht gleichgültig sein würde, diese sich aber auch nicht langfristig dafür selbst die Schuld geben würden. Daß die Mitarbeiter sich also sein Leid nicht mehr auf ihre Schultern laden wollen. Dies mindert auch bei ihm selbst die leidend unentschiedene, selbstquälerische Dau-

erskepsis. Seither macht er seine Ausbildung mit gutem Erfolg und stellt sie auch nicht mehr dauernd infrage. Seinen Drogenkonsum hat er, soweit es durch die Kontrollstrategien der Mitarbeiter überprüft werden kann, eingestellt.

Ungewöhnliche Planungen
Das Projekt förderte die schon vorab hohe Bereitschaft zu ungewöhnlichen Jugendhilfeplanungen, die zu den Kundenwünschen des Jugendlichen und/oder seiner Angehörigen passen und die Abschied nehmen von der Fiktion langfristiger, geradliniger Betreuungsverläufe. Zwei gelungene und ein gescheitertes Beispiel seien beschrieben:

T. wurde von vornherein nur für ein Jahr aufgenommen, bis die Eltern ihre häusliche Situation geklärt und eine größere Wohnung gefunden hatte.

N. wurde nach mehreren Ausbildungs- und Heimabbrüchen mit der Verabredung aufgenommen, er müsse irgendeiner regulären Beschäftigung nachgehen. Ob dies Job, Lehre, Schule oder Praktikum sei, sei seine freie Entscheidung; er könne auch zwischen allem häufig hin- und herwechseln. Dies tat er auch über zwei Monate lang, x mal die Stelle wechselnd, sich aber immer selbständig eine neue suchend, bis er sich mit von da ab guter Beständigkeit für eine Lehrstelle mit Berufsschulbesuch entschied.

F., 14 J., der die Schule schwänzte, in der heimischen Großstadt herumstreunte und mit seiner alleinerziehenden Mutter große Konflikte aber auch eine enge Bindung hatte, bekam eine Tagesbetreuung angeboten: er konnte abends nachhause fahren und dort schlafen, aber für Schularbeiten und viele andere Aufgaben in die WG kommen. Er kam aber meistens gar nicht oder zu spät oder ging abends gar nicht nachhaus, sodaß der Versuch in beiderseitigem Einvernehmen nach etwa vier Wochen beendet wurde.

5.3 Elternarbeit: die Differenzierung von Kooperationsangeboten

Arbeitsteiliges Erziehen im Elternauftrag: die Entwicklung der Idee in der Weiterbildung
Eine Fallgeschichte motiviert mich, schon früh mein Konzept der Kundenorientierung in den Kurs einzubringen.

Ein 13-jähriger, viertes von fünf Kindern aus erster Ehe seiner Mutter, möchte gern in eine WG einziehen, die nur 2 km von zuhause entfernt liegt. Er möchte nach der Schule bei der Mutter und seinen vier kleinen Stiefgeschwistern aus Mutters zweiter Beziehung sein und erst spätnachmittags, wenn der Stiefvater nachhause kommt, in der WG einlaufen.

Soll man darauf eingehen? Der Impuls ist entgegengesetzt: wenn Aufnahme, dann in die von zuhause am weitesten entfernte Wohngemeinschaft – „wir sind doch keine reine Schlafstätte – schon deshalb nicht, weil unsere Tagessätze doch vom Jugendamt für vollstationäre Betreuung berechnet sind." Ich gebe zu bedenken: wenn man familienergänzend statt familienersetzend arbeiten will, wäre die vom Jugendlichen angestrebte Lösung doch ein sinnvolles Arrangement. Die Debatte um solche Flexibilisierung erbringt viel Pro und Contra: einerseits müßte man weniger gegen Widerstände des Jungen und vielleicht der Familie kämpfen; andererseits werden die Arrangements für die Wohngemeinschaften wie auch für den Kostenträger reichlich „durcheinandergebracht".

Ein sehr verrücktes Rollenspiel macht im September die Kundenorientierungs-Idee viel transparenter. Seine Instruktion lautet: „Die Eltern aller WG-Jugendlichen haben eine Lotto-Tip-Gemeinschaft gegründet, dort einen hohen Betrag gewonnen und mit dem Geld die Wohngemeinschaften aufgekauft. Nun diskutieren sie auf einer Gesellschafterversammlung, was sie von den Pädagogen – die nun ihre Angestellten sind – erwarten."

Die Rollenspieldiskussion zeigt, daß die Elternwünsche sehr heterogen sind, daß aber alle gut informiert werden wollen. Es entsteht die Idee, ob mehr einseitiges Informationsangebot der Mitarbeiter an die Eltern, welches die Eltern wahlweise nützen können, aber nicht müssen, eine gute Veränderung darstellen würde. Die Devise wäre: „Wir informieren Sie – Sie können, müssen aber nicht darauf reagieren".

Ab hier beginnen sehr konkrete Diskussionen über Elternarbeitsformen, die den sehr unterschiedlichen Nähe-Distanz und Kooperations-Nichtkooperationswünschen sowohl der Jugendlichen wie der Eltern gerecht werden könnten. (An dieser Stelle werden auch entsprechende Ergebnisse aus den Interviews in die Diskussion eingebracht). Solche Elternarbeitsformen würden von vornherein routinemäßig angeboten und nicht erst dann, wenn ein Problem aufgetaucht ist. Elterntage, Erfahrungsaustausch mit den Eltern, Elternberatung, eine Wohngemeinschaftszeitung, und „die WG als Familienpension zur Verfügung zu stellen", werden kontrovers diskutiert. Manches erscheint zu aufwendig, anderes integrierbar.

Immer konkreter wird im November das Konzept routinemäßiger „Kooperationsgespräche", insbesondere einige wenige Wochen nach der Aufnahme, wenn für die Angehörigen der Anpassungsdruck („wir müssen die Mitarbeiter überzeugen, daß der Junge dort bleiben kann") nachgelassen hat. Dort kann im Blick auf die Eltern auch besprochen werden, was diese sich von der WG wünschen; welche Erfahrungen sie den Mitarbeitern mitgeben können; wie (eng oder distanziert) der Kontakt mit dem Jugendlichen während des Aufenthaltes laufen soll. Wichtig für das Gelingen solcher Kooperationsgespräche scheint, einerseits „gute Stimmung" zu schaffen, andererseits „Friede, Freude, Eierkuchen" zu vermeiden und Konflikte möglichst klar auf den Tisch zu bringen.

Die Idee der Kundenorientierung wird in der Metapher vom Bauchladenhändler für alle deutlich: dieser trägt im Bauchladen vor sich seine verschiedenen Angebote, für die Kunden gut sichtbar, vor sich her. Diese haben die Übersicht, was es dort zu kaufen gibt, was nicht, und können wählen.

Inkompetent und schuldig?: Sichtweisen über die Eltern

Was die Mitarbeiter über die Eltern und deren Verantwortlichkeit vor der Weiterbildung denken, ist schon in den Interviews herausgearbeitet worden. Die Psychologin faßt diese Sicht so zusammen: Man hielt in der gesamten Einrichtung Eltern eher für Störfaktoren, da sie sowieso inkompetent („Die hatten ihre Chance und haben sie nicht genutzt") oder desinteressiert sind („Die sind doch froh, daß der Junge weg ist, und wollen gar nichts wissen"). Sie wurden als „natürliche Feinde" der Jugendlichen gesehen, mit denen sich die Pädagogen aus ihrem Selbstverständnis als Anwälte der Ausgestoßenen solidarisierten. Bei nachfragenden Angehörigen entstand die Befürchtung, diese wollten sich einmischen. Die Aufgabe war, sie davon zu überzeugen, daß sie sich am besten heraushalten. Komplementär sollten die Jugendlichen erkennen, daß es zuhause „nicht geht", ihren Lebensmittelpunkt in die WG verlegen, und am besten „alles, was vorher war, vergessen, denn hier fängt ein neues Leben an" (wörtliches Zitat 1992).

Einige Facetten solcher Bewertung wurden in der teilnehmenden Beobachtung besonders deutlich:

(1) Einige Eltern leben in materiell sehr armseligen Verhältnissen. Sind diese „so arm, weil sie so doof sind", oder „so doof, weil sie so arm sind"? Werden eigentümliche Verhaltensweisen als natürliche Reaktion auf objektive Verelendung, oder eher umgekehrt die Verelendung auf persönliche Defizite dieser Eltern attribuiert?

> Die Eltern des 18-jährigen I. sind beide nach langer Alkoholabhängigkeit arbeitsunfähig und leben von der Sozialhilfe; zwei Kinder wurden wegen Verwahrlosung aus der Familie genommen. Nach längeren Diskussionen im Projektzeitraum wird ein regelmäßiger Telefonkontakt mit den Eltern zwecks Informationsaustausch aufgenommen, ohne jeden Versuch, auf die Eltern irgendwie „einzuwirken"; zugleich werden die regelmäßigen Heimfahrten des Jungen unterstützt. In der Folge gelingt es dem Jungen, aus beiden Orten das relativ beste herauszuholen: aus der WG eine Schul- und Berufsausbildung in einem wenig belasteten Alltag, zuhause ein für ihn wichtiges Gefühl der Verbundenheit.

(2) Spricht die Tatsache, daß diese Eltern ihre Kinder nicht selbst erziehen, für ihr Desinteresse? Oder zeigt diese Verantwortungsabgabe umgekehrt ein besonderes Verantwortungsbewußtsein von Eltern an, die ihrem Kind bessere Chancen nicht vorenthalten wollen? Ein Beispiel zeigt, daß scheinbares Interesse und Desinteresse über die Zeit stark fluktuieren kann, und daß die a-priorische Annahme, Eltern seien an ihren Kindern im Prinzip interessiert, zu unerwarteten Entwicklungen führen kann:

L., 17 Jahre, lebte nach Scheidung seiner Eltern erst bei seiner Mutter, dann bei Vater und dessen zweiter Frau, nach deren Scheidung bei Stiefmutter und deren dann neuem Ehemann, dann in einem Heim, dann wurde er in die WG aufgenommen. Im Aufnahmegespräch wirkt die Mutter extrem distanziert, erscheint Mitarbeitern als „Rabenmutter". Soll L. nun an den Wochenenden zur leiblichen Mutter oder zur (neuverheirateten) Stiefmutter fahren? Die Mitarbeiter zeigen sich neutral, wenn auch mit Mühe – die Stiefmutter wirkt deutlich sympathischer – und klären die gegenseitigen Bedürfnisse, ohne Partei zu ergreifen. Nach zwei „Testfahrten" zur Stiefmutter entscheidet sich L., alle Heimfahrtwochenenden ausschließlich bei der leiblichen Mutter zu verbringen. Nun wird diese von den Mitarbeitern erneut eingeladen, gut informiert, gelegentlich um Rat gefragt. Daraufhin entwickelt sich, zu aller Überraschung, zwischen Mutter und Mitarbeitern ein gegenseitig wertschätzendes Verhältnis.

(3) Wird eine emotional stabile Verselbständigung von Jugendlichen eher durch forcierte äußere Distanzierung oder eher mittels in-Kontakt-bleiben mit den Eltern erreicht? Zwei Beispiele zeigen, wie eine ressourcenorientiertere Sicht auf zuvor heftig abgewehrte Eltern neue Möglichkeiten eröffnet:

Die Mittelschichtseltern des 14jährigen C. wünschen eine WG-Unterbringung, weil sie sein nächtliches Wegbleiben, Schulschwänzen, seinen Drogen- und Zigarettenkonsum sowie körperliche Bedrohungen gegen seine Mutter nicht unterbinden können. Das Jugendamt empfiehlt hinter vorgehaltener Hand, daß man die Mutter „ausschalten" solle, da sie „symbiotisch und verwöhnend" sei. Die Mitarbeiter halten sich nicht an diesen Rat und stimmen ihr Vorgehen enger mit den Eltern ab – mittelfristig mit der Folge, daß die Mutter sich deutlich besser abgrenzen und der Sohn Grenzsetzungen besser akzeptieren kann.

Der 15jährige F., ein Junge türkischer Herkunft, ist vor WG-Aufnahme von zuhause in ein Kinderschutzzentrum geflüchtet, da sein Vater ihn verprügelte. Das Jugendamt signalisiert der WG, mit dem Vater sei kein Kontakt mehr möglich, da der Junge nur Angst vor ihm habe und der Vater „unmöglich" sei. Schnell wird aber deutlich, daß F. sich seinem Vater eng verbunden fühlt, ihn trotz der Prügeleien teilweise verehrt. Daraufhin laden die Mitarbeiter den Vater zum Kennenlernen in die WG ein. F. wird das Teilnehmen bei diesem Gespräch freigestellt. Er nimmt teil, der Kontakt lebt wieder auf. Inzwischen fährt F. regelmäßig nachhause, der Vater kooperiert gut mit der WG und äußert von sich aus gegenüber Mitarbeitern sein Bedauern über die frühere Hilflosigkeit, aus der heraus er sich nicht anders zu helfen gewußt habe.

Probleme als Kontaktanlaß: Wer initiiert wann aus welchem Anlaß den Kontakt?
Während anfangs Eltern nur dann kontaktiert werden, wenn ein ernsthaftes Problem vorliegt – also meist kurz vor der disziplinarischen Entlassung – so wird zum Projektende allen Eltern mindestens ein Kooperationsgespräch einige Wochen nach der Aufnahme angeboten. Meist rufen die Mitarbeiter einmal im Monat oder auch häufiger die Eltern an, um sie mit Informationen auf dem Laufenden zu halten.

Während anfangs Entlassungen in die Familie eine Niederlage der WG waren und durch zu langes oder zu heftiges „Fehlverhalten" des Jugendlichen in der WG bedingt waren, kommt es nun zunehmend zu geplanten Entlassungen in die Familie – etwa nach einem Jahr WG-Aufenthalt, wenn sich die familiäre Situation wieder entspannt hat.

Gelegentlich „gute Nachrichten" als Kontaktanlaß zu nutzen, setzte sich nicht durch, da Anrufe der Mitarbeiter mit „Erfolgsdaten" der Jugendlichen in der Gefahr stehen, als potentiell „protzerisches" Herausstellen von Leistungen der Einrichtung erlebt zu werden. Vielmehr wird das Berichten erfreulicher Ereignisse in die regelmäßigen Informationsaustausche eingebettet.

Daß problemfreie Kontaktangebote auch in schwierigen Situationen manchmal sehr langfristige Auswirkungen haben können, zeigt folgendes Beispiel:

> Ein 17 jähriger hat vollständig den Kontakt zu seiner Mutter verloren, die selbst als „schwarzes Schaf" einer ländlichen Gastwirtsfamilie von ihrem Mann und ihren Schwiegereltern isoliert wird. Die Psychologin entschließt sich, dieser Mutter gelegentlich Briefe zu schreiben, in der sie von Geschehnissen im Leben des Jungen berichtete. Nachdem über eineinhalb Jahre keinerlei Reaktion erfolgt, taucht eines Tages zum 18. Geburtstag ein von der Mutter abgesandtes Geburtstagsgeschenk auf. Als wenige Wochen danach der Vater an einer langwierigen Krebserkrankung stirbt, meldet sich die Mutter erstmals und für die Mitarbeiter überraschend in der Wohngemeinschaft zu einem Gespräch an (Dies geschah unmittelbar am Projektende, so daß der weiter Fortgang hier nicht beschrieben werden kann).

Neue Kooperationsangebote an die Eltern: Entwicklungsphasen der Elternarbeit
Es läßt sich eine Entwicklung der Elternarbeit in Phasen beschreiben:

(1) *„Die Entdeckung der Kooperation":* Alle Eltern werden eingeladen. Man ist überzeugt, daß mit der gelungenen Elternkooperation die Arbeit mit dem Jugendlichen steht und fällt.

(2) *„Die Geister, die ich rief...":* Viele Eltern nehmen das Angebot an, und die Pädagogen machen gute Erfahrungen. Sie stoßen aber auch schnell auf zwei Probleme. Bei manchen Eltern wenden sie viel Energie zur Kontaktauf-

nahme auf, und erreichen sie dennoch nicht. Andere Eltern wiederum überrennen die Wohngruppe geradezu mit Kontaktangeboten.

Aus diesen Erfahrungen entstehen zwei neue Ideen: daß es zum Respekt vor Eltern auch gehören kann, zu akzeptieren, daß sie aus für sie sinnvollen Gründen keine Kooperation wünschen. Und daß man sich auch abgrenzen können muß, wenn man zum Kontakt einlädt.

(3) *„Die Entdeckung der Freiheit verschiedener Möglichkeiten“:* Es pendelt sich ein, daß man Familiengespräche führt, wo es gewünscht wird, und diese nicht zum „Muß“ erklärt. In dem Maße, in dem die Mitarbeiter eine gute Auftragsklärung betreiben, werden auch die Situationen deutlicher und offener besprechbar, wo gerade keine Kooperation gewünscht wird. Als Praxis pendelt sich ein, daß alle Eltern sehr deutlich zu den Aufnahmegesprächen eingeladen werden, aber immer unter dem Motto: „Es kommt, wer will“.

Implizit wird der WG-Aufenthalt zunehmend ähnlicher wie eine „Internatsunterbringung“ gesehen. Dort lassen (prototypisch, nicht in jedem Einzelfall) sozial angesehene Eltern ihre Kinder in angesehenen Instituten erziehen, mit geringerem Stigmatisierungseffekt als in der Jugendhilfe. Diese Sichtweise nimmt den Angehörigen Angst vor Abwertung, macht Informations- und Kooperationsgespräche leichter und gibt Entscheidungsfreiheiten.

Die sehr „kundenspezifische“ Nutzung dieser Kooperationsangebote

Aus den bisherigen Erfahrungen lassen sich nach ihrer Reaktion auf diese Kooperationsangebote drei Gruppen von Eltern unterscheiden:

(1) Die *„dankbar Engagierten“*, die sich froh zeigen, in schwieriger Lage Hilfe zu erhalten. Sie sind leicht für eine recht partnerschaftliche Kooperation zu gewinnen. Ein mögliches Risiko mit ihnen liegt im Aufbau einer unselbständigen abhängigen Beziehung zu den Pädagogen, für welche die Jugendlichen ihre Eltern verachten und auch den Pädagogen gegenüber ablehnend reagieren.

(2) Die *„desinteressiert Abwesenden“*, die sich nicht melden, nichts wissen wollen und nur in höchster Not auf den Plan kommen, um klar zu sagen, daß die Jugendlichen auf keinen Fall nach Hause zurück kommen können. Einladungen zur Zusammenarbeit werden meist mit höflichen Ausreden beantwortet. Dennoch hat sich auch bei ihnen eine offene, nicht drängende, das Nichtkommen akzeptierende Einladung zur Zusammenarbeit bewährt. Diese vermittelt, daß die Pädagogen nicht mit den Söhnen in anklagender Solidarität gegen sie stehen und schafft eine positive Atmosphäre in Krisensituationen, in denen der Kontakt unausweichlich ist.

(3) Die *„Klagenden“*, die darüber klagen, daß ihre Kinder nicht in der Familie leben können, und die Schuld dafür an Andere oder an von ihnen unbeeinflußbare Lebensumstände geben. Die „abwesenden Klagenden“ lassen sich nur schwer als Kooperationspartner gewinnen – die Bekundungen ihrer Sehnsucht

nach einem künftig wieder gemeinsamen Leben wiederholen sich ebenso wie die Tatsache, daß sie an entscheidenden Stellen immer nicht zu erreichen oder verhindert sind. Die Eltern hingegen, die sich häufig melden und viel „einmischen“ und dabei verbittert über die ihnen aufgezwungene Trennung von ihren Kindern klagen, sind meist nur anfangs solange klagend, wie sie eine Abwertung ihrer Erziehungskompetenzen erwarten. Erfolgt hier eine ehrlich gemeinte Kooperationseinladung, findet man meist langsam zu einer entspannten Zusammenarbeit.

5.4 Abschiede – Trennungserfahrungen – Entlassungen: „Rien ne va plus“

Bei einer Situation scheint keinerlei Kooperation mehr möglich: bei der vorzeitigen Entlassung aus disziplinarischen Gründen. Solche Abschiede laufen meist überstürzt, im Zorn, werden negativ bewertet und oft traumatisch erlebt, es gibt für sie keine Abschiedsrituale. Wäre hier eine positive Konnotation solcher Situationen sinnvoll, verbunden mit dafür angemessenen Abschiedsritualen? Nein: diese Situationen sind so ärgererregend, da kann und will man nicht mehr. Vorzeitige Abschiede haben auch einen „Ätsch, jetzt hab ich dich reingelegt“-Charakter. Entweder der Jugendliche, der abhaut, oder die Pädagogen, die ihn hinauswerfen, kündigen einseitig, als Erste, und nicht klar vorhersehbar, die Beziehung auf. Angesichts der oft häufigen Trennungen in der Beziehungsgeschichte von Heimjugendlichen erscheint mir, als wir in der Weiterbildung darüber sprechen, dies als die Bestätigung eines alten Musters: „Selbst fortgehen, bevor ich -noch einmal – gegangen werde“.

Ich entwickele daher die alternative Idee, Jugendlichen ein „Sündenpunktekonto“ ähnlich der Flensburger Autofahrerkartei einzurichten. Auf diesem könnten sie nachlesen, wie weit sie vom Rauswurf durch die Pädagogen noch entfernt sind. Die Idee wird aber als zu mechanisch, zu wenig intuitiv und persönlich abgelehnt, zudem gebe man damit Trümpfe aus der Hand. Allerdings entwickeln sich zwei dieser Idee verwandte Praktiken. Eine ist, in schwierigen Zeiten die Jugendlichen aufzuschreiben zu lassen, was sie ihrer Meinung nach noch tun müßten, um entlassen zu werden. Zum anderen ist man von dem Ultimatum „Dies war das letzte Mal. Wenn das noch einmal passiert, bist du draußen“ übergangen zu der Formulierung „Dieses Verhalten kannst Du bei uns dreimal zeigen. Einmal davon war jetzt“.

Abschiedsrituale bei vorzeitigen, ungeplanten Entlassungen bleiben bis Projektende selten – Ärger und Zorn sind zu groß.

5.5 Rückwirkungen auf die WG-Teams und die Institution

Hier fielen nur kleine Veränderungen auf, die mit der Weiterbildung in Zusammenhang gebracht werden können. Am Ende der Follow-Up-Phase wird erstmals ein Kollege, der sich mit Interesse dafür bewirbt, als „Springer“ eingesetzt, der in den verschiedenen drei Wohngemeinschaften bei Notfällen einspringt. Erstmals gibt es also zwischen den drei Wohngemeinschaften eine (sehr begrenzte) Personalüberlappung. Für den Springer selbst war dies erst nach dem Kennenlernen der anderen Teams in der Weiterbildung vorstellbar. In einem der drei Teams wird durch veränderte Dienstpläne die Postion des Gruppenleiters etwas weniger zentral. Personalpolitisch wird die Zusammenarbeit mit Eltern in neue Stellenausschreibungen aufgenommen.

Der Tagessatz der Einrichtung bleibt unverändert. Die Belegungsnachfrage der Einrichtung verschlechtert sich im Projektzeitraum, wie es angesichts von Etatkürzungen in allen badischen Jugendhilfeeinrichtungen in den Jahren 1994/1995 der Fall ist. Auch daß es mehr Anfragen aus der näheren Umgebung der WG gibt, kann neben einem „familienorientierteren Image“ der Einrichtung auch mit Finanzinteressen der Kommunen begründet werden: Gemeindenahe Unterbringung spart Heimfahrtkosten und ermöglicht (hier trifft sich die Großwetterlage wieder mit der Projektintention) engere Kooperation der Jugendhilfeeinrichtung mit den Angehörigen und damit evtl. eine frühere Rückentlassung in die Familie.

6. Projektergebnisse im Spiegel der Fakten

6.1 Kooperationsdichte

Die Kooperationsdichte zwischen Mitarbeitern und Angehörigen nimmt zu. Dies gilt zunächst für den Aufnahmeprozeß, wo die Eltern vermehrt an Vorstellungsgesprächen teilnehmen.

	7.92 - 11.92	12.92 - 4.93	4.93 - 8.93	9.93 - 1.94	1.94 - 5.94	6.94 - 10.94
Vorstellungs-gespräche	4	19	15	10	12	14
davon: mit Angehörigen	2 50%	5 26%	8 53%	9 90%	8 67%	10 71%

Abb. 17: Kooperationsdichte bei Aufnahmegesprächen

Es gilt ebenso deutlich im weiteren Verlauf: die Eltern machen mehr Besuche in der Wohngemeinschaft und führen mehr Gespräche mit den Mitarbeitern, sowohl in der Wohngemeinschaft wie bei sich zu Hause. Es kommt überraschend sogar zu etwas mehr Besuchen der Jugendlichen an den Wochenenden zuhaus, obwohl dies aus Finanzgründen zunächst sehr unwahrscheinlich schien.

	7.92 - 11.92	12.92 - 4.93	4.93 - 8.93	9.93 - 1.94	1.94 - 5.94	6.94 - 10.94
Jugendliche in der Einrichtung	35	37	41	37	37	40

davon:

Angehörige v. Pädagogen zuhause besucht	8 22%	8 21%	14 34%	18 48%	19 51%	25 62%
Angehörige zu Besuch in WG	4 11%	5 13%	10 24%	17 45%	15 40%	17 42%
Angehörige zum Gespräch in WG	5 14%	9 24%	20 48%	18 48%	18 48%	20 50%
Jugendliche fuhren nachhause	20 57%	23 62%	27 65%	30 81%	35 87%	36 90%

Abb. 18: Kontaktdichte während des Aufenthaltes

Ausnahme von dieser Tendenz bildet aber die Entlassung: hier läßt sich über den gesamten Projektverlauf kein klarer Trend zur mehr Elternbeteiligung beschreiben – ob die Zahlen der beiden letzten Phasen den Beginn eines solchen anzeigen, bleibt abzuwarten.

	7.92 - 11.92	12.92 - 4.93	4.93 - 8.93	9.93 - 1.94	1.94 - 5.94	6.94 - 10.94
Entlassungen	7	7	9	8	7	12
davon: mit Angehörigengespräch	5 70%	1 14%	3 33%	0	4 57%	7 58%

Abb. 19: Kooperationsdichte während der Entlassung

6.2 Aufenthaltsstabilität

Es kommt aber nicht zu mehr Aufenthaltsstabilität:

	7.92 - 11.92	12.92 - 4.93	4.93 - 8.93	9.93 - 1.94	1.94 - 5.94	6.94 - 10.94
Jugendliche in der Einrichtung	35	37	41	37	37	40

Anzahl der Tage, die die Jugendlichen bis zum Quartalsende in der Einrichtung verbracht hatten:

$\bar{x}$	553,8	573,8	5244,3	581,0	581,8	460,3
s	411,8	435,4	445,5	477,7	428,7	420,1

Abb. 20: Verweildauer

Prüft man an den sechs letzten Tagen jeder Untersuchungsphase, wie viele Tage die Jugendlichen, die dann in der JWG wohnen, bis dahin im Durchschnitt bereits dort leben, dann zeigt sich zwar ein geringer Anstieg bis zur fünften Phase, der dann aber rapide abfällt. Parallel dazu steigt bis zur vierten Phase auch die Streuung dieser Verweildauern, um dann gleichfalls stark abzunehmen. Die Untersuchung der Einzelfälle zeigt, daß die Entlassung einzelner ausgeprägter „Oldtimer" mit besonders langer Verweildauer diesen scheinbaren Trend wieder beendet.

Die Zahl der ungeplanten „vorzeitigen" (oft etwas abrupten) Entlassungen sinkt nicht.

	7.92-11.92	12.92-4.93	4.93-8.93	9.93-1.94	1.94-5.94	6.94-10.94
Entlassungen	7	7	9	8	7	12
davon:						
ordentlich	3 42%	1 14%	0	3 37%	1 14%	5 41%
vorzeitig	4 58%	6 86%	9 100%	5 63%	6 86%	7 59%

Abb. 21: Vorzeitige vs. ordentliche Entlassungen

Der direkte, einseitig vom Team ausgehende „Rauswurf" von Jugendlichen nimmt sogar sehr geringfügig zu. Auf der anderen Seite werden befristete disziplinarische Entlassungen zu den Eltern seltener.

	7.92-11.92	12.92-4.93	4.93-8.93	9.93-1.94	1.94-5.94	6.94-10.94
Jugendliche in der Einrichtung	35	37	41	37	37	40
Definitiver Rauswurf	0	4 11%	5 12%	6 17%	6 17%	6 15%
Befristete disziplinarische Entlassung	10 29%	4 11%	6 15%	5 14%	4 11%	3 8%

Abb 22: Aufenthaltskrisen

Die Vermutung, daß die Diskussionen darüber, ob ein Jugendlicher wegen disziplinarischer Probleme entlassen werden muß, „weniger chronifizieren", also schneller zu einer Entscheidung gebracht werden können, werden von den Daten nur verhalten unterstützt: es wird in den Teams im Projektverlauf über den Rauswurf von geringfügig weniger Jugendlichen diskutiert und dies durchschnittlich in geringfügig kürzerer Zeit (Abb. 23).

	7.92-11.92	12.92-4.93	4.93-8.93	9.93-1.94	1.94-5.94	6.94-10.94
Jugendliche in der Einrichtung	35	37	41	37	37	40
Jugendliche, deren Rauswurf diskutiert wurde	6 17%	11 30%	11 27%	9 24%	8 22%	6 15%
Durchschnittl. Dauer der Rauswurfdisk. (in Wochen)	3,8	3,5	2,1	3,2	2,0	3,0

Abb. 23: Chronifizierung von Rauswurfsdiskussionen im Team

6.3 Dissoziales Verhalten

Dissoziale Handlungen und Problemverhaltensweisen (Straftaten, Fluchttage, Rauswurf aus Arbeit oder Schule) bleiben insgesamt konstant.

	7.92-11.92	12.92-4.93	4.93-8.93	9.93-1.94	1.94-5.94	6.94-10.94
Jugendliche in der Einrichtung	35	37	41	37	37	40
davon Jugendliche, die:						
Straftaten begingen	5 14%	10 27%	11 26%	11 29%	10 27%	4 10%
mind. 1 Tag ohne Absprache wegblieben	1 3%	3 8%	5 21%	8 21%	7 18%	8 20%
aus Schule od. Arbeit dauerhaft rausflogen	11 31%	7 18%	13 31%	11 29%	10 27%	7 17%

Abb. 24: Dissoziales Verhalten

Auch der Schulnotendurchschnitt bleibt mit Durchschnittsnoten um 3,3 sehr konstant, ähnlich der Anteil erfolgreicher Ausbildungsabschlüsse.

6.4 Wohnortbiografien

Ist die Weiterbildung Teil eines schon zuvor begonnen und durch die Weiterbildung verstärkten neuen biografischen Musters: „Aus der Familie in die Jugendwohngemeinschaft und von dort wieder hinaus in nicht-institutionelle Kontexte", der an die Stelle einer Multi-Institutions-Biografie tritt („Aus dem Heim in die Jugendwohngemeinschaft, von dort in ein anderes Heim")?

Untersucht man zunächst den Lebensort der Jugendlichen zum Zeitpunkt der ersten Aufnahme-Anfrage an die Jugendwohngemeinschaft (dabei handelt es sich um deutlich mehr Jugendliche als schließlich aufgenommen werden, da oft andere Lösungen gefunden werden; bei der Teilgruppe derer, die schließlich aufgenommen werden, ist der Trend aber genauso), dann zeigen sich bis zur fünften Phase zunehmend mehr Anfragen aus Familien heraus und kontinuierlich weniger Anfragen aus institutionellen Kontexten heraus wie Jugendhilfe, Jugendpsychiatrie, oder Jugendstrafvollzug. Dieser Trend bricht aber in der sechsten Phase abrupt ab.

	7.92-11.92	12.92-4.93	4.93-8.93	9.93-1.94	1.94-5.94	6.94-10.94
Anfragen insg.	12	29	22	28	23	26
davon Jugendliche aus:						
Familien	2 17%	7 24%	10 45%	11 39%	17 74%	1 4%
Provisorischen Kontexten	0	0	0	5 17%	0	0
Institutionen	10 83%	22 76%	12 55%	13 46%	6 26%	25 96%

Abb. 25: Woher kommen die Jugendlichen? – Letzte Station vor Anfrage

Untersucht man, wohin die Jugendlichen aus der Wohngemeinschaft entlassen werden, zeigt sich ebenfalls ein vorsichtiger Trend zu etwas mehr Entlassungen in die Familie, dafür etwas weniger in institutionelle Kontexte.

	7.92-11.92	12.92-4.93	4.93-8.93	9.93-1.94	1.94-5.94	6.94-10.94
Entlassungen	7	7	9	8	7	12
davon in:						
eigene Existenz	3 43%	0	0	2 25%	1 14%	2 17%
Familie	2 29%	1 14%	6 67%	2 25%	3 43%	7 58%
Institution	2 29%	5 71%	3 33%	3 38%	1 14%	2 17%
Provisorischen Kontext	0	1 14%	0	1 13%	2 28%	1 8%

Abb. 26: Entlassungen (erste Station nach Entlassung)

Dieser Trend gewinnt auch im Zwei- und Vier-Monats-Follow-Up an Stabilität.

Es scheint also in der Tat, daß die Familie etwas gehäufter zur Vorläuferin und Nachfolgerin der Jugendwohngemeinschaft wird. Dies muß im Kontext einer Jugendhilfepolitik verstanden werden, die während des ganzen Projektzeitraums aus pädagogischen Gründen wie aus Kostendruck stationäre Jugendhilfe immer häufiger zu vermeiden versuchte.

IV. „Darf Psychiatrie Spaß machen?“: Was sich für Kliniker und sozialpsychiatrische Praktiker nach einer systemischen Weiterbildung ändert

1. Fragestellung

Der psychiatrische Alltag gilt allgemein als ein konfliktreiches Geschehen, in dem unkompliziert verlaufende Kooperation nur selten beobachtet wird.

In der Psychiatriestudie soll erkundet werden, welche Veränderungen in der Kooperation systemische Weiterbildung in diesem Arbeitsfeld mit sich bringt, und ob sie dies überhaupt tut. Diese Frage soll differenziert beantwortet werden:

(1) für die Kooperation mit unterschiedlichen Interaktionspartnern im psychiatrischen Alltag: mit Klienten; mit deren Angehörigen und ihrem sonstigen persönlichen Netzwerk; mit Fachkollegen aus dem eigenen Team, aus der eigenen Organisation und aus anderen Institutionen der Versorgungsregion.

(2) für die Kooperation in zwei verschiedenen Institutionstypen, nämlich Psychiatrischen Kliniken und Sozialpsychiatrischen Diensten.

Zum Verständnis dieser Veränderungen wird auch der persönliche und institutionelle Ausgangskontext, in dem sie stattfinden, erkundet.

2. Kooperationsprobleme in der psychiatrischen Versorgung: der Diskussionsstand

Im folgenden soll zunächst der Diskussionsstand über psychiatrische Kooperationsprobleme unter folgenden Gesichtspunkten zusammengefaßt werden:

(1) Welche Kooperationsformen werden mit Patienten und Angehörigen, in psychiatrischen Einrichtungen und in der regionalen Kooperation zwischen Diensten besonders gepflegt, welche Auswirkungen zeitigen sie, was sind ihre Vor- und Nachteile?

(2) Was ist anders in der Kooperation in psychiatrischen Kliniken als in der Kooperation rund um sozialpsychiatrische Dienste?

(3) Welche neuen Ideen und Handlungsformen führt systemisches Denkens in die psychiatrische Alltagskooperation ein?

Der Übersicht liegt eine umfangreiche computergestützte Literaturrecherche über Dateien des Deutschen Instituts für Medizinische Dokumentation und Information (DIMDI) zugrunde. Die damit gefundenen Texte werden allerdings selektiv aus systemischer Sicht rezipiert. Als roter Faden dieser Auswahl dienen mir die im Kap.II entwickelten Überlegungen zu einer systemischen Analyse von Kooperationsproblemen im Gesundheits- und Sozialwesen.

2.1 Wie Krankheitstheorien und Kooperationsangebote einander bestätigen

Welche Kooperation in psychiatrischen Diensten den Patienten und deren Angehörigen angeboten wird, und wie diese darauf eingehen oder nicht, hängt eng zusammen mit den bevorzugten Erklärungstheorien psychiatrischer Krankheit und besonders mit dem Umfang an Eigenverantwortung und Einfluß, aber auch an „Mitschuld“, der den Patienten und ihren Angehörigen zugeschrieben wird.

Psychiatrische Krankheitstheorien zusammenfassend zu charakterisieren, ist aus mehreren Gründen nicht einfach. Zum einen haben naturgemäß in verschiedenen Epochen psychiatrischer Theoriebildung verschiedene Erklärungsansätze sich als „herrschende Lehre“ etabliert. Neben diesen jeweils „herrschenden“ gibt es in jeder Phase aber auch andere, die von beachtlichen Minderheiten vertreten werden. Und schließlich beeinflussen Expertentheorien die Laientheorien zwar erheblich, diese führen aber auch ein gewisses Eigenleben und rezipieren die Expertentheorien manchmal in einer von diesen nicht intendierten Weise.

Dieses Problems eingedenk, will ich vier solcher Krankheitstheorien herausgreifen, die nach meiner Erfahrung derzeit stärker als andere verbreitet sind, und die sehr entgegengesetzte Kooperationsangebote der Fachleute an die Patienten und deren Angehörige nahelegen (ausführlich Schweitzer 1995 a). Im Anschluß an die entsprechende Fachliteratur (u.a. Huber 1981, Hubschmidt 1981, Ciompi 1982, Fiedler, Niedermaier u. Mundt 1986, Zubin 1986, Häfner 1989, Simon 1990, Hahlweg et al. 1991, Retzer u. Weber 1991) stelle ich in folgender Übersicht den Zusammenhang zwischen einigen ätiologischen Annahmen und den damit verbundenen Kooperationsangeboten dar. Die Auswahl ist notwendig selektiv und betont vor allem die Unterschiede, nicht die Gemeinsamkeiten zwischen den verschiedenen Konzepten.

Kooperationsangebote im Endogenitäts-Modell

Das in der frühen Phase der wissenschaftlichen Psychiatrie dominierende Endogenitätsmodell, welches vor allem für die als „endogen“ angesehenen Psychosen biologische Ursachen annimmt, ohne diese bereits im Sinne einer Kausalkette nachweisen zu können, sieht die „Ursache" psychiatrischer Störungen in der genetisch-konstitutionellen Grundausstattung des Patienten.

In dieser Sicht ist der Patient für sein Handeln nicht voll verantwortlich. Entsprechend besitzen seine Willensäußerungen geringere Glaubwürdigkeit als die „Gesunder" (Fengler u. Fengler1980). Dies erfordert und legitimiert es häufig, ihn notfalls auch gegen seinen Willen zu be-handeln. Seine Willensbekundungen, insbesondere viele seiner Bekundungen, gesund zu sein, sind häufig als Teil seiner Krankheit (speziell mangelnder Krankheitseinsicht) zu deuten. Sie grundsätzlich ernst zu nehmen, wäre ein Kunstfehler. Der Patient ist also im Denkrahmen des Endogenitätsmodell kein autonomer Kooperationspartner eigenen Ranges.

Die Angehörigen haben in dieser Sicht weder Schuld an der Störung noch können sie diese beeinflussen. Sie haben ein Recht auf Schonung, welche früher meist durch die Herausnahme des Patienten aus seiner Familie und seine langfristige Asylunterbringung angestrebt wurde, heute vorrangig durch hinreichende und konstante Neuroleptika-Medikation sowie außerhäusliche sozialpsychiatrische Betreuungsangebote für den Patienten. Die Angehörigen können aber zu der Behandlung nichts entscheidendes Positives beitragen. Daher beschränkt sich Kooperation mit ihnen auf das Ziel, die vom Patienten für die Angehörigen ausgehenden Belastungen zu minimieren.

Kooperationsangebote im Vulnerabilitäts-Streß-Modell

Das heute in der psychiatrischen Wissenschaft dominierende Vulnerabilitäts-Stress-Konzept nimmt eine genetisch oder frühkindlich erworbene Vulnerabilität an, die aber erst unter spezifischem und hinreichend starkem sozialen Stress in eine Psychose dekompensiert.

Dieses Modell geht davon aus, daß der Patient seine basale lebenslange Vulnerabilität nicht überwinden, aber seine aktuellen Zustände beeinflussen kann, indem er dekompensationsfördernden Stress vermeidet. Dazu muß der Patient im Sinne eines Risiko-Monitoring an das Behandlungssystem „eng angebunden" werden, und durch Einsicht und Information zur Kooperation mit der Behandlung motiviert werden.

Die Angehörigen haben in diesem Modell keine Schuld an der Erkrankung, können aber neue akute Phasen mitverhindern helfen. Dazu müssen sie zunächst von Schuldvorwürfen entlastet werden (Dörner, Egetmeyer u. Könning 1982), und ihnen sollten durch psychoedukatives Training Verhaltensweisen zur Rückfallprophylaxe vermittelt werden.

Im Vulnerabilitäts-Stress-Modell wird die Kooperation mit beiden, Patienten wie Angehörigen, viel intensiver als im Endogenitäts-Modell, weil sie zur Rückfallprophylaxe wichtig ist. Sie verläuft nach einem Schulungsmodell zwischen den mit wirksamen Behandlungswissen ausgestatteten Fachleuten und den lernbedürftigen, lernfähigen und lernmotivierten Klienten und Angehörigen.

Kooperationsangebote in gesellschafts-, psychiatrie- und elternkritischen Modellen
In institutions- und gesellschaftskritischen Konzepten, wie sie in den sechziger und siebziger Jahren einen Höhepunkt erlebten, wird die Verantwortung für die psychiatrische Störung umgekehrt nicht der biologischen Ausstattung des Patienten, sondern einem destruktiven, ihn zum Opfer machenden Einfluß der Gesellschaft, der psychiatrischen Einrichtungen oder der Eltern zugeschrieben.

Der Patient ist in dieser Sicht Opfer pathogener gesellschaftlicher Entwicklungen wie Anpassungsdruck, Ausgrenzung oder Mystifizierung, die häufig durch pathogene, unbewußte, elterliche Botschaften übermittelt werden.

Behandlungskonsequenz ist die Herausnahme aus dem gesellschaftlichen Mainstream in therapeutisch wirkende „Nischen", in denen andere Regeln gelten.

In dieser Sicht treiben oft die Eltern, unbewußt und motiviert aus eigenen unbewältigten Konflikten, ihr Kind „in den Wahnsinn". Als Konsequenz wird die räumliche und psychologische Trennung („Abnabelung", Emanzipation) der Patienten von ihren Eltern angestrebt, evtl. untersützt durch eigene Psychotherapie der Eltern mit dem Ziel, diesen die Loslösung ihrer Kinder akzeptieren zu helfen.

Die Kooperation mit Angehörigen wird hier ähnlich wenig gesucht wie im Endogenitäts-Konzept, aber aus entgegengesetzten Gründen: hier sollen weniger die Angehörigen vor den Patienten als eher die Patienten vor den Angehörigen, ähnlich auch vor „den Psychiatern" oder „der Staatsmacht" geschützt werden.

Kooperationsangebote im systemisch-konstruktivistischen Modell
Das systemisch-konstruktivistische Konzept sieht in Austauschprozessen von Ideen und Verhaltensweisen zwischen dem Patienten und seiner Umwelt die „Ursache" psychiatrischer Störungen, nicht in einem von diesen.

Wieweit der Patient seinen Zustand beeinflussen kann, hängt in diesem Konzept wesentlich vom eigenen und fremden Zutrauen und von eigenen und fremden Nützlichkeitserwägungen ab. Dem Patienten werden also Einflußmöglichkeiten zugetraut, aber sie werden ihm nicht abverlangt, weil auch pathologisch erscheinenden Verhaltensweisen eine Funktionalität im Selbst-Umwelt-Austausch des Patienten zugeschrieben wird. Dem Patienten werden entsprechend auch keine vorgegebenen Strategien empfohlen, sondern die für ihn bestpassendsten werden im Gespräch mit ihm zu entwickeln versucht.

Angehörige sind in dieser Sicht zugleich Täter und Opfer dessen, was sie mit dem Patienten erleben. Was sie tun können, um ihm aus seiner psychotischen Symptomatik herauszuhelfen, läßt sich am besten durch Klärung ihrer spezifischen Vorerfahrungen im systemischen Interview herausfinden. Ihnen wird also gerade kein vorgegebenes Bild dessen vermittelt, was der Patient kann und was nicht und woran alles liegt, sondern die für sie nützlichste Krankheitstheorie wird im Gespräch mit ihnen „erfunden". Entsprechend werden Ihnen ebenfalls keine vorgegebenen Strategien empfohlen, sondern wiederum die für sie bestpassendsten im Gespräch mit ihnen entwickelt.

Im systemisch-konstruktivistischen Modell ist die Kooperation ähnlich austauschintensiv wie im Vulnerabilitäts-Stress-Modell. Aber sie beruht nicht auf der Annahme, es gäbe objektives, primär dem Fachmenschen verfügbares Wissen über eine rückfallprophylaktisch „korrekte" Interaktion zwischen Patient und Angehörigen, dessen Anwendung via Training lehrbar sei. Vielmehr werden Angehörige und Patienten als Experten ihrer eigenen Lebenswelt gesehen, die in „Ko-Autorenschaft" mit den Fachleuten Lösungen erfinden.

2.2 Innovative Kooperationsformen mit Patienten und Angehörigen

Interessante Innovationen für die Gestaltung von Kooperation zwischen Psychiatriefachleuten, Patienten und Angehörigen entstehen derzeit aus drei Richtungen bzw. aus den Kontroversen zwischen diesen: aus der Sozialpsychiatrischen Bewegung („Irren ist menschlich" – Dörner u. Plog 1989), aus der Angehörigenbewegung (Deger-Erlenmaier 1992) und Betroffenenbewegung (Zingler u. Voelzke 1992), sowie aus der systemischen Therapie und Beratung.

Diese drei Richtungen unterscheiden sich untereinander und intern heftig in den von ihnen vertretenen Krankheitskonzepten („fest vs. hart"), darin, wer sie vertritt (Anbieter vs. Nutzer; Betroffene vs. Angehörige) und mit welchem Anspruch (Professionalität vs. Mit-Betroffenheit) sie vertreten werden, schließlich auch in den implizierten Nähe-Distanzangeboten („Solidarität vs. Differenz").

Gleichwohl entstehen da, wo sie aufeinandertreffen, einige interessante neue Kooperationspraktiken (was etwa auf der Tagung „Kooperation in der Gemcindcpsychiatrie" in Kloster Irsee im September 1994, an der ich mitwirken konnte, deutlich wurde). Zu diesen „Konvergenzprodukten" trägt die Angehörigen- und Betroffenenbewegung meist den politischen Hintergrunddruck, die Sozialpsychiatrie die institutionellen Settings und das systemische Denken die theoretischen und methodischen Innovationen bei.

Auf systemischer Seite wird diese Konvergenz durch Übergänge von früher sehr stark expertenzentrierten (das Beispiel per Excellence: Selvini et al. 1977) zu mehr „partnerschaftlichen" Umgangsformen (zum Programm: Hoffmann 1992) mit Klienten und Angehörigen ebenso erleichtert wie durch das Konzept des „Problemdeterminierten Systems" (Goolishian und Anderson 1988), welches das psychiatrische Problem nicht mehr als einen dem System immanenten Prozeß, sondern das Problemsystem als (oft zufällig) um das psychiatrische Problem herum organisiert auffaßt.

Kooperationsgespräche
Eine zentrale Rolle für eine veränderte Kooperation mit Angehörigen spielen Kooperationsgespräche, in denen Patient, Angehörige und Fachleute, vielleicht noch weitere Beteiligte sich zusammensetzen, um ein gemeinsames Verständnis der Situation und eine weiterführende Planung zu erarbeiten.

Keller (1992, 1994) bringt die Logik solcher Gespräche auf die zwei Formeln: „Vom Be-handeln zum Ver-handeln". und „von der Operation zur Co-Operation". Läuft das Gespräch gut, dann verdeutlicht es die Probleme, die im Laufe einer psychiatrischen Karriere über Definitionsprozesse zur „Krankheit" geronnen sind, und wird zur Suche nach einer Lösung dieser Probleme auf dem Wege des Miteinander-Verhandelns.

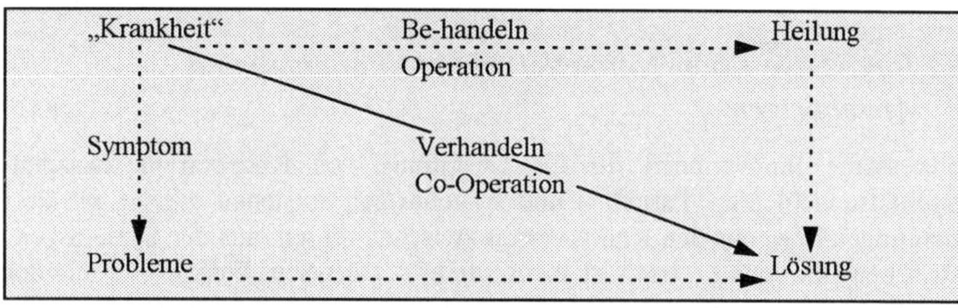

Abb. 27: „Vom Be-handeln zum Ver-handeln" (T. Keller 1994)

Solche Kooperationsgespräche basieren auf einigen Voraussetzungen. Alle Teilnehmer sind freiwillig da und haben auch der Form dieses Gespräches zugestimmt. Im Gespräch wird nicht nur gesprochen und zugehört, sondern über das Mitgedachte auch reflektiert, damit nicht nur „dasselbe wie schon immer" nochmals gesagt wird. Zuversicht in die Möglichkeit guter Lösungen wird ausgedrückt. Es herrscht Offenheit für verschiedenste Denkweisen hinsichtlich der Entstehung und Lösung des Problemes. Es wird davon ausgegangen, daß das, was bisher getan wurde, bislang auch Sinn gemacht hat. Es wird vorrangig über die Zukunft gesprochen. Der Gesprächsleiter ist in das Problem zuvor möglichst „unverwickelt" gewesen, und wird mit ihm auch nachher nichts mehr zu tun haben – beides gibt ihm/ihr den inneren Abstand, um eine reflexive Position einbringen zu können. Das Kooperationsgespräch bleibt im Regelfall ein einmaliges.

In einem systemisch konzipierten Kooperationsgespräch, anders als in anderen Formen mit „wissenden Experten", beansprucht der Gesprächsleiter also Kompetenz lediglich für die Leitung des Gesprächsprozesses, aber nicht für inhaltliches Wissen über die Gestaltung konkreter Lebensprozesse.

Seikkula (1994) und Kollegen haben in Lappland solche Kooperationsgespräche mit weitreichenden Folgen für die Öffnung der psychiatrischen Krankenhausversorgung eingeführt. Vorausgegangen war die Erfahrung, daß es nur höchst selten trotz entsprechendem Angebot in der Klinik zu Familientherapien kam (nur in 20 Fällen von 320 eingewiesenen Patienten). Beeinflußt von Ideen der strukturellen Koppelung (Maturana) und der Ko-Evolution (H. Simon) begannen die Mitarbeiter, Klient und Angehörige weniger als Objekt einer Veränderung und mehr als Subjekt derselben zu sehen.

Die Folgen: Inzwischen gibt es dort keine separaten Fallkonferenzen im Team mehr, sondern alle Behandlungsentscheidungen werden in solchen Kooperationsgesprächen im Beisein von Patient und Familie getroffen. Das Gespräch findet vor Aufnahme oder spätestens am ersten stationären Behandlungstag statt. Neben der Familie und dem Patienten nimmt ein je nach Fall neu zusammengestelltes „mobiles Kriseninterventions-Team" teil, das aus ambulant und stationär tätigen Fachleuten zusammengesetzt ist und die Behandlung später auch nach der Kliniksentlassung fortsetzt.

Ein wegen anderer Kliniksstrukturen nicht ganz so weitreichendes Modell habe ich als Familie-Helfer-Konferenz für die stationäre Jugendpsychiatrie entwickelt (Schweitzer 1987 b). Für festgefahrene Betreuungssituationen, in denen viele Helfer ungewollt einander „auf den Füßen herumstehen" und dennoch oder gerade deshalb alles stagniert, hat Imber-Black (1990) ein Konsultationsmodell entwickelt.

Angehörigenseminare und Angehörigengruppen

Zwei Entwicklungen haben die Kooperation mit Angehörigen in den letzten Jahren sehr intensiviert:

(1) Angehörige von Psychiatriepatienten haben sich zunehmend als gesellschaftliche Gruppe organisiert und werden von den Fachleuten auch zunehmend als psychiatriepolitische Einflußgröße zur Kenntnis genommen.

(2) Fachleute, die entweder mit dem Vulnerabilitäts-Stress-Modell oder mit dem systemisch-konstruktivistischen Modell arbeiten, suchen aus Behandlungsgründen aktiv die Mitarbeit der Angehörigen.

Im Psychiatriealltag haben sich vor allem die Angehörigengruppen als neue Kooperationsform entwickelt. Die Angehörigen treffen sich in der Klinik oder im Sozialpsychiatrischen Dienst, um ihre Erfahrungen auszutauschen und sich zunächst durch die Erfahrung zu entlasten, mit solchen Problemen nicht allein dazustehen.

Soweit dabei nach dem Vulnerabilitäts-Stress-Modell gearbeitet wird, wird ihnen dabei zunächst diese Krankheitstheorie vermittelt. Die Vorstellung einer Art Behinderung, an der sie nicht „Schuld sind", soll die Angehörigen zunächst von eventuellen Schuldgefühlen entlasten. Darauf aufbauend sollen Strategien erlernt werden, die das Niveau von als rückfallfördernd angesehenen „Expressed Emotions" reduzieren. Folgen Angehörigengruppen einem verhaltenstherapeutischen Trainings- und Edukationsmodell (Hahlweg 1991, Falloon 1991), sind Rollenspiele zum Einüben entsprechender „sozialer Fertigkeiten" ein wichtiger Teil. Folgen sie eher einem Modell der „Selbsthilfe mit professionellem Anschubser“ (so teilweise Rave-Schwank und Köhler-Offierska 1989), wird vor allem auf den Austausch untereinander vertraut. Systemisch orientierte Angehörigengruppen (Kramer in Schweitzer et al. 1995 a) verzichten auf die Vermittlung eines Krankheitsmodelles, sondern helfen mit den Mitteln lösungs- und zukunftsorientierten Fragens den Angehörigen, die zu ihnen passenden Umgangsformen mit den Problemen selbst zu finden. In der Praxis finden sich oft Mischformen zwischen diesen Konzepten (z.B. Karschny u.a. 1991).

Weitere innovative Settings der Kooperation mit Angehörigen sind Angehörigenvisiten (Ostermann 1992) zum Einbezug der Angehörigen in die Behandlungsplanung, „parteiliche Angehörigensprechstunden“ (Hoffmann-Richter 1994) für entnervte oder verzweifelte Angehörige bei einem mit der Behandlung nicht befaßten Ambulanzmitarbeiter, und Angehörigentage (Rave-Schwank 1990) für lange „vermißte“ Angehörige von Langzeitpatienten in der Psychiatrischen Klinik.

Kooperatives Aktenschreiben

Aus systemisch-konstruktivistischer Sicht sind Krankengeschichten eine besondere Form von Geschichten: Geschichten, die ein Leben unter dem Gesichtspunkt möglicher Krankheiten beschreiben. Die Krankengeschichten, die von Behandler zu Behandler weitergereicht werden, prägen oft die Sichtweise der Fachleute auf einen Patienten, noch bevor sie ihn zu Gesicht bekommen haben: Sie formen Erwartungen, aus denen heraus auch Interventionsentscheidungen getroffen werden („Die fünfzehnte Aufnahme? Da sollten wir unseren therapeutischen Ehrgeiz etwas zügeln!“) Wie diese Geschichten geschrieben werden, von wem und mit welcher Optik, wirkt also auf den tatsächlichen Behandlungsverlauf zurück.

In der systemischen Beratung chronischer Psychiatriepatienten ist daher das Neu – und ggf. Umschreiben von Krankengeschichten durch die Patienten in Kooperation mit ihren Behandlern eine der innovativsten Interventionen geworden (Roberts et al. 1993). In der einfachsten Form bedeutet kooperatives Aktenschreiben: die Therapeutin gibt dem Klienten den Entwurf eines „Arztbriefes“, einer Epikrise, eines Entlassbriefes; der Klient liest ihn durch und schlägt Veränderungen vor, die eingebaut werden; er bekommt davon schließlich eine Kopie mit nach hause.

Umschreiben hingegen bedeutet: der Klient läßt sich alte Behandlungsakten in Kopie aushändigen, liest diese durch und vergleicht sie mit seinen eigenen Erfahrungen und Erinnerungen, nimmt Korrekturen vor, sendet vielleicht korrigierte Versionen an die Vorbehandler zwecks Ablage in der dort über ihn geführten Krankenakte.

Beides ändert die Beziehung Behandler-Behandelter nachhaltig: die Fachleute drücken sich verständlicher und oft weniger defizitorientiert aus; die Patienten registrieren das Mitschreiberecht als Option, an der eigenen Karriere stärker mitzuwirken; es kann nützliche „Reibung“ über explizit gemachte unterschiedliche Sichtweisen entstehen.

Behandlungsverträge

Das psychiatrische Testament ist eine vorausgreifende einseitige Willenserklärung eines psychiatrischen Patienten darüber, wie er oder sie im Zustand fehlender Zurechnungsfähigkeit behandelt werden will. Diese Erklärung wird vorbeugend zu einem bewußtseinsklaren Zeitpunkt bei einem Rechtsanwalt hinterlegt. Damit sollen einseitige Entscheidungen der Fachleute unter Berufung auf die Nicht-Zurechnungsfähigkeit der Patienten eingegrenzt und erschwert werden.

Behandlungsverträge (Pörksen u. Dietz 1994) stellen eine stärker konsensanstrebende Weiterentwicklung des „psychiatrischen Testaments“ dar. In der Psychiatrischen Klinik Bethel werden seit März 1994 solche Behandlungsverträge zwischen prospektiven Patienten (meist solchen, die zuvor schon öfter in der Klinik waren und mit künftigen Wiederaufnahmen rechnen), deren Vertrauenspersonen und Vertretern der im Notfall zuständigen Aufnahmestation abgeschlossen. Dabei wird ausgehandelt: Wer soll im Notfall stellvertretend für den Patienten Entscheidungen treffen können? Wem soll die Klinik Auskünfte geben, wem nicht? Mit wem möchte der Patient dann Kontakt haben, mit wem nicht? Zentral sind die Vereinbarungen über „Notfall-“ oder „Zwangsmaßnahmen“: Will der Patient Medikamente oder nicht? Wenn nein: wieviele Tage kann die Medikamentengabe ausgesetzt werden? Wenn Zwangsmaßnahmen erforderlich werden: Welche sollen eher als andere eingesetzt werden (z.B. eher Fixierung, Isolation oder Zwangsmedikation)?

Diese Aufzählung macht bereits deutlich: Dem Konsens sind Grenzen gesetzt. Vor allem bei den Zwangsmaßnahmen sind die Autoren sich nicht sicher, in welchem Maß die Betroffenen im kritischen Fall sich daran halten werden. Aber vermutlich kann der Bereich „unnötigen Kampfes“, der sich mangelnder Abklärung von Wünschen verdankt, so verringert werden. Genug Praxiserfahrungen liegen bislang noch nicht vor.

Klare Definition von sozialer Kontrolle

Systemische Therapeuten fragen sich bei Problemen sozialer Kontrolle zuvorderst, in wessen Auftrag etwas getan werden soll. Soll der Patient etwa Psychopharmaka einnehmen, weil er selbst es wünscht (z.B. weil von ihm halluzinierte Stimmen ihn zu sehr ängstigen), weil seine besorgten Angehörigen es wünschen (z.B. weil sie seinen Suizid befürchten), weil das Stationspersonal einer psychiatrischen Klinik es wünscht (aus Furcht vor Selbst- oder Fremdgefährdung von Mitpatienten oder Personal), weil die Ärzte es wünschen (weil Psychopharmaka bei Psychosen zur Standardbehandlung gehören)?

Als Therapie werden danach nur Maßnahmen deklariert, die der Patient wünscht; sie werden in dem Maß und Umfang angeboten, wie der Patient es wünscht. Alle anderen Maßnahmen, für die es immer wieder sehr berechtigte Gründe geben wird, werden als „soziale Kontrolle" deklariert und „anderen zuliebe" am Patienten ausgeführt. Dem Patienten wird auch vorab klargemacht, was er tun muß, damit die Fachleute Maßnahmen sozialer Kontrolle einleiten – z.B. Suizidimpulse erwähnen, eine Krankenschwester bedrohen, die Hausordnung verletzen. Er weiß damit auch, was er unterlassen kann, damit diese Maßnahmen nicht ergriffen werden. Die Bereiche von freier Selbstentscheidung einerseits, von externer sozialer Kontrolle andererseits werden deutlich abgegrenzt, dem Klienten in beiden sein Einflußbereich verdeutlicht. Anschaulich haben diese Arbeitsweise Sueße (1991) für den Umgang mit therapeutischen Gruppenangeboten in psychiatrischen Kliniken, Schweitzer et al. (1995 c) für den Umgang mit „störendem Verhalten" im betreuten Wohnen beschrieben.

Der Hausbesuch

Der Hausbesuch ist nur dort eine potentiell innovative Kooperationsform, wo er bislang unüblich ist, nämlich aus der psychiatrischen Klinik und aus der ambulanten Psychotherapie heraus. Andernorts, etwa in der Tradition behördlicher Sozialarbeit – wird er zwischen den Polen der „aufsuchenden Hilfe" und dem „repressiven Instrument umfassender sozialer Kontrolle" ambivalent betrachtet. In der stationären Psychiatrie sind aber Hausbesuche organisatorisch so aufwendig und zur Verhaltenskontrolle so unnötig, daß dieser Aspekt dort keine Rolle spielt.. Hier wie in der Psychotherapie können Hausbesuche ein Angebot sein, sich auf das Terrain des Klienten und seiner Familie zu begeben und seine Problematik vor dem sinnlich erfahrbaren Hintergrund seiner eigenen Lebenssituation zu verstehen (Ostowa-Zawadzka u.a. 1988, Hargens 1993).

Kontaktangebote „mit weniger Psychiatrie"

In allen langfristigen Betreuungsverhältnissen entwickeln sich zwischen Betreuern und Betreuten intensive persönliche Beziehungen, die nicht rein fachlich-instrumentell bleiben: man „wächst sich ans Herz", wird füreinander bedeutungsvoll. Dies gilt besonders stark für sozial isolierte Psychiatrie-Klienten: eine bedeutsame Zahl von ihnen möchte gerne den „menschlichen" Kontakt mit manchen Betreuern lange fortsetzen, den „fachlichen" aber sehr viel mehr begrenzen (Steinhart 1993).

Wenn aber der einzige legitime Kontaktanlaß zwischen beiden die psychiatrische Problematik ist, dann lädt dies manche Klienten ein, ihre psychiatrische Problematik so zu pflegen, daß sie dem geschätzten Fachmenschen so oft und so intensiv gezeigt werden kann, daß die Beziehung nicht in Gefahr gerät.

Dies scheint recht unvermeidlich. Freilich können besonders in pflegenden und sozialpädagogischen Bereichen Kontaktangebote gemacht werden, die der Klient auch dann wahrnehmen kann und darf, wenn es ihm gut geht. Wenn die Botschaft nicht ist: „Kommen Sie vorbei, wenn sie ein Problem haben", sondern „Kommen Sie vorbei, wenn Sie Lust dazu haben“ bzw. „Kommen Sie mal vorbei, auch wenn es Ihnen gut geht“, wird „problemfreier Kontakt“ eher möglich. Man kann Kontaktangebote an nicht-psychiatrischen Orten (Kirchengemeinde, Volkshochschule) organisieren; man kann Klientenclubs so aufziehen, daß die Klienten einen wesentlichen Teil der Organisation und Verantwortung übernehmen.

Solche „alltagsnahen“ Kontaktangebote können freilich nicht nur als „Ausgang“ aus psychiatrischen Betreuungsverhältnissen, sondern auch als „Eingang“ in dieselben dienen, wenn man sie als „niedrigschwellige Angebote“ organisiert. Der Berner „Runde Tisch“ (Hoffmann 1991) etwa bietet einen „unverbindlichen Treff“ als ersten Schritt einer möglicherweise intensiveren Behandlung/Betreuung an.

Anfang und Ende des Kooperationsprozesses als kritische Schritte
Kritischster Punkt jeder Kooperation ist deren Anfang: wer eine handfeste Kooperation mit den Angehörigen will, muß entsprechende Signale zu Beginn des Prozesses senden – nicht erst wenn Angehörige zu „stören“ beginnen, den therapeutischen Empfehlungen widersprechen, den Patienten vom Krankenhaus nicht wieder zurücknehmen wollen. Hierzu liegen inzwischen viele Konzepte vor (für die Allgemeinpsychiatrie Ostoja-Zawadzka et al. 1988, Keller 1992,1994, Seikkula 1994, für die Gerontopsychiatrie Müller 1987, für die Kinder- und Jugendpsychiatrie Schweitzer 1987 b, Rotthaus 1990).

Hingegen fällt ein Mangel an Berichten über die Beendigung der Kooperation bei Entlassung aus Klinik, Heim oder WG bzw. bei der Beendigung einer ambulanten Betreuung auf. Das Ende wird, wenn überhaupt, meist als „Abbruch“, also als gescheiterte Beendigung beschrieben. Da bei chronischen Klienten aber das Ende der einen Behandlung meist nicht weit vom Anfang der nächsten entfernt liegt, wirkt dieses Ende auf den nächsten Anfang voraus. Es scheint wichtig, gerade das Ende (insbes. scheinbar gescheiterter) Behandlungen genauer in Blick zu nehmen.

2.3 Psychiatrische Teamarbeit: Produktivität, Leitungsstile, Berufsgruppenkonflikte

Zur Produktivität psychiatrischer Teams
Seit Beginn der siebziger Jahre hat „Teamarbeit“ als bedeutsames Konzept in der Psychiatrie Einzug gehalten. Es stand zunächst für ein nondirigistisches, basisdemokratisches Konzept und erzeugte vor allem in der Anfangsphase gleichermaßen Kreativität und Konfusion (Kisker 1988). Traditionelle Entscheidungsstrukturen nach dem hierarchischen Anordnungsprinzip sind durch das dazu „querliegende“ Teamarbeitskonzept nicht aufgehoben, aber ergänzt und nicht selten konfusioniert worden.

Kisker (1988) hat nicht nur Überlegungen zur notwendigen Balance verschiedener Teamtendenzen als Bedingung ihrer klinischen Produktivität beschrieben (siehe Grundlagenteil, Kap 2.5), sondern aus seinen vier Dimensionen Verantwortung, Beteiligtheit, Abstand und Professionalisierung eine „therapeutische Rosette“ zur Einordnung real existierender psychiatrischer Teams konstruiert. Ein „therapeutischer Äquator“ in der Mitte der Rosette teilt den Raum möglicher Teamzustände. Im „rauheren, kühleren Nordosten“ sammeln sich ältere, berufserfahrenere, therapeutisch behutsamere, distanziertere Therapeuten. Das typische Teammitglied im „Südwesten“ ist jünger, bevorzugt größere Nähe zu Co-Therapeuten und Patienten, zeigt sich emotionaler, experimentierfreudiger, sieht Teams als Solidargemeinschaften, läßt Persönliches stärker einfließen, zeigt sich therapie-optimistisch, überfordert seine Patienten eher. Nach Kiskers Beobachtungen driften Teams als solche und Therapeuten in Teams meist über die Jahre hinweg aus Südwesten nach Nordosten.

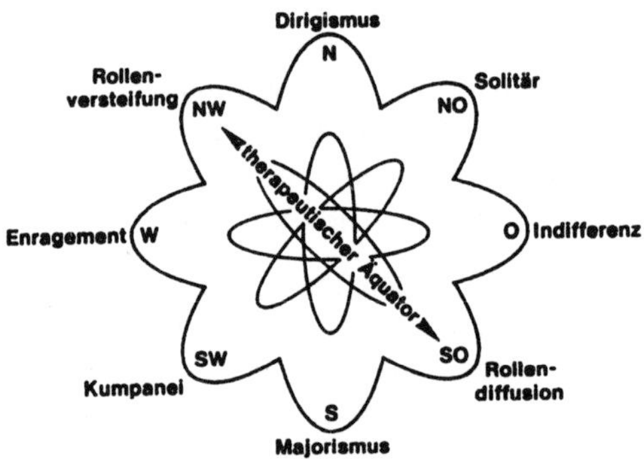

Abb. 28: Therapeutische Rosette (aus Kisker 1988)

Kiskers Beschreibung, die sicherlich auch zeit- , orts- und erfahrungsgebunden ist, gehört zu den wenigen weder apologetischen noch enttäuschungsverarbeitenden (Speckmann 1994, Schaub u. Schwall 1988, Leuschner 1985) noch ganz allgemein bleibenden Erfahrungsberichten (Veltin 1981, Lellau 1981), die sich mit psychiatrischen Teamprozessen befassen.

Die unterschiedlichen Folgen von „depressiv-solidarischen“ und „aggressiv-leistungskonkurrierenden“ Teamphilosophien haben Schweitzer u.a. (1992) anhand experimenteller Rollenspiele zum Vergleich zweiter Wohnheime für psychisch Kranke unterschieden. Das eine Wohnheimteam grenzte Arbeitsbereiche stark voneinander ab, belohnte Eigenintiative und bestrafte Mißerfolg, erwartete mehr Eigenverantwortung von den Bewohnern und hatte weniger Teamsitzungen. Das andere Team arbeitete mit mehr personeller Überlappung, wenig Anforderungen und Anreizen an die Bewohner, hoher Versorgung derselben, vielen Teamsitzungen, großer räumlicher Nähe. Simulierte

Team- und Bewohnerversammlungen verdeutlichten im ersten Team unter Mitarbeitern wie Bewohnern eine etwas aggressive, aber leistungsfördernde Konkurrenz zwischen den zwei Teilgruppen, im zweiten Team eine leicht depressive und wenig leistungsfördernde, aber sehr anheimelnde Atmosphäre.

Unter welchen Bedingungen kann psychiatrische Teamarbeit kontraproduktiv werden? Einige solche Bedingungen nennt Rose (1981, S. 91 ff): Wenn die Ungleichartigkeit der Mitglieder nach Status, Schicht, Ausbildung übersehen wird, ist die konkrete Verantwortlichkeit nirgendwo mehr festzumachen. Dann lähmen zuviele Diskussionen im Team die Handlungsfähigkeit. Wenn Rivalität denunziert wird, werden Begabungs- und Aktivitätsspitzen nivelliert; ängstlich eingehaltene Mittelmäßigkeit resultiert. Der zu einseitige Verzicht auf Arbeitsteilung kann eine „Wendung nach Innen" begünstigen und Teamarbeit zum Selbstzweck werden lassen. Wenn Teamsitzungen mehr oder ähnlich viel Arbeitszeit beanspruchen wie die direkte Arbeit mit dem Patienten, kann es zu Informations- und Kommunikationsüberfütterung kommen. Ähnlich wirft Drees (1991) die Frage auf, ob in einem modernen, sozialpsychiatrisch-psychodynamisch orientierten Team nicht manchmal zuviel Informationsaustausch stattfinde, dessen Reduktion wieder Verantwortungsgefühl und Eigenständigkeit der jeweiligen Mitarbeiter stärken könnten.

Leitungskulturen und Entscheidungsprozesse in psychiatrischen Einrichtungen

Leitungsfragen in psychiatrischen Einrichtungen drehen sich um die Fragen: Wie sieht eine produktive Leitungskultur inhaltlich aus? Wer sollte sinnvollerweise über welche Fragen entscheiden? Welches Know-How brauchen Menschen, die dort etwas zu leiten haben?

Lauterbach (1991) entwirft ein Modell moderner psychiatrischer Leitungstätigkeit als „Planung durch Vision und Störung": Eine Klinikleitung etwa muß einerseits Visionen vorgeben, deren Ziele möglichst anschaulich, begreifbar und konkretisiert sind. Sie muß zum anderen soviel Information verteilen und Planung und Verantwortung dezentralisieren, daß die Mitarbeiter im Prozeß der Realisierung dieser Visionen aktiv mitwirken können. Die damit verbundene Unruhe und Irritation sei leistungsfördernd und wirke der Hospitalisierung der Mitarbeiter entgegen.

Ich habe mit Kollegen (Schweitzer u.a. 1992) drei grundsätzlich mögliche Entscheidungsstile in psychiatrischen Einrichtungen miteinander verglichen:

- *Anordnungsmodell:* „Was der Chef sagt, wird gemacht";
- *Konsensmodell:* „Gemacht wird das, dem alle Teammitglieder zustimmen können";
- *Konsultationsmodell:* „Der für die konkrete Ausführung einer Entscheidung am stärksten Verantwortliche Mitarbeiter entscheidet und kann sich (muß sich aber nicht) von Leitung und anderen Mitarbeitern dabei beraten lassen".

In simulierten Rollenspielen beobachteten wir, daß das Konsensmodell mit viel Nicht-Entscheidung und indirekt (pseudo-argumentativ) ausgetragenen Machtkämpfen einherging, das Anordnungsmodell von vielen „Sabotageimpulsen" und innerer Emigration begleitet war, während das Konsultationsmodell mit der geringsten Anspannung und der größten Offenheit praktiziert wurde. Es funktioniert aber nur bei motivierten und kompetenten Mitarbeitern und bei Chefs, die Kontextsteuerung statt unmittelbarer Verhaltenssteuerung der Mitarbeiter als Leitungsstil bevorzugen.

Das Leiten fällt Leitern auch in psychiatrischen Diensten schwer, weil sie dafür in ihrer Weiterbildung kaum qualifiziert werden. Es besteht dann die Gefahr, daß sie in unsicheren Situationen auf vertraute Arbeitstechniken aus der therapeutischen Sphäre zurückgreifen – etwa im Extremfall das Verhalten eines Mitarbeiters psychotherapeutisch deuten. (Zur Beschreibung dieser Übergangsprobleme und zu Vorschlägen für die psychiatrische Facharztweiterbildung siehe Daniels und Daniels 1989.)

Berufsgruppenkonflikte

Konflikte zwischen verschiedenen Berufsgruppen in der psychiatrischen Versorgung werden häufig berichtet. (Toseland u.a. 1987, Hilldebrandt 1988, Zenz 1988, Steinhart u.a. 1990). Folgende Faktoren scheinen diese Konflikte anzuheizen:

(1) Aus ihrer Berufsausbildung kommen die psychiatrischen Fachleute mit sehr entgegengesetzten Sprachspielen, Handlungsstrategien und Wertvorstellungen in die Psychiatrische Praxis.

(2) Je weniger die Berufsgruppen einander Einblick in die gegenseitige Tätigkeit, in deren Voraussetzungen, Schwierigkeiten und möglichen Erfolge ermöglichen, umso größer ist die Wahrscheinlichkeit gegenseitigen Mißtrauens („Was schaffen die eigentlich?"), gegenseitiger Abwertung („Die haben das wieder nicht zustande gebracht") und gegenseitiger offener oder verdeckter Sabotage.

(3) Je mehr die verschiedenen Dimensionen, nach denen etwa in einer Klinik die Hierarchie organisiert ist (formale Anordnungskompetenz, Besoldung, Berufserfahrung, Dauer der Stationszugehörigkeit, Popularität im Team) auseinanderklaffen, um so konflikthafter zeigt sich häufig die Teamkooperation.

(4) Wenn eine neue und „aufstrebende" Berufsgruppe den altehrwürdigen Führungsanspruch der Traditionsreicheren in Frage stellt, werden gegenseitige Statusinfragestellungen, Defensivität usw. zu erwarten sein (vgl. Zenz 1988).

Haerlin (1975) liefert eine interessante historische Erklärung für die häufig beobachteten Kooperationsprobleme zwischen den Berufsgruppen. Danach repräsentieren verschiedene Berufsgruppen entsprechend ihrem Alter die dominanten Psychiatrie-Modelle verschiedener historischer Phasen: ein Teil der Pflege seit dem Mittelalter „Aufsicht und Kontrolle"; die Ärzte und die Pflege seit der Jahrhundertwende „Pflege und Heilung“; die Sozialarbeiter und die Psychologen in der zweiten Hälfte des zwanzigsten Jahrhunderts „Beratung, Verhaltensänderung, Veränderung der sozialen Umwelt“. Allerdings können solche „Modellbrüche“ auch innerhalb derselben Berufsgruppe ausgetragen werden. Psychologische Testdiagnostik paßt beispielsweise eher zum Jahrhundertwendemodell, Gruppenpsychotherapie hingegen zur Jetztzeit. Ähnlich passen anstaltsinterne kustodiale Arbeitstherapien eher zur Jahrhundertwende und industriell orientierte externe Jobprojekte eher zur Jetztzeit.

Wenn solche „konzeptionellen Brüche“ von den Berufsgruppen wechselseitig aneinander festgemacht werden, anstatt diese als Teil einer alle Berufsgruppen betreffenden Widersprüchlichkeit des gesamten Aufgabenfeldes anzunehmen, werden sie mit großer Wahrscheinlichkeit zu Kooperationsproblemen zwischen Berufsgruppen beitragen.

2.4 Regionale Kooperation: pro und contra Vernetzung und Behandlungskontinuität

Regionale Kooperation in den Zeiten der Dezentralisierung
Die Psychiatriereform in den westlichen Industriestaaten hat (häufig sehr langsam) den Schwerpunkt psychiatrischer Versorgung verlagert: von wenigen großen, wohnortfernen psychiatrischen Großkrankenhäusern zu einer Vielzahl kleinerer, wohnortnäherer Einrichtungen. Damit ändern sich auch die notwendigen Kooperationsstrategien: Wenn mehr und kleinere Dienste, räumlich eng nebeneinander angesiedelt, mit denselben Klienten arbeiten, stellt sich dringlicher die Frage, ob, wie und wie sehr diese sich abstimmen sollten.

Übereinstimmend wird in der Fachliteratur Klage darüber geführt, daß regionale psychiatrische Versorgung mangelhaft vernetzt sei (Müller 1980, Riedmüller 1985, Ingenleuf u.a. 1990, Steinhart 1993; empirische Belege bei Ingenleuf u.a. 1990; kasuistische Belege bei Widmaier-Berthold 1988, Wienberg 1988, Hüllinghorst 1988). Diese Situation wird häufig an der Vielzahl von Trägern festgemacht, die im Interesse der Sicherung ihrer Geschäftsvolumina, Personalstände und Einflußbereiche nur begrenzt an der Kooperation mit Diensten anderer Träger und besonders wenig an starken koordinierenden Institutionen interessiert sein können.

In der regionalen Psychiatrie- Kooperation lassen sich mit Bergold und Filsinger (1993) drei idealtypische Grundvarianten unterscheiden, die für verschiedene Akteure unterschiedliche Attraktivität und Realisierbarkeit besitzen.

(1) *Abschottung nach außen:* Sie kann nur von sehr großen, „komplett ausgestatteten“, innerhalb der eigenen Einrichtung sich selbst überweisenden Diensten praktiziert werden, die sozusagen sich selbst genügen. Für die traditionellen psychiatrischen Landeskrankenhäuser mit riesigen Einzugsbereichen und

einer unendlichen Zahl potentieller Kooperationspartner war externe Kooperation nicht nur oft unnötig, sondern auch weitgehend unmöglich (Schmitt-Michel 1992). In pluralen Versorgungssystemen wird sie schwierig.

(2) *Ein Versorgungsnetz aus einem Guß:* Viele dezentrale Dienste werden unter der zentralen Koordination eines Trägers oder eines von mehreren Trägern gemeinsam beauftragten Leiters oder Koordinators zusammengefaßt. Befürwortet werden solche „Versorgungsnetze aus einem Guß" oft von denen, die Chancen haben, diese Koordinatorenrolle an sich zu bringen oder zu festigen – etwa den ärztlichen Leitern von Kliniken mit extramuralen Dependancen.

Versorgungssysteme „in einer Hand" sind im Umkreis einiger sozialpsychiatrisch orientierter Universitätskliniken oder Kliniken an Allgemeinkrankenhäusern entstanden: in Berlin-Charlottenburg (Bolm et al. 1989), in Bern (Hoffmann u.a. 1991), in Mannheim (Rössler u.a. 1993), in Offenbach (Berger 1992). In Solingen gelang – eine Ausnahme – einem Trägerverein ähnliches (Nouvertne und Hoffmann 1992). Im Umkreis mancher Landeskrankenhäuser gelang dies nicht und wird dort beklagt (z.B. Schmitt-Michel 1992).

(3) *Selektive Vernetzung:* „Selektive Vernetzung" paßt als Strategie für kleine und mittlere Dienste in einem Versorgungsnetz, in dem genügend viele Dienstleister arbeiten, um den Patienten und Angehörigen wie auch den Fachleuten gewisse Wahlmöglichkeiten zu erlauben, mit wem sie kooperieren wollen und mit wem nicht. Attraktiv scheint sie vor allem für neue, innovative, noch weniger etablierte Dienste und Professionen, die sich nicht durch vorge-zeichnete Kooperationrituale allzu eng einbinden lassen wollen, die aber andererseits potente Verbündete im Verteilungskampf um Finanzmittel oder Patienten benötigen.

Ein möglicher Rahmen, der selektive Vernetzung erleichtern kann, ist die in der Psychiatrie-Enquete von 1975 (Bericht 1975) vorgeschlagene „psychosoziale Arbeitsgemeinschaft" (PSAG) als fachliches Austauschgremium interessierter Mitarbeiter. Psychosoziale Arbeitsgemeinschaften sind vielerorts eingerichtet worden, haben Anfangs eine gewisse Dynamik erzeugt (Richter 1978), haben aber aufgrund großer Interessendifferenzen zwischen den Teilnehmern, aufgrund einer basisdemokratisch-spontaneistischen Organisation und aufgrund geringen Einflußes auf politische Gremien oft nur geringe Bedeutung erlangt. Psychosoziale Ausschüsse als kommunalpolitisch entscheidungsrelevantes Gremium von Fachleuten und Kommunalpolitikern sind nur an wenigen Orten entstanden (Mitzlaff 1987, Hüllinghorst 1988, Machleidt u. Elgeti 1991).

Zunehmend sind daher zusätzlich in Stadt- und Kreisverwaltungen Psychiatrie-KoordinatorInnen angestellt worden. Erste Erfahrungsberichte (Schwendy 1991, Brüninghaus 1992) lassen aber vermuten, daß diese nur dann koordinatorisch tatsächlich wirksam werden können, wenn ihnen in Verwaltung und

Lokalpolitik sowie gegenüber den Trägern hinreichende Befugnisse eingeräumt werden, was oft nicht der Fall zu sein scheint.

Zum Nutzen und Schaden von Vernetzung und Behandlungskontinuität
Am häufigsten, noch öfter als mit den Begriffen Kooperation oder Koordination, wird regionale Psychiatriekooperation unter dem Begriff der Vernetzung diskutiert. Das Wort Vernetzung regt zu interessante Konnotationen an wie „das Netz eng genug knüpfen", „nicht durch das Netz fallen", „im Netz hängen bleiben", die sozialpsychiatrisch sehr umstritten sind.

Eine sehr klare und überzeugende Begründung psychiatrischer Vernetzungsideen bietet Ciompi (1982) aus einer Analyse der Bedürfnisse von Menschen in akut-psychotischen Episoden: „In akuten Zuständen brauchen sie ..eine einfache und ruhige, entspannte und unkomplizierte, übersichtliche... Atmosphäre mit ...wenigen aber verläßlichen... Menschen um sich herum" (Ciompi 1982, 345)

Mangelnde Koordination zwischen den Diensten einer Region kann zur Folge haben, daß ein solches Behandlungsmilieu nicht entstehen kann:

(1) Niemand fühlt sich zuständig, weil niemand ein bestimmtes psychiatrisches Problem als in seinem Verantwortungsbereich liegend ansieht: Die Klienten „fallen durch das Netz". Dies wird immer wieder als das Schicksal unattraktiver, störender, uninteressanter Klienten beklagt.

(2) Es kommt zu keiner Kontinuität der Betreuung zwischen verschiedenen psychotischen Episoden: jedesmal muß sich der Klient auf neue, andere Betreuer einstellen.

(3) Bei gleichzeitiger Zuständigkeit mehrer Dienste für denselben Klienten können diese ihm widersprüchliche, evtl. entgegengesetzte Vorschläge, Empfehlungen, Aufforderungen, Anforderungen präsentieren, sofern sie widersprüchlichen Wert- und Strategievorstellungen folgen (Selig 1976, Hoffmann u. Long 1969, Auerswald 1971, Imber-Black 1990).

Genau diese Nachteile können aber aus der Sicht von Akteuren mit geringer Definitionsmacht im Versorgungsnetz auch als Vorteil gesehen werden: von Behandlern mit „Außenseiterstatus", die Raum für Innovation und die Erprobung neuer Versorgungskonzepte bekommen wollen (Mitzlaff 1988), und von Patienten, die anderes tun wollen, als die Behandler ihnen vorschlagen.

Spengler (1991) kritisiert psychiatrische Vernetzungsideen sehr grundsätzlich und pointiert aus der Position postmoderner Philosophie (Welsch 1992). Wenn Kontinuität zu einseitig bejaht wird und für Unterschiede, Differenzierungen, Veränderungen nicht mehr genug Raum bleibt, so kann diese in den sozialpsychiatrischen Gründungszeiten nützliche „Einheitsobsession" später zur „Zwangsjacke" werden. Informations-Vernetzung macht den Schutz sensibler Patientendaten schwierig. Es verbreiten sich besonders diejenigen Vorurteile über den Patienten, die in das geteilte Glaubenssystem der Kooperationspartner passen. Die Mitarbeiter bekommen ein zwar immer „breiteres", aber tendenziell auch immer „einheitlicheres" Bild über Patienten, was die Chancen für neue und vielleicht anregendere Erfahrungen reduziert. Nach Spengler sollte kontinuierliche, integrierte, kooperative, fürsorgliche Behandlung als Option verfügbar, aber (bis auf Notfälle) von dem zustimmenden Willen des Patienten abhängig sein. An Gesprächen über solche Kooperation sollte er selbst teilnehmen.

Auch die Kontinuität oder Diskontinuität psychiatrischer Behandlung wird kontrovers diskutiert (Bachrach 1981, 1988, Müller 1985, Steinhart 1993). Behandlungskontinuität bedeutet „a process involving the orderly, uninterrupted movement of patients among the diverse elements of the service delivery system" (Bachrach 1981). Sie zeigt sich (nach Steinhart 1993) an einem langfristigen Behandlungsangebot; an individueller Planung mit und für Patient und Familie; an der Vernetzung der Behandlungsorganisationen; an der Flexibilität auf dem Behandlungs- und Rehabilitationskontinuum „nach vorne und nach hinten"; an festen, verläßlichen Beziehungen zu einem Behandlungsteam; an leicht erreichbaren und zugänglichen Diensten; an gegenseitigen Absprachen und Kontinuität der Information zwischen allen Beteiligten.

Steinhart (1993) ermittelte in einer Abteilung, die eine sehr weitgehende Behandlungskontinuität anbietet, daß diese von den Nutzern nur sehr selektiv gewünscht und genutzt wird. Ein Viertel der Patienten verläßt bereits nach gut drei Monaten das System wieder, während das „treueste" Viertel länger als vier Jahre bleibt. Lange bleiben vor allem die älteren, an psychiatrische Behandlung gewöhnten Patienten. Nur bei 14% der „Abbrecher" wird diesen intensiv nachgegangen – Kontaktvermeidung wird also von der Klinik faktisch auch akzeptiert.

Interviews mit Nutzern zeigten, daß diese sich langfristige, persönliche, allgemeinmenschliche Kontakte mit ihren Betreuern wünschen, spezielle professionelle Aktivitäten hingegen auf möglichst kurze Zeiträume begrenzen möchten. Nähe-Distanz-Wünsche bewegen sich „zwischen einer (un)ausgesprochenen Liebesbeziehung... bis hin zum Kontakthalten über eine Postkarte." (S.229). Fast alle Klienten streben langfristig eine Reduktion der Kontakte zum Versorgungssystem an, freilich in sehr unterschiedlich langen Zeiträumen. Schließlich äußern alle den Wunsch nach großer Autonomie. Viele kritisieren, daß die Therapeuten übervorsichtig und zu pessimistisch seien und deshalb Patienten „zu lange halten".

Aus diesen Gründen sollte nach Steinhart „...die Beendigung einer Beziehung zu einem Versorgungssystem, als intendierter und positiv besetzter Teil eines therapeutischen Konzepts ... einen ebensolchen Stellenwert erhalten, wie eine langfristige und kontinuierliche Behandlung..." (S. 234).

Welche „Ausgänge" eröffnet ein Versorgungsnetz denen, die drin sind? Bergold (1993) identifizierte bei der Analyse von Klientenströmen in eine Berliner Krisenambulanz hinein und aus dieser heraus drei unterscheidbare „Strömungsmuster":

Die erste Gruppe bewegt sich aus den psychiatrischen Einrichtungen über die Krisenambulanz zurück in die psychiatrischen Einrichtungen, fast ohne „eine Ausgangstür in den Alltag". Die zweite Gruppe geht aus dem Allgemeinkrankenhaus über die Krisenambulanz in die Alltagswelt, sozusagen" auf institutionalisierte Türen in den Alltag zu". Eine dritte Gruppe geht aus verschiedenen psychosozialen Einrichtungen über die Krisenambulanz in ganz unterschiedliche insitutionelle und alltagsweltliche Zukünfte weiter.

Ein lückenloses Versorgungsnetz mit hoher Behandlungskontinuität kann also auf der Negativseite zuwenig „Türen in den Alltag" eröffnen, und damit den Weg der Klienten in die „Psychiatriegemeinde" (Brüninghaus 1990) beschleunigen bzw. verfestigen.

Dies ist mancherorts durchaus beabsichtigt. Vertreter der modernen amerikanischen Gemeindepsychiatrie (Minkoff 1987, Green 1988) sehen ein lösungsbedürftiges Problem darin, daß ihre Patienten in der „postinstitutionellen Ära" irrtümlich meinten, mit ihrem Anstaltsstatus auch ihre Krankheit verloren zu haben, und daß sie aus fehlender Krankheitseinsicht die Behandlungsangebote nicht in Anspruch nehmen. Minkoffs „postinstitutionelle klinische Ideologie" strebt daher viele strategische Operationen zur Patientenanbindung an. Sie sollen „assist the ill person to acknowledge, bear and accept the illness". Ziel dieses Programms: „meet... them where thery're at" und „hold onto them until they stick".

Regionale Vernetzungs- und Kontinuitätsideen hängen also ebenfalls eng mit dem präferierten psychiatrischen Krankheitskonzept zusammen: je pessimistischer die Besserungserwartungen, desto langfristiger und dichtgestricktere Vernetzung wird empfohlen.

2.5 Kooperation und Komplexität: Unterschiede zwischen Kliniken und sozialpsychiatrischen Diensten

Die TeilnehmerInnen an der im folgenden beschriebenen Studie arbeiten in zwei Institutionstypen: psychiatrischen Kliniken und sozialpsychiatrischen Diensten. Von beiden gibt es aber in Deutschland unterschiedliche Subtypen, von denen in unserer Studie je ein Subtyp dominant vertreten ist:

(1) Sozialpsychiatrische Dienste existieren in Deutschland in (mindestens) drei Formen (Riedmüller 1985): als Außenstelle einer psychiatrischen Klinik in einem sektorisierten Versorgungsgebiet; als Teil des Gesundheitsamtes; in

Trägerschaft eines Wohlfahrtsverbandes, organisatorisch abgekoppelt von medizinischen Institutionen.

Alle SpDi-MitarbeiterInnen unserer Studie kommen aus Baden-Württemberg (eine aus Bayern), wo die SpDi von Wohlfahrtsverbänden getragen werden. Dieser Organisationstyp gehört nicht zum öffentlichen Gesundheitswesen, „Behandlung" ist ihm explizit untersagt Die Vermittlung und Koordination materieller und persönlicher Ressourcen in der Tradition der Sozialarbeit steht im Mittelpunkt (Riedmüller 1985). Dieser Subtypus des SpDi steht also besonders stark in einer sozialarbeiterischen und weniger als die anderen in einer medizinischen Tradition.

(2) Psychiatrische Kliniken existieren in Deutschland derzeit in mindestens vier Formen: als psychiatrisches Landeskrankenhaus (synonym: Landesklinik, Bezirkskrankenhaus); als psychiatrische Abteilung an einem städtischen oder Kreiskrankenhaus; als Psychiatrische Universitätsklinik; als Privatkliniken. Fast alle Kliniksmitarbeiter der Studie kommen aus psychiatrischen Landeskrankenhäusern. Das bedeutet eine im Vergleich zu Kliniken an Allgemeinkrankenhäusern trotz Bettenreduktion immer noch größere Bettenzahl, einen größeren Einzugsbereich, stärkere interne Differenzierung und mehr „ehrwürdigere Traditionen". Im Gegensatz zu den Universitätskliniken bedeutet dies: ausgeprägtere Versorgungsverpflichtung, weniger Patientenselektion, weniger Forschungsorientierung.

In psychiatrischen Landeskrankenhäusern und in sozialpsychiatrischen Diensten in der Trägerschaft von Wohlfahrtsverbänden ist mit einer Reihe unterschiedlicher Rahmenbedingungen für Kooperation zu rechnen. Diese will ich unter einem Gesichtspunkt zusammenfassend darstellen: daß die SpDi nach außen, ihrer Umwelt gegenüber, mit viel mehr Komplexität konfrontiert sind, während die Kliniken viel mehr mit ihrer internen Komplexität zu ringen haben.

Die komplexen Umweltbezüge sozialpsychiatrischer Dienste

Höhere externe Komplexität der sozialpsychiatrischen Dienste kann in folgenden Aspekten ihrer Praxis deutlich werden (ausführlich dazu Berger u. Schirmer 1993):

(1) *Klientennähe:* Die SpDi sind viel näher am alltäglichen Lebensraum der Klienten angesiedelt als die Kliniken. Sie können einerseits ihren Klienten „nahe auf den Pelz rücken", mit angenehmen und unangenehmen Folgen für beide. Andererseits haben sie weit bessere Aussichten, die Lebenssituation der Klienten als Beziehungskontext der psychiatrischen Symptomatik erfassen zu können, diese also angemessen zu kontextualisieren.

(2) *Verhältnis zu anderen Einrichtungen:* Die SpDi sind als kleine, neue, wenig etablierte Dienste weit mehr auf die Kliniken angewiesen als umgekehrt. Kooperation mit anderen Einrichtungen ist oft auch expliziter Teil ihres Auf-

trages, sie werden anteilig dafür bezahlt, was für Kliniken bislang noch selten zutrifft. Häufig praktizieren sie eine aufsuchende Tätigkeit („Geh-Struktur") nicht nur gegenüber ihren Klienten, sondern auch gegenüber den Kliniken und (seltener) gegenüber den Nervenärzten.

(3) *Komplexität der Auftragslage:* Durch diese größere Nähe zu den Klienten und deren Umfeld, und durch das stärkere Angewiesensein auf andere Dienste erscheint vor allem die Auftragslage in SpDi zunächst oft weit komplexer als in Kliniken – sie müssen sich gegenüber einer größeren Zahl externer Auftraggeber offen zeigen.

(4) *Zeitstruktur der Behandlung:* Während die Kliniken zunehmend auf kürzere Behandlungsdauer hin orientiert werden, die allerdings häufig in kurzem Wechsel aneinander anschließen, sollen die SpDi eher nach dem Kontinuitätspinzip arbeiten. Da aber viele Klienten solche Kontinuität überhaupt nicht suchen (Steinhart 1993), könnte das Verhandeln über die Endlichkeit oder Unendlichkeit von Behandlungskontrakten daher in SpDi ein weit konfliktreicheres Thema sein als in den Kliniken, die das dauerhafte Dort-Bleiben aus externem (Kosten-)Druck zunehmend begrenzen.

(5) *Formen sozialer Kontrolle:* Während gerade die Landeskrankenhäuse weiterhin zweifelsfrei der Ort sind, wo Patienten auch gegen ihren Willen untergebracht werden können („harte Kontrolle"), haben die von Wohlfahrtsverbänden getragenen SpDi keinerlei hoheitliche Befugnisse. Sie können nur indirekt durch „Überzeugungsarbeit" (mit mehr oder weniger Druck) oder durch die Einschaltung hoheitlich befugter Einrichtungen (Gesundheitsamt) Kontrolle ausüben. Sie sollen aber in der Praxis auch nicht eindeutig auf solche Kontrolle verzichten, sondern sie eben „anders" ausüben. Hier entsteht ein großer Unsicherheitsraum

(6) *Burn-Out-Risiko bei Mitarbeitern:* Eine Studie von Enzmann und Kleiber (1989) zeigt, daß Burn-Out-Belastung bei Mitarbeitern weniger vom „Störungsgrad" der Klientel als von der Offenheit des Arbeitsauftrags und des Settings abhängt: Je unklarer Ziele und Wege definiert sind, umso höher das Burn-Out Risiko. Dies könnte bedeuten, daß die im Umgang mit ihrem Umfeld viel weniger festgelegten SpDi hier für ihre Mitarbeiter ein höheres Risiko bereithalten könnten als die diesbezüglich viel „eindeutigeren" Kliniken.

Das komplexe Innenleben psychiatrischer Kliniken

Betrachten wir nun nicht die Systemumwelt, sondern das „Systeminnere". so zeigen sich umgekehrt die Kliniken als komplexer. Dies sei im folgenden für die Landeskrankenhäuser beschrieben; es gilt ähnlich für Universitätskliniken und zumindest für große Abteilungen an Allgemeinkrankenhäusern.

(1) *Interne Größe und funktionale Differenzierung:* Landeskrankenhäuser sind bezüglich der Anzahl ihrer internen Komponenten weit komplexere Institutionen als SpDi. Sie haben oft mehrere hundert Mitarbeiter, die Mitarbeiterzahl

einzelner Stationen liegt meist zwischen sechs und fünfzehn, es sind außerhalb der Verwaltung zumindest fünf Fachdisziplinen mit sehr unterschiedlichen Traditionen vertreten (Medizin, Krankenpflege, Ergotherapie, Sozialarbeit, Psychologie – oft weitere wie Krankengymnastik, Körpertherapie, Musiktherapie und Sonderpädagogik). In süddeutschen sozialpsychiatrischen Diensten hingegen arbeiten im Regelfall wenige Mitarbeiter (meist drei bis acht) vorwiegend aus derselben Berufsgruppe (Sozialpädagogik und Sozialarbeit).

(2) *Differenzierte „Angebotspakete" für die Patienten:* Das Spektrum an potentiellen Serviceleistungen für denselben Patienten in Landeskrankenhäusern ist enorm. Es reicht von psychopathologischer, neurologischer und allgemeinmedizinischer Diagnostik und biologisch-psychiatrischen Behandlungen über Psychodiagnostik und Psychotherapie sowie über Sozialarbeit und verschiedenste Arbeits-, Beschäftigungs-, Musik- ,Körper- und Reittherapien bis zu begleiteten Spaziergängen, Unterkunft, Vollverpflegung und Krankschreibungen. Damit stellt sich prinzipiell die Frage: welches dieser Angebote für welchen Patienten? Da an der Diskussion dieser Frage zahlreiche Berufsgruppen mit ihren jeweiligen Philosophien und Eigeninteressiertheiten teilnehmen, ist dadurch Raum für viele und oft konfliktreiche Diskussionen gegeben.

(3) *Hierarchie:* Landeskrankenhäuser haben eine traditionsreiche, aber widersprüchliche Hierarchie. Die Tradition liegt im Anordnungsmodell: Chefärzte befehlen Oberärzten, diese befehlen Assistenzärzten. Stationsschwestern oder -pfleger befehlen anderen Pflegekräften, die befehlen den PflegeschülerInnen. Das scheint Komplexität zunächst zu reduzieren. Der Widerspruch liegt aber zum einen zwischen den Berufsgruppen. Landeskrankenhäuser werden von einer Troika von ärztlichem Direktor, Verwaltungsleiter und Pflegedienstleiter geleitet, die fast regelmäßig im Dissens über ihre gegenseitige Über- ,Unter- oder Gleichberechtigung stehen. Dieser Dissens pflanzt sich im Kliniksalltag etwa im Antragswesen zwischen Verwaltung und ärztlicher Leitung oder bei Dienstplänen des Pflegepersonals zwischen Ärzten und Pflegepersonal fort. Ein weiterer Widerspruch kommt durch die „neuen Professionen" (bes. Sozialarbeiter und Psychologen), deren Unterordnung unter die ärztliche Leitung umstritten ist, insbesondere wenn sie an ihren Positionen länger bleiben als die häufig rotierenden Ärzte und dadurch in den stationären Belangen erfahrener werden als diese.

Widersprüche resultieren auch daraus, daß moderne psychiatrische Behandlung, soweit sie „Beziehungsarbeit" ist, nur begrenzt angeordnet werden kann; bei klassischen medizinischen oder pflegerischen Behandlungen geht dies weit leichter. Da beide Behandlungsformen sich in der psychiatrischen Praxis mischen, ist in den Hierarchien in Landeskrankenhäusern oft Konfusion darüber zu beobachten, was „von oben" sinnvoll angeordnet und was nur empfohlen werden kann.

2.6 Systemisches Denken in der psychiatrischen Alltagskooperation

Prämissen einer systemischen Psychiatrie

Auf der Basis von Erfahrungen aus Klinik und Supervision habe ich bereits andernorts folgende Prämissen einer systemischen Psychiatrie beschrieben (Schweitzer 1995 a), die auch meine Vorüberlegungen zur Konzeption des empirischen Teils dieser Studie leiteten.

(1) *Nützlichere und weniger nützliche Krankheitskonzepte:* Systemiker betrachten Krankheitskonzepte und Diagnosen als Konventionen über die Beschreibung psychisch auffälligen Verhaltens. Sie beschäftigen sich nicht primär mit der diagnostischen Korrektheit, sondern mit den pragmatischen Folgen der Diagnose:

> Welche Ideen sind bei Patient, Angehörigen, Behandlern mit der Diagnose verbunden? Zu welchen Handlungsfolgen führen sie? Sind diese Handlungsfolgen erwünscht oder unerwünscht? Falls sie unerwünscht sind: gibt es konkurrierende Erklärungen für das psychisch auffällige Verhalten? Was würden Patient, Angehörige und Behandler tun, wenn sie eine andere Krankheitstheorie bevorzugen oder an eine andere Diagnose glauben würden?

Systemiker spielen im Gespräch verschiedene Krankheitskonzepte auf ihre Nützlichkeit durch, nicht auf ihre Korrektheit im Sinne einer nosologischen Einteilung. Dies impliziert Möglichkeiten, sich auf der Ideenebene für unterschiedliche Krankheitskonzepte entscheiden zu können und diesen unterschiedliche Taten folgen zu lassen.

(2) *Symptomnutzung statt Symptombekämpfung:* Systemisches Arbeiten widmet sich eher der Symptomnutzung als der Symptombekämpfung. Darin (und nur darin) ähnelt sein Prinzip dem homöopathischen Wirkprinzip „Simila Similibus Curantur“. Viele systemische Interventionen empfehlen dem Klienten, die bisherige Symptomatik fortzuführen, allerdings in einer minimal veränderten Weise. Sie empfehlen, das bisher „erlittene“ Symptom, dessen nützliche Aspekte zuvor im Gespräch erarbeitet wurden, nun aktiv und bewußt als Verhaltensweise zu zeigen, um damit eine sozial erwünschte und im Gespräch als nützlich anerkannte Reaktion auszulösen.

(3) *Die Ver-Zeitlichung von Chronizität:* Systemiker verstehen Chronizität nicht als eigengesetzlich voranmarschierenden, sondern als einen durch beschreibbare Aktionen (biologisch oder sozial) aktiv in Gang gehaltenen Prozeß. Ein Großteil systemischer Gesprächsführung dreht sich um die Frage, wie ein Problem aktiv chronifiziert werden könnte, wenn man dies wollte – um damit chronizitätsfördernde Mechanismen aufzudecken und alternative Praktiken anzuregen. Sie dreht sich ferner oft mehr um die Zukunft als um die Vergangenheit: Zukunftsbilder und deren Rückwirkungen auf die heutige Le-

benspraxis werden erfragt; alternative Zukunftsbilder werden auf ihre Rückwirkungen in das Heute durchdacht. Chronisch-psychiatrische Prozesse werden im Gespräch so behandelt, als könne man grundsätzlich so, wie man einmal in sie eingestiegen ist, auch wieder aus ihnen aussteigen. Wichtig ist nicht, ob diese Idee empirisch in Studien als „richtig" belegt ist, sondern welche lebenspraktischen Auswirkungen es hätte, wenn man ihr in der konkreten Situation folgen würde.

(4) *Das Akzeptieren der Ambivalenz:* Die Ambivalenz gleich starker Strebungen, das sich-nicht-entscheiden-können, das hin-und-her, die Widersprüchlichkeit werden als etwas nicht nur schädliches, das es „hinwegzurehabilitieren" gilt, angesehen – sondern als eine Empfindens- und Lebensweise, deren Nützlichkeit zunächst exploriert und wertgeschätzt werden muß und dann genutzt werden kann.

(5) *Die Nutzung unterschiedlicher professioneller Rollen zu unterschiedlichen Zeitpunkten:* Psychiatrische Tätigkeit erfüllt viele, zueinander oft widersprüchliche Funktionen. Der zentrale Widerspruch ist der, einerseits etwas für den Patienten, andererseits aber im Auftrag Dritter etwas gegen den erklärten Willen des Patienten zu tun. Psychiatrische Tätigkeit verfängt sich oft in diesen Widersprüchen und sendet an den Patienten Botschaften vom doppelbödigen Typ: „Dir werd ich helfen!" Der Weg aus solchen Doppelbödigkeiten hinaus führt in systemischer Sicht über die Klärung unterschiedlicher Rollenerwartungen an diesselben MitarbeiterInnen oder diesselbe Station und die nachfolgende „Entzerrung" dieser Rollen nach dem Motto: „Derselbe Mensch kann die zueinander widersprüchlichsten Dinge zeitlich hintereinander tun, aber nicht alle gleichzeitig, sonst wird er psychotisch wirken".

(6) *Systemische Auftragsklärung als Burn-Out-Prophylaxe:* Kundenorientierte Auftragsklärung erleichtert es Psychiatrie-Fachleuten im kognitiven Chaos widersprüchlicher Aufträge, diese zu filtern und in einem Prozeß der Auftragsaushandlung aus ihnen eine halbwegs konsistente Strategie zu entwikkeln.

(7) *Die Dosis-Feinsteuerung von Versorgungsangeboten:* Systemisches Denken und speziell die kundenorientierte Auftragsklärung hilft, unnötige Über-Interventionen zu vermeiden („sparsames Intervenieren"), aber auch bisher unformulierte und unerfüllte Dienstleistungswünsche auf den Tisch zu bringen.

Die Kooperation von Systemikern in ihren Teams und Institutionen

Systemisch ausgebildete Profis haben sich im Umgang mit Chefs und KollegInnen vor allem in psychiatrischen Kliniken nicht immer leicht getan, da sie zahlreiche Unterschiede zwischen systemischem und psychiatrischem Denken konstruierten (Hubschmidt1981). Was sie als Systemiker, im Kontakt mit Patienten, Angehörigen und der eigenen Einrichtung taten, beschrieben sie selbst- und institutionskritisch als Mitwirken an einer pathologischen „gemeinsamen Homöostase“ (Schweitzer1984 b) oder als Arbeit „im Bauch des Walfisches“ (Wedekind u. Georgi 1990). Systemisches Arbeiten in der Psychiatrie verbreitete eine subversive Aura um sich. Ermahnungen aus den eigenen Reihen, die psychiatrische Klinik ebenso positiv zu konnotieren wie das Tun der Klienten (Ludewig u. v.Villiez 1984) wirkten sehr bemüht und wurden von mir als Überanspassung kritisiert (Schweitzer1984 c). Nur systemisch orientierten Chefärzten gelang mit gewisser Konsistenz das positive Konnotieren ihrer Einrichtung (Rotthaus 1990). Der Konflikt zwischen Psychiatriekritik und positiver Konnotation psychiatrischer Arbeit wirkt bei den Systemikern derzeit noch fort (gut herauslesbar etwa in mehreren Beiträgen in Ellebracht und Vieten 1993).

Allerdings weisen neue Entwicklung auf einen nach inzwischen 15jähriger Co-Evolution freundlicheren Umgang der Systemiker mit den psychiatrischen Kliniken hin. Deutlich zeigt sich dies in den Kooperations-Ratschlägen, die Vollhardt und Keller (1993) systemisch orientierten Psychiatrie-MitarbeiterInnen geben:

(1) Respektiere und fördere die finanziellen Selbsterhaltungsinteressen Deiner Institution – sie finanziert auch Dein Gehalt. Akzeptiere zunächst auch die Sprache der Institution („Krankheitssprache“) als eine Form der Problembeschreibung, und biete erst danach mögliche andere Sichtweisen pragmatisch an.

(2) Schlage Dich, was die Kooperation mit Angehörigen verschiedenster Berufsgruppen und therapeutischer Schulen betrifft, im „Spiel der Institution“ nicht auf eine Seite. Scheue Dich nicht, auch mit sogenannten unpopulären Kollegen zusammenzuarbeiten. Zeige Dich allen Parteien gegenüber eher kooperativ. Stelle die systemische Sichtweise als eine mögliche neben andere. Zeige den Angehörigen aller Berufe Wertschätzung für ihren Beitrag zum Arbeitsergebnis. Halte Dir vor Augen, daß unterschiedliche Sichtweisen aus unterschiedlichen Funktionen innerhalb des Systems resultieren, und nicht deshalb an einem Kollegen haften, weil er oder sie „nicht durchblickt“.

(3) Untersuche, wenn Du frischgebackener Chef sein solltest, zunächst den Wert althergebrachter Arbeitsweisen, bevor Du neue einzuführen versuchst. Lade Mitarbeiter zum Ideenaustausch ein und rechne damit, daß sie dabei auf andere Gedanken kommen als Du selbst. Bei allem Neuen: es darf nicht mehr Arbeit schaffen als bisher. Mehrarbeit muß zu Entlastungen andernorts führen.

(4) Zusammenfassend: Entwickle Dich soweit zum Sprachkünstler, daß Du dich in allen in der Einrichtung gesprochenen Sprachen frei bewegen und dabei versuchen kannst, jeweils neue Interpunktionen gerade soweit einzuführen, daß sie nicht zu bedrohlich werden („Prinzip der optimalen Differenz“).

3. Die Psychiatriestudie: Konzept und Methoden

3.1 Design und Durchführung

Deskription und Hypothesengenerierung

Da die Psychiatriestudie nicht auf empirischen Vorergebnissen aufbauen konnte, erschien ein deskriptives und hypothesengenerierendes Vorgehen angemessen: Was (wenn überhaupt) verändert sich? Lassen sich Veränderungen phänomenologisch beschreiben? Werden ähnliche Veränderungen so gehäuft berichtet, daß sie zu Kategorien zusammengefaßt werden können? Dazu erschien ein ausführliches, halbstrukturiertes, im Sinne von Witzel (1985) „problemzentriertes" Interview als Erhebungsmethode der Wahl.

Die qualitative Prozeßbeschreibung kann aber an zwei Stellen durch ein quantitatives Vorgehen sinnvoll ergänzt werden. Die für qualitative Interviewstudien sehr große Stichprobe (N = 52) erlaubt eine erste, vorsichtige Abschätzung der Häufigkeit bestimmter Veränderungen. Zu einigen Themen des Interviews lag zudem aus einer früheren Untersuchung (Schweitzer et al. 1992) ein dazu entwickelter Fragebogen bereits vor. Im Sinne einer Validierung der Interviewergebnisse durch Methoden – Triangulierung (Flick 1986) wurde dieser daher zusätzlich eingesetzt.

Prozeßbeschreibung aus der Teilnehmerperspektive

Die Psychiatriestudie erfaßt Prozesse in der psychiatrischen Versorgung „nur" aus der Perspektive eines Mitgliedes dieser Systeme, des Weiterbildungsteilnehmers. Das impliziert zwei Grenzen möglicher Aussagen:

(1) Es ist möglich und sogar wahrscheinlich, daß Klienten, Angehörige, Kollegen oder Fachleute aus anderen Einrichtungen diese Prozesse anders beschreiben würden.

(2) Es wird nicht erfaßt, was der Weiterbildungsteilnehmer in diesen Systemen konkret tut, sondern seine Beschreibungen dessen, was er dort tut – und zusätzlich, wie er darüber denkt und wie er dies affektiv erlebt.

Diese professionellen Eigenbeschreibungen mit den Beschreibungen anderer Systemmitglieder und mit „harten Fakten" zu vergleichen, wird in der „Jugendhilfestudie" geleistet. Die Psychiatriestudie zielt hingegen nicht darauf, was in der komplexen Kooperation am Arbeitsplatz tatsächlich geschieht, sondern was der Fachmensch dem Interviewer schildert, was dort geschehe – also auf die subjektive Rekonstruktion (Flick 1987) sozialer Systemprozesse (Schiepek 1991).

Retrospektive Untersuchung

Für das hypothesengenerierende Erkenntnisinteresse ist ein retrospektiver Untersuchungsansatz mit Interviews nach der Weiterbildung hier angemessen.

Er erlaubt zusammenfassende Beschreibungen globaler Veränderungsprozesse aus der – noch „frischen" – Rückschau.

Dies erscheint sinnvoller als ein Prä-Post-Design, mit Interviews vor und nach der Weiterbildung. Ein solches hätte entweder vorausgesetzt, die wichtigen Veränderungsbereiche bereits zu kennen, um sie vorher und nachher „abzufragen". Oder es hätte eine sehr genaue Beschreibung praktisch aller kooperationsbezogenen Aspekte im Prä-Interview erfordert, um im Post-Interview all jene Bereiche zu erfassen, in denen sich etwas verändert haben könnte. Diesen – mühsamen – Weg haben wir in der Jugendhilfestudie gewählt, wo aber nur eine einzige Institution untersucht wird. In der Psychiatrie-Studie, bei vielen verschiedenen Institutionen, hätte dies gigantisch aufgeblähte Prä-Interviews erfordert, deren meiste Teile in der Auswertung später nicht genutzt worden wären.

Selbstverständlich reduziert ein retrospektives Interview die Fülle der abgelaufenen Prozesse. Selektionsfilter ist dabei das, was am Ende oder kurz nach Ende der Weiterbildung den Teilnehmern wesentlich erscheint. Aber dies ist ja auch, neben einem möglichen späteren „Katamnese"-Zeitpunkt, der sinnvollste Moment, um eine Weiterbildung zusammenfassend beurteilen zu können.

Vergleich von Klinik und sozialpsychiatrischem Dienst

Eine breite Verallgemeinerbarkeit der Ergebnisse wird zum einen durch die breitegestreute Teilnehmergruppe aus verschiedenen Institutionen und Regionen gewährleistet. Zudem stellen Klinik und sozialpsychiatrischer Dienst zwei sehr unterschiedliche psychiatrische Institutionen dar, die als Prototyp stationärer Versorgung (Klinik) bzw. als einer der beiden Prototypen ambulanter Versorgung (sozialpsychiatrische Dienste – der andere sind die niedergelassenen Nervenärzte) angesehen werden können.

Neben gemeinsamen Trends sollen durch die Unterscheidung zwischen Kliniken und sozialpsychiatrischen Diensten Erkenntnisse über unterschiedliche Kooperationsveränderungen im stationären und im ambulanten Bereich gewonnen werden.

Zeitliche und personelle Durchführung

Die Studie wurde in Zusammenarbeit zwischen mir und den drei Psychologiediplomanden Michael Platzek, Uwe Bader und Armin Möwes zwischen Anfang 1991 und Ende 1994 realisiert.

Auf der Basis meines Grundkonzepts für Interview- und Auswertungsleitfaden entwickelte ich gemeinsam mit M. Platzek deren konkrete Ausgestaltung. Dieser führte auch die Probeinterviews unter meiner Supervision durch. Gemeinsam schulten wir die beiden später hinzukommenden Diplomanden in der Interviewführung. Diese drei Diplomanden führten alle Interviews durch. Sie hatten in vorausgehenden Lehrveranstaltungen und Praktika eingehende

Grundkenntnisse systemischer Therapie und Beratung erworben. Eine Reihe Interviews wurden zu zweit durchgeführt, um Vergleichbarkeit der Interviewdurchführung zu gewährleisten.

Der Auswertungsleitfaden wurde in kontinuierlichen Teamdiskussionen, bei denen Vorerwartungen und empirisches Material miteinander verglichen wurden, gemeinsam entwickelt. Jeder Interviewer kategorisierte danach die von ihm durchgeführten Interviews. Die hier vorliegende Auswertung wurde von mir auf der Basis von Häufigkeitstabellen der Kategorien, die U. Bader zusammenstellte, und einer Sammlung von Interviewzitaten vorgenommen.

3.2 Das Interview

Von den Verfahren qualitativer Sozialforschung entschieden wir uns aus pragmatischen Gründen für das Interview – teilnehmende Beobachtung konnte vom Zeitaufwand her nicht in einer großen Zahl unterschiedlicher, weit entfernt liegender Institutionen durchgeführt werden. Der Interviewleitfaden sollte unsere inhaltlichen Vorabhypothesen thematisch abdecken und Vergleichbarkeit zwischen den vielen verschiedenen Interviews gewährleisten, aber dennoch dem Interviewten freie Antworten ohne vorgegebene Antwortalternativen ermöglichen. Unser praktisches Vorgehen orientierte sich vor allem an den Lehrbüchern von Mayring (1982 u. 1990); bei der späteren Inhaltsanalyse konnten viele Anregungen von Verres (1986) verwendet werden.

Interview-Leitfaden
Aus der Fachdiskussion (Kap. 2) wurde für die Interviews zunächst eine grobe Themenliste und aus dieser der folgende ausführliche Interviewleitfaden entwickelt.

Der Leitfaden ist so aufgebaut, daß zu jedem Bereich zunächst allgemein nach Veränderungen gefragt wird, und dann die einzelnen interessierenden Themenbereiche durchgegangen werden. Dadurch kann es oft vorkommen, daß bestimmte Themen schon ausführlich besprochen sind, bevor sie im Leitfaden „drankommen".

Vorbereitung, Durchführung, Dokumentation
Der Interviewleitfaden wurde zunächst in je einem Probeinterview mit je einem Tn aus psychiatrischer Klinik und sozialpsychiatrischem Dienst auf Verständlichkeit, Angemessenheit, Reihenfolge und Formulierung der Fragen getestet, und danach unverändert beibehalten.

Zur Interviewerschulung gehörten neben der theoretischen Diskussion der Interviewinhalte und der Durchführung von Probeinterviews auch später regelmäßige Diskussionen über aktuelle Probleme der Interviewführung anhand von Tonbandausschnitten.

(1) Ausgangssituation Person: Alter, Grundausbildung, therapeut. Weiterbildungen, Vorerfahrungen mit systemischer Therapie Einrichtungstyp: Träger, Größe, Personalschlüssel Vorherrschende Behandlungsphilosophie in der Einrichtung Stellenwert systemischer Beratung/Therapie in der Einrichtung Klienten: Diagnosen, Chronizität, Charakteristische Überweisungskontexte in die und aus der Einrichtung Typische Zeitstruktur der Behandlung (2) Strukturelle Veränderungen der Arbeitsweise Behandlungstechniken, Behandlungssettings Überweisung, Aufnahme, Entlassung Berichte Zeitstruktur der Behandlung von Klienten Arbeitszeitverteilung der Profis (3) Veränderungen im Umgang mit einzelnen Patienten mit ihrer Symptomatik mit Chronizität und Rückfällen mit Kontrollaufgaben und Medikamenten (4) Veränderungen im Umgang mit dem Umfeld der Patienten mit Angehörigen mit Freunden, Nachbarn, Arbeitskollegen mit dem professionellen Helfersystem des Patienten (5) Veränderungen im Umgang mit professionellen Kollegen mit dem eigenen engeren Team mit der eigenen Gesamtinstitution mit benachbarten Einrichtungen (6) Veränderungen im Umgang mit sich selbst (7) Bewertung der Weiterbildung

Abb. 29: Interviewleitfaden der Psychiatriestudie

Die anvisierten Teilnehmer wurden persönlich während des letzten Kursblockes oder aber später nach brieflicher Voranvisierung telephonisch mit der Bitte um Teilnahme an der Untersuchung angesprochen. Die Interviews wurden frühestens zwei Monate, spätestens 1 J. nach Abschluß der Weiterbildung gemacht, meist am Arbeitsplatz der TeilnehmerInnen, was für die Interviewer einen großen Zeit- und Fahraufwand mit sich brachte. Die Interviews dauerten 1-2 Stunden. Die Motivation der TeilnehmerInnen war hoch, die Interviews wurden von den meisten als Chance zur Reflexion willkommen geheißen.

Alle Interviews wurden auf Tonband aufgenommen; parallel wurden kurze Notizen gemacht, um angesichts des oft spontanen Antwortverhaltens der Tn später fehlende Themen noch ansprechen zu können.

Die relative Offenheit der Interviews brachte später bei der quantitativen Inhaltsanalyse einige Probleme mit sich. Da isomorphe Veränderungen in verschiedenen Kooperationskontexten berichtet und im Wiederholungsfall nicht mehr gleichermaßen ausführlich befragt wurden, und da eine Reihe spezieller

Themen nicht für alle Teilnehmer relevant waren, liegen zwar zu den „groben" Fragen („Hat sich in diesem Bereich etwas für sie geändert?), nicht aber immer zu den feineren Fragen („Was hat sich geändert? Wie hat es sich geändert?) zu allen Fragebereichen von allen Teilnehmern Angaben vor. Dies ist vor allem im hinteren Interviewteil, also bei der Kooperation im Team, in der Organisation und mit anderen Einrichtungen der Fall.

Ziel und Grundtechniken der Inhaltsanalyse

Um die Interviews systematisch, regel- und theoriegeleitet in nachvollziehbarer Weise auszuwerten, bietet sich eine qualitative Inhaltsanalyse (Mayring 1982) mit drei Grundtechniken zum Einsatz an: primär der Strukturierung mithilfe eines Kategoriensystems, unterstützend zunächst der Zusammenfassung von Texten auf ihren „Bedeutungskern" und später bei Bedarf der Explikation von für sich allein unzureichend interpretierbaren Textstellen dadurch, daß Textstellen zum Verständnis hinzugezogen werden, die zu anderen Zeitpunkten des Interviews formuliert werden.

Entwicklung des inhaltsanalytischen Kategoriensystems

Um die Fülle der Einzeläußerungen zu sinnvollen Kategorien zusammenzufassen, wurde ein Kategoriensystem entwickelt, das folgenden Forderungen genügt (Holsti 1969): Es ist an unseren theoretischen Vorüberlegungen orientiert; es erlaubt die Erfassung aller (themenbezogenen) Interviewinhalte; die Kategorien sind wechselseitig exklusiv und voneinander unabhängig; sie folgen einem einheitlichen Klassifikationsprinzip; sie sind eindeutig definiert.

Das inhaltsanalytische Kategoriensystem wurde in drei aufeinander aufbauenden Schritten entwickelt:

(1) Nach Abschluß des Interviewleitfadens, aber noch vor den Interviews wurden da, wo wir klare Vorabhypothesen hatten, zu einzelnen Leitfadenfragen erwartete Antwortkategorien theoretisch formuliert und dann operational definiert.

(2) Nach Auswertung der ersten fünf Interviews durch jeden der drei Interviewer erfolgte eine erste Überarbeitung. Dazu wurden zwei Interviews (je eins aus Klinik und SpDi) von allen drei Diplomanden kodiert und die Kodierungen auf Abweichungen verglichen. Unterschiede wurden in der Projektgruppe diskutiert, präzisere Operationalisierungen formuliert.

(3) Nach Auswertung aller 52 Interviews wurden alle zunächst unter „Sonstige" eingeordneten Textstellen dort, wo „Sonstige" eine große Häufigkeit aufwies, darauf untersucht, ob hier eine weitere Kategorie sinnvoll zu bilden war. Zugleich wurden, wo angemessen, mehrere Einzelkategorien zu theoretisch sinnvollen Metakategorien zusammengefaßt.

Das Kategoriensystem wurde in einem Codebuch festgehalten, das sich im Aufbau an dem von Verres (1986) orientierte. Dort wurde jede Kategorien aufgeführt, definiert und anhand eines Ankerbeispieles illustriert. In einigen Fällen wurden zusätzlich Codierregeln angegeben. Das Codebuch hat einen Umfang von 105 Seiten und beschreibt insgesamt 1032 Kategorien. Es unterscheidet zwischen harten Kategorien (Fakten) und weichen Kategorien (Einschätzungen). Als Beispiel für eine weiche Kategorie sei hier ein Teil der Kodieranweisung (nur die ersten fünf von elf Codes) für die Antwort auf die allgemeine Einstiegsfrage „Was hat sich nach der Ausbildung für Sie verändert“ dargestellt.

Frage: Was hat sich nach der Ausbildung für Sie verändert? 102* Mit Ausbildung geändert? ja: 1 nein: 2 103* Was: 11-stellig				
Dimension	**Code**	**Definition**	**Ankerbeispiele**	**Kodierregeln**
Zufriedener:	1	Tn hat nach der Weiterbildung mehr Spaß an der Arbeit, fühlt sich sicherer im Umgang mit Klientel, ist gelassener, zufriedener	Meine Zufriedenheit ist irgendwie etwas gewachsen. Seit ich die Weiterbildung gemacht habe, hab ich vielmehr Spaß so an der Arbeit.	Mehrfachcodierung möglich
Eingrenzen von Verantwortung gegenüber den Klienten	2	Tn kann besser eigene Verantwortung gegenüber den Ertungen der Klienten klären, sich besser abgrenzen	...daß ich die Probleme weniger lösen muß für meine Klienten.	
Eingrenzen von Verantwortung gegenüber der Arbeitsstelle	3	Tn kann besser eigene Verantwortung gegenüber Anforderungen der Arbeitsstelle klären, sich besser abgrenzen	Die Arbeitshaltung: früher mußte ich auf alles reagieren, hab mir viel mehr jeden Schuh angezogen. Das hat sich durch die Weiterbildung verändert, was mir auf die Schultern gelegt wurde.	
Eingrenzen von Verantwortung im Privaten	4	Tn kann besser eigene Verantwortung im privaten Bereich klären	Suche auch, naja, in der Beziehungskiste: wo ist mein Anteil und wo der meines Partners.	
Weniger Diagnose-, mehr Ressourcenorientierung	5	Tn stützt sich weniger auf ein defizitorientiertes Diagnose-Modell, sondern mehr auf die Ressourcen der KlientInnen	Ich sah vorher, was nicht geht, defizitär, jetzt sehe ich: wo sorgt derjenige mit seiner Erkrankung für sich, für sein System, dafür daß was Positives auch passiert.	

Abb. 30: Ausschnitt aus dem Codebuch (aus Platzek 1995)

Kodierungsprozeß

Eine vollständige Transkription aller Interviews war angesichts der großen Textmenge (ca. 80 Stunden Tonbandmitschnitte) nicht realisierbar und auch nicht erforderlich: die „harten“ Kategorien sind sehr eindeutig, die „weichen“ Kategorien so fein differenziert und anhand sehr kurzer Textstellen einschätzbar, daß direkt vom Tonband kodiert werden konnte. Es bedurfte daher fast nie wie in den Studien von Mayring oder Verres der Explikation durch entfernte Textteile, um den Sinn des Gemeinten beurteilen zu können. Verschriftlicht wurden aber alle Textteile, die zunächst nur unter „Sonstige" kodiert werden konnten, und alle Äußerungen, die eine Kategorie nach Einschätzung des Kodierers besonders prägnant, anschaulich oder in ungewöhnlicher Weise illustrierten. So entstand eine große Textstellensammlung, die bei der Ergebnisdarstellung zur Illustrierung und Differenzierung der kategorienorientierten Darstellung genutzt werden konnte.

Alle Interviewinhalte, direkt vom Tonband kodierte wie transkribierte Textstellen, wurden in eine Datenbank (Open Access 4) übertragen. Diese erlaubte auch die Veränderung von Kategorien bei den einzelnen Revisionen und die Berechnung von Häufigkeiten.

Reliabilitätsprüfung
Zur Bestimmung der Interrater-Reliabilität wurden vier Interviews (je zwei aus SpDi und Klinik, mindestens eines von jedem Interviewer) von allen drei Ratern vollständig kodiert. Über alle 1.032 Einzelkategorien wurde die Übereinstimmung zwischen den Ergebnissen der Drei ermittelt. Das Ergebnis ist ein einfacher Koeffizient, der den Prozentsatz der gemeinsamen Entscheidungen darstellt (nach Holsti 1969). Der berechnete Reliabilitätskoeffizient beträgt 0.92 und liegt damit sehr hoch. Dies dürfte an der starken Detaillierung des Codebuches sowie der intensiven Coderschulung liegen.

Qualitative Gütekriterien
Die bislang bereits beschriebenen methodischen Schritte sichern die Güte unserer Auswertung entsprechend den Kriterien der qualitativen Sozialforschung (Flick 1987, Kirk und Miller 1986): unser Vorgehen wird nachvollziehbar beschrieben, die Analyse folgt festgelegten Schritten, die Untersuchung ist gegenstandsnah an der Alltagswelt unserer Interviewpartner orientiert. Eine kommunikative Validierung unserer Ergebnisse, d.h. ihre Diskussion mit den Beforschten selbst, geschah in den Interviews. Die Interviewer fragten immer wieder nach, ob sie das Gehörte richtig verstanden hatten, indem sie ihr Verständnis paraphrasierten („Meinen Sie damit, daß ...?"). Methodentriangulation als Sicherung von Ergebnissen durch unterschiedliche Datenquellen erfolgte in den Interviewauswertungen durch den Vergleich der spontanen Anfangsäußerungen mit den Antworten auf später gestellte präzisere Nachfragen. Eine zweite Triangulation erfolgte durch Vergleich mit zusätzlichen Fragebogendaten (Kap.3.5).

Quantitative Inhaltsanalyse
Für eine erste Einschätzung der Verbreitung oder Singularität bestimmter Ausgangssituationen und Veränderungsprozesse bestimmten wir die absoluten Häufigkeiten der Kategorien. Damit konnte z.B. festgestellt werden, ob Klien-

tenkontakte häufiger oder seltener wurden, oder ob ein „anderes Symptomverständnis" und die „Eingrenzung von Verantwortung" häufiger als etwa „andere Teambeziehungen" als wichtigste globale Veränderung genannt wurden.

Allerdings spiegeln diese Zahlen aus zwei Gründen nur grobe Trends, aber nicht exakte Verteilungen wider!

- Da nicht alle Fragen auf die Praxis aller TeilnehmerInnen zutreffen (Bsp.: SpDi-Tn, die mit der Verwaltung ihres Trägers keinen Kontakt haben (müssen), können nichts zur Veränderung solcher Kontakte sagen), liegen nur zu einigen Fragen die Antworten aller Tn vor.
- Bei vielen Fragen sind Mehrfachnennungen desselben Tn möglich. (Bsp.: ein Tn hat zuvor mehrere andere Weiterbildungen absolviert oder mehrere Veränderungen zu einem Themenbereich vorgenommen.)

Dies gilt es beim Lesen der folgenden Häufigkeitstabellen zu beachten.

Zum einen haben wir wegen der Möglichkeit von Mehrfachnennungen und fehlenden Angaben auf die Bestimmung relativer Häufigkeiten in Prozenten verzichtet, weil für diese die Bezugsgröße oft nicht klar gewesen wäre. Ebenso wurde auf die inferenzstatistische Berechnung der Signifikanz von Häufigkeitsunterschieden zwischen Klinik und SpDi wegen der oft kleinen (N < 20) Häufigkeiten in den einzelnen Antwortkategorien verzichtet. Ferner ist bei den Tabellen stets angegeben, ob die Häufigkeiten (N) sich auf Teilnehmer oder auf Nennungen (von denen mehrere von demselben Tn stammen können) beziehen.

3.3 Der Fragebogen

Zusätzlich setzten wir einen Fragebogen ein, den wir bereits in einem früheren Forschungsprojekt (Schweitzer et al. 1992) entwickelt hatten.

Konstruktion
Dieser umfaßt drei Bereiche, die auch Themen im Interview sind:

(1) *Arbeitszeitverteilung und Arbeitszufriedenheit:* Hier war die Verteilung der zur Kooperation verfügbaren Wochenarbeitszeit auf verschiedene Kooperationskontexte in Wochenstunden zu bestimmen, sowie die Zufriedenheit mit diesen verschiedenen Teilen des „Arbeitszeitkuchens" auf einer siebenstufigen Ratingskala einzuschätzen.

Unsere Hypothesen waren, daß nach der Weiterbildung etwas mehr Zeit mit Familien und etwas weniger mit Einzelklienten verbracht wird, und daß die Zufriedenheit in mehreren Kooperationskontexten steigt: am stärksten mit Familien und schwächer, aber auch mit Klienten, im Team und mit anderen Einrichtungen.

(2) *Psychiatrische Krankheitstheorien und professionell-psychiatrische Rollenverständnis der Teilnehmer:* Hierzu waren verschiedene Krankheitstheorien und verschiedene Rollenverständnisse der eigenen Tätigkeit darauf einzuschätzen, inwieweit sie der Sichtweise der Tn entsprachen. Als mögliche Krankheitsverständnisse wurde primär biologische, sozioökonomische, sozialisationstheoretische und sozial-systemische angeboten. Als mögliche Rollenverständnisse waren Fürsprache, Nachreifung, sozialarbeiterische Unterstützung, soziale Kontrolle, Verstörung von Interaktionsmustern, und Ermöglichung bislang versäumter Lernprozesse einzuschätzen.

Unsere Hypothesen waren, daß nach der Weiterbildung sozial-systemische Krankheitstheorien stärker, biologische, sozio-ökonomische und sozialisationstheoretische hingegen weniger stark favorisiert werden. Und wir erwarteten, daß die Verstörung von Interaktionsmustern stärker, die anderen Rollenverständnisse hingegen weniger als zuvor betont werden.

(3) *Optimismus und Pessimismus über die Erfolgsaussichten der Klienten und der eigenen Arbeit:* Dieser war bezüglich der Veränderungsmöglichkeiten in fünf Bereichen einzuschätzen – Symptomatik, sozial-ökonomische Situation und Beziehungssituation der Klienten, Kooperation des Fachmenschen innerhalb der eigenen Einrichtung und mit externen Einrichtungen.

Unsere Hypothese war, daß die Weiterbildung in all diesen Bereichen, außer der sozioökonomischen Situation der Klienten, stärkeren Optimismus stimuliert.

Erhebung

Die Teilnehmer füllten den Fragebogen nach der Weiterbildung zu einem Zeitpunkt zweimal mit zwei verschiedenen Instruktionen aus: einmal bezogen auf die Situation vor dem ersten Weiterbildungstag, einmal bezogen auf die Situation nach der Weiterbildung. Diese retrospektive Erhebung von Prä- und Post-Daten wirft Fragen der Erinnerungsverzerrung auf. Diese können aber angesichts des kritischen Korrektivs durch die beiden anderen Studien mit ihrem „echten" Prä-Post-Design akzeptiert werden.

Der Fragebogen wurde vor dem Interview zugeschickt, war beim Interviewtermin meist noch nicht ausgefüllt, wurde am Ende des Interviews noch einmal kurz erläutert und wurde dem Interviewer entweder nach dem Interview mitgegeben oder wenig Wochen später zugeschickt.

Auswertung

Für die Gesamtstichprobe und getrennt nach Klinik und SpDi wurden für alle Items Gruppenmittelwerte und Standardabweichungen für die zwei Zeitpunkte vor und nach der Weiterbildung verglichen. Das Auswertungsdesign ist in Abb. 31 dargestellt.

Unterschiede zwischen Prä-Post-Werten und zwischen Klinik und SpDi wurden inferenzstatistisch mit multivariaten Varianzanalysen und ggf. anschließenden univariaten Tests überprüft. Aufgrund der viel stärkeren Standardisierung ist dies hier anders als in den Interviews angemessen.

	Alle Psychiatrie-Tn	Nur Klinik-Tn	Nur SpDi-Tn
Vor der Weiterbildung			
Nach der Weiterbildung			

Abb. 31: Design der Psychiatriestudie

3.4 Die Stichprobe

MitarbeiterInnen aus sozialpsychiatrischen Diensten und psychiatrischen Kliniken, die zwischen März 1990 und 1993 einen einjährigen Grundkurs der IGST besucht hatten, wurden um Teilnahme am Interview gebeten. Da die Zahl der SpDi-Tn deutlich niedriger lag, wurde zusätzlich ein Kurs eines IGST-Lehrtherapeuten (Gunter Schmidt) für die Caritas-Verbände Baden und Württemberg speziell für MitarbeiterInnen sozialpsychiatrischer Dienste einbezogen.

Unsere Stichprobe umfaßt 21 Kliniks- und 31 SpDi-Mitarbeiter. Die 52 Teilnehmer stellen, bezogen auf die Zahl der 71 angefragten Kursteilnehmer, eine Teilnehmerquote von 73%, bezogen auf die Grundgesamtheit von 86 Kursteilnehmern eine Teilnehmerquote von 60% dar.

	Klinik	SpDi	gesamt
Kursteilnehmer[1]	46	40	86
Davon Interview angestrebt mit[2]	31	40	71
Davon auswertbares Interview durchgeführt mit[3]	21	31	52

Abb. 32: Auswahl der TeilnehmerInnen.

Genau zwei Drittel der Interviewten (N = 33) sind Frauen, ein Drittel (N = 19) Männer. Überraschenderweise überwiegen die Frauen in den Kliniken (mit 15

[1] Als Kursteilnehmer aus psychiatrischer Klinik oder SpDi wurde nur gezählt, wer über das ganze Ausbildungsjahr in diesem Institutionstyp arbeitete. Sieben Kliniker und vier SpDi-Mitarbeiter wechselten das Arbeitsfeld, ließen sich beurlauben oder wurden arbeitslos.

[2] Wir hatten ursprünglich je 20 Teilnehmer angestrebt und dafür ca. 30 anzusprechen vereinbart, die per Zufall ausgewählt wurden. Die hohe Ansprechquote und Teilnehmerquote bei den SpDi liegt an dem über diese Planungen hinausgehenden Engagement der zwei Diplomanden, die schwerpunktmäßig die SpDi-Tn interviewten.

[3] Nur ein angefragter Kursteilnehmer lehnte das Interview ab. Ein Interview konnte wegen Tonbanddefekt nicht ausgewertet werden. Bei alle anderen „erfolglosen" Anfragen konnten entweder die aktuellen Adressen nicht ermittelt werden (die uns vorliegenden Adressdateien waren im Schnitt um zwei Jahre veraltet – ein beträchtlicher Teil der Teilnehmer hatte die Wohnsitze und Arbeitsplätze gewechselt) oder es konnte angesichts des hohen Fahrt- und Koordinationsaufwandes bis zum Ende der Erhebungsphase kein realisierbarer Interviewtermin gefunden werden.

zu 6) weit mehr als in den SpDi (mit 18 zu 13). Sie sind im „mittleren Alter“ zwischen 28 und 53 Jahre, durchschnittlich gut 37 Jahre alt, wobei die KlinikmitarbeiterInnen durchschnittlich fünf Jahre älter sind.

Vom Grundberuf her überwiegen Sozialarbeit und Sozialpädagogik, im folgenden mit den wenigen Diplom-Pädagogen unter „Pädagogen“ zusammengefaßt, vor den etwa gleich stark vertretenen Grundberufen Medizin und Psychologie. Allerdings arbeiten die Pädagogen ganz dominant in den SpDi, Psychologen ganz dominant und die Ärzte ausschließlich in den Kliniken.

	Klinik	SpDi	gesamt
Ärzte	9	0	9
Psychologen	7	1	8
Pädagogen[4]	4	28	32
Krankenmschwestern	0	1	1
Arbeitstherapeuten	1	0	1

Abb. 33: Berufsgruppen

Die Kliniker kommen fast alle aus psychiatrischen Landeskrankenhäusern; nur drei aus Allgemein- und Universitätskrankenhäusern . Alle SpDi-MitarbeiterInnen arbeiten in sozialpsychiatrischen Diensten in Baden-Württemberg und Bayern, die nach dem „süddeutschen Modell“ von Wohlfahrtsverbänden getragen werden, ohne hoheitliche Befugnis und ohne ärztliche Leitung arbeiten.

Die SpDi in unserer Stichprobe stehen überwiegend in kirchlicher Trägerschaft, also der Caritas oder Diakonie, die psychiatrischen Landeskrankenhäuser hingegen in Trägerschaft der Bundesländer. In SpDi sind zudem Mischträgerschaften sehr häufig, in Kliniken gibt es diese so gut wie nicht.

4. Interviewergebnisse: Kontextbedingungen psychiatrischer Alltagskooperation

4.1 Institutionelle Hierarchien

Fast alle SpDi- wie KliniksmitarbeiterInnen berichten, daß ihre Institution formell hierarchisch strukturiert ist. Allerdings meinen 75% der SpDi-Tn, auf der informellen Ebene existiere in ihrer Institution keine Hierarchie. Umgekehrt in den Kliniken: hier nimmt eine ebenso deutliche Mehrheit auch in der Praxis eine ausgeprägte Hierarchie wahr.

[4] „Pädagogen“ wird als Kurzfassung für Diplompädagogen, Magister-Pädagogen, Diplomsoziologen, Diplomsozialpädagogen (FH) und Diplomsozialarbeiter (FH) verwandt. Die zwei letzteren Gruppen stellen die große Mehrheit dar.

Entsprechend unterschiedlich werden Probleme mit diesen Hierarchien wahrgenommen. Von starken Inkonsistenzen zwischen formeller und informeller Hierarchie in Klinik wie SpDi berichten jeweils ein Drittel der Tn. Die anderen zwei Drittel erleben formelle und informelle Hierarchie als kongruent. In beiden Gruppen berichtet etwa die Hälfte von persönlichen Problemen im Umgang mit der hierarchischen Situation in ihrer Institution. Die Klinik-Tn empfinden vor allem die Rigidität und Kopflastigkeit der Hierarchie und ihre eigene Position darin als Problem – um so stärker, je weiter unten in dieser sie stehen.

> „Die Besetzung der Stationen, die Konzeption, die Organisation der Zusammenarbeit – all dies wird vom Chef über unsere Köpfe hinweg entschieden.“ (Facharzt, Klinik)

> „Die strikte Hierarchie verhindert die Zusammenarbeit untereinander“. (Sozialarbeiterin, Klinik)

Oft wird dies in den Kliniken an der Berufsgruppen-Zugehörigkeit festgemacht, z.B. wenn Entscheidungsbefugnis und Erfahrungsgrad nicht übereinstimmen:

> „Ein Sozialarbeiter kann mehr machen, als nur das, was er offiziell machen soll. Ich bin schon lange auf der Station. Wenn ein neuer AiP (Arzt im Praktikum, J.S.) auf die Station kommt, weiß er nichts, hat aber das Zepter in der Hand. Das finde ich nicht gut.“ (Sozialpädagoge, Klinik).

Solche Klagen, daß der eigene Ort in der Hierarchie die Entfaltungsmöglichkeiten einschränkt, sind in den SpDi selten. Dort stehen Unklarheiten und Inkongruenzen der Hierarchie im Vordergrund, für die dann spaßhaft manchmal neue Titelbeschreibungen erfunden werden:

> „Offiziell herrscht eine Hierarchie, inoffiziell soll nach der Teamphilosophie keine sein. Andererseits gibt es von oben, vom Träger aus, eine Leitung, die auch mehr Geld bekommt. Inoffiziell inoffiziell gibt es also wiederum eine Hierarchie.“ (Sozialarbeiter, SpDi).

> „Unser Chef ist halt Chefkollege, das gibt halt dauernd Verwurstelungen.“ (Sozialarbeiter, SpDi).

4.2 Das „Timing“ von Klientenkontakten

Endliche und unendliche Behandlung: Klinikmitarbeiter sind mit ihren Klienten überwiegend für den Zeitraum eines Jahres konfrontiert. Kürzere Zeiträume bis zu drei Monaten und darüber hinausgehende bis zu einem Jahr halten sich etwa die Waage. Bei den SpDi hingegen gibt es ganz unterschiedlich lange Betreuungsphasen zwischen einem einmaligen Kontakt über wenige Wochen bis zu fünf Jahren. Erst jenseits der fünf und besonders jenseits der zehn Jahre werden Betreuungen deutlich seltener. Dies aber wahrscheinlich auch nur deshalb, weil sozialpsychiatrische Dienste in Baden-Württemberg und Bayern zum Interviewzeitpunkt oft selbst erst zehn Jahre alt oder noch jünger waren.

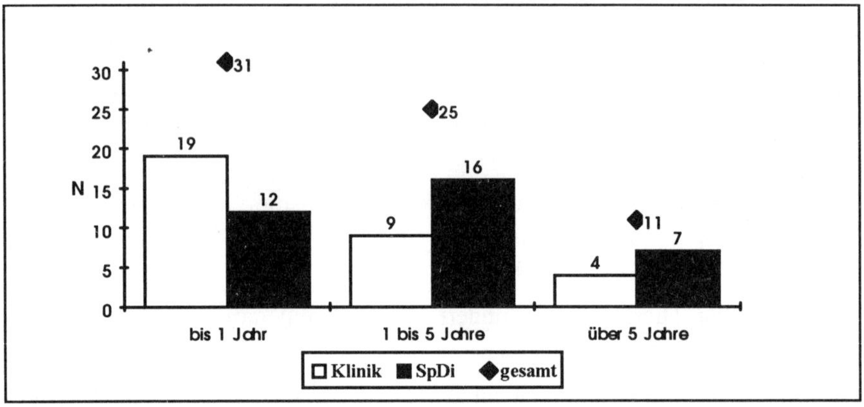

(N = Teilnehmer)

Abb. 34: Typische Betreuungsdauer von Klienten

Kontaktfrequenz: In den Kliniken dominiert ein täglicher oder wöchentlicher Kontakt mit den Klienten, in den Sozialpsychiatrischen Diensten eine Art „Monatsbetreuung".

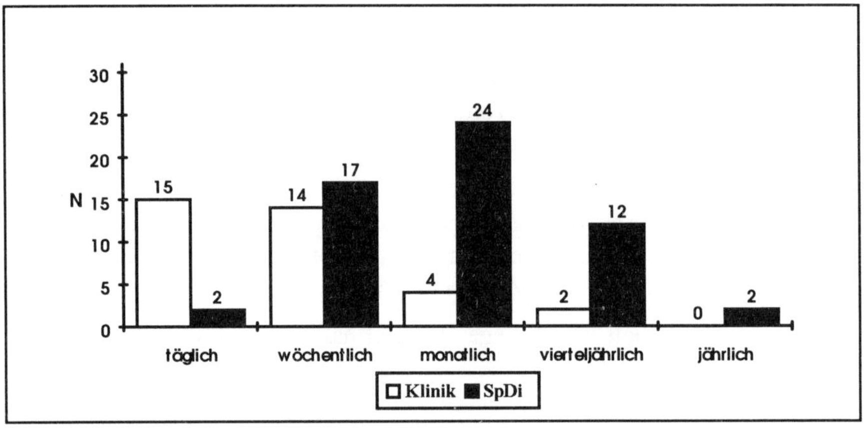

(N = Teilnehmer)

Abb. 35: Typische Kontaktfrequenz mit Klienten

Klientenkontakte in Kliniken verlaufen also mit höherer Frequenz, aber innerhalb kürzerer Zeiträume, sozusagen „kurz und heftig". In den SpDi hingegen verlaufen sie mit geringer Frequenz, aber innerhalb längerer Zeiträume, sozusagen „ewig und geruhsam". Dies deutet auf einen seit mehreren Jahren beobachtbaren Trendwandel hin: Die fortlaufende Versorgung chronischer Patienten wird zur Hauptaufgabe ambulanter sowie komplementärer Dienste

(Heime, betreutes Wohnen, Werkstätten), die psychiatrische Klinik zum Ort intermittierender Akutversorgung.

4.3 Die Qualität der Kooperation innerhalb der Institution

Wie wird die Qualität der Kooperation der Tn mit ihren institutionellen Umwelten beurteilt?

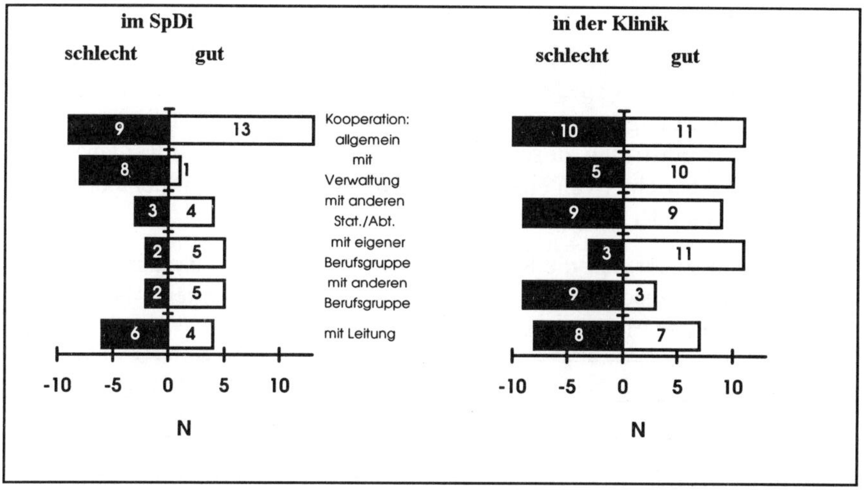

(N = Teilnehmer)

Abb. 36: Bewertung der Kooperation innerhalb der Einrichtung

In Klinik wie SpDi wird am häufigsten die Kooperation mit der eigenen Berufsgruppe als gut beurteilt, und die Kooperation mit der fachlichen Leitung (von einer knappen Mehrheit) als eher schlecht eingeschätzt. Sehr unterschiedlich wird hingegen die Kooperation mit der Verwaltung beurteilt: in der Klinik von zwei Drittel als gut, aber in den SpDi von acht von neun Tn als schlecht. Unterschiede werden auch in der Kooperation mit anderen Berufsgruppen deutlich: fünf von sieben SpDi-Tn beurteilen diese positiv, neun von 12 Klinik-Tn negativ.

4.4 Therapeutische Ausrichtungen in der Institution

Die meisten Weiterbildungsteilnehmer berichten, daß in ihrer Einrichtung unterschiedliche psychotherapeutische Richtungen nebeneinander koexistieren. Überraschend wird Familientherapie/ Systemische Therapie in den SpDi am häufigsten als Einzelelement dieser Mixtur genannt, in den Kliniken hingegen viel seltener (Abb. 37).

	Klinik	SpDi	gesamt
systemisch	7	24	31
analytisch	16	6	22
Verhaltenstherapie	11	7	18
humanistisch	9	9	18

(N = Nennungen)

Abb. 37: Therapeutische Ausrichtungen der MitarbeiterInnen.

Systemisch-familientherapeutisches Denken scheint in den SpDi bereits eine relativ große Rolle zu spielen; fast alle Tn berichten von einer mehrheitlich positiven Einstellung zum systemischen Denken dort. In den Kliniken hingegen scheint es umstritten zu sein und ambivalent betrachtet zu werden: Je ein Drittel der Tn berichtet von einer mehrheitlich positiven, neutralen oder negativen Einstellung der KollegInnen.

Entsprechend sehen sich die Klinik-Tn auch ganz klar als „systemische Minderheit“, während sich immerhin die Hälfte der SpDi-Tn einer „systemischen Mehrheit“ in ihrer Einrichtung zurechnet.

	Klinik	SpDi	gesamt
die Minderheit	18	11	29
die Hälfte	2	2	4
die Mehrheit	1	11	12

(N = Teilnehmer)

Abb. 38: Wieviele KollegInnen arbeiten systemisch?

5.5 Ein typischer Weg in die Weiterbildung

Von der Gesprächspsychotherapie (oder Psychoanalyse) zur Systemischen Therapie: Knapp die Hälfte der Tn haben vor der systemischen Weiterbildung bereits eine andere psychotherapeutische Weiterbildung durchlaufen. Am häufigsten fand diese in einem humanistischen Verfahren, bevorzugt der klientenzentrierten Gesprächspsychotherapie statt. Bei den KlinikerInnen sind zudem vorausgehende tiefenpsychologische Weiterbildungen häufig. Verhaltenstherapie-Vorbildung geht (fast) nie der systemischen Weiterbildung voraus.

Weiterbildungsmotive entstehen im Berufsalltag: Es ist vor allem die berufliche Tätigkeit selbst, die den Anreiz zur systemischen Weiterbildung vermittelt – am stärksten der Einfluß von KollegInnen, erstaunlich oft das Angebot oder der Wunsch des Arbeitgebers. Daneben ist auch die Unzufriedenheit mit anderen Therapien ein Weiterbildungsmotiv.

Ein SpDi-spezifisches Phänomen ist die vom Arbeitgeber angeregte und gewünschte Weiterbildung. Aus den Kliniken wird dies kaum berichtet. Das

Studium an Fachhochschule oder Universität spielt ebenso wie Supervisionserfahrungen in beiden eine sehr geringe Rolle für die Weiterbildungsentscheidung. Extrem selten wird auch ein Selbsterkenntnisinteresse bezüglich der eigenen Familie erwähnt.

„Hineinqualifizieren oder hinausqualifizieren": Die Nutzung für das bestehende Arbeitsverhältnis wird als Weiterbildungsziel dreimal so oft genannt wie der Wunsch, sich auf andere künftige Arbeitsstellen hin zu qualifizieren. Dazu paßt, daß etwa ein Drittel einen Stellenwechsel plant, zwei Drittel hingegen ein Bleiben. Die Weiterbildung dient also eher dem „Hineinqualifizieren" in das derzeitige Arbeitsverhältnis als dem „Hinausqualifizieren" in andere, evtl. attraktivere.

5. Interviewergebnisse: Veränderte Kooperationsideen und -praktiken im Weiterbildungsverlauf

5.1 Allgemeine Veränderungen

Die Einstiegsfrage nach allgemeinen Veränderungen der Arbeitsweise im Lauf der Weiterbildung beantworten bis auf zwei Klinik-Tn alle mit Ja.

	Klinik	**SpDi**	**gesamt**
Übernahme von systemischen Sichtweisen und Praktiken	17	26	43
Eingrenzung von Verantwortung	9	18	27
größere Zufriedenheit	7	13	20
andere Teambeziehung	6	2	8
anderes Rollenverständnis	2	6	8

(N = Nennungen)

Abb. 39: Allgemeine Veränderungen im Verlauf der Weiterbildung

Spezifisch systemische Sichtweisen und Praktiken werden am häufigsten genannt. Dazu gehören eine kontextuelle Sichtweise menschlicher Probleme, Kontextabklärung, mehr familienbezogenes Arbeiten, spezielle Techniken wie Genogramme, Zukunftsfragen, Fragen nach dem Krankheitskonzept und Verschlimmerungsfragen, schließlich weniger Diagnose- und mehr Ressourcenorientierung. Dieses Ergebnis ist wenig verwunderlich – es besagt lediglich, daß die TeilnehmerInnen etwas von dem übernehmen, was ihnen angeboten wird. Interessanter sind vier andere Antworttypen, die keineswegs so direkt die Inhalte der Weiterbildung abbilden.

Verantwortungs-Eingrenzung: 27 Tn berichten von der Eingrenzung eigener (belastender) Ansprüche an sich selbst. Sie laden sich nicht mehr so häufig mehr Verantwortung auf, als ihnen subjektiv bekömmlich erscheint.

„Ich kann Leute mehr lassen. Ich ziehe mir weniger Verantwortung zu (bezüglich Klienten und der Assistenzärzte), bin weniger in Gefahr, mit denen zu eskalieren. Ich sag schon noch was, aber es ist nicht mehr so was Unbedingtes". (Fachärztin, Klinik).

20 TN berichten von *mehr Zufriedenheit, Sicherheit, Gelassenheit, Spaß* bei der Arbeit:

„Ich achte mehr auf mich, um die Dinge gut zu bewältigen". (Krankenschwester, SpDi).

„Ich ärgere mich weniger über Sachen, wo ich am Anfang total verunsichert war und gedacht hab, in Verzweiflung oder auch Ärger: was war das für ein blöder Mensch, wie kann der nur? Da bin ich jetzt viel gelassener, eher so interessiert: so macht der das also!, und schau, wie ich damit umgehen kann. Ich tu es weniger auf mich selber beziehen". (Sozialpädagogin, SpDi).

8 TN berichten von veränderten Teambeziehungen.

„Plötzlich erlebt man, es ist legal, eine andere Meinung zu haben, sie zu äußern". (Arbeitstherapeutin, Klinik).

Vor allem Sozialarbeiter und -pädagogen berichten von einem *Wandel ihrer Rolle* innerhalb des Teams. Dieser Rollenwandel verläuft zum einen von der „Versorgung" zur „Beratung", zum anderen von einem „caritativen Versorgungsdenken" zu einer „Begleitung", die verschiedene Möglichkeiten eröffnet, – u.a. die Möglichkeit, Versorgung nicht mehr nötig zu finden.

„Zum Beispiel, wenn ich irgendwo hinfahre, zu jemand, wo ich schon drei Jahre bin, dann sag ich zu dem Klienten: Auf der Fahrt zu Ihnen ist mir aufgefallen, daß ich schon drei Jahre komme. Und da habe ich mir folgende Frage gestellt: können Sie sich denken, warum ich komme? Wer will das überhaupt, daß ich noch komme? Ich weiß gar nicht mehr, was war das überhaupt, was sie damals wollten? Ich habe quasi Kontextklärung drei Jahre nach Beginn der Betreuung gemacht". (Pädagoge, SpDi).

Die Klinik-Tn betonen stärker als die SpDi-Tn Kooperationsveränderungen gegenüber KollegInnen und MitarbeiterInnen, etwas stärker auch das vermehrt familienbezogene Arbeiten, vor allem aber den Übergang vom Defizit- zum Ressourcenmodell.

„Wie ich Krankheiten und Symptome verstehe, hat sich geändert. Mit dem Tiefenpsychologischen gerate ich zunehmend in Schwierigkeiten. Schlimme Kindheit, Narzismus... das möchte ich anders sehen, was das auch für eine Lösungsmöglichkeit ist. Ich versuche Symptome im Beziehungssystem auch als Entscheidung des Patienten zu verstehen, also nicht so schwer und defizitbezogen, sondern eher als Lösungsversuch – und zu gucken, ob er nicht einen anderen Lösungsversuch mal ausprobieren will". (Psychologin).

Die SpDi-Tn hingegen betonen etwas stärker die Eingrenzung ihrer Verantwortungsgefühle gegenüber ihren Klienten und die Rolle der Auftrags- und Kontextklärung dabei.

> „Mit was für einem Auftrag arbeite ich hier, also, wer will was von wem...- das frage ich mich viel öfter“ (Sozialarbeiter).

> „Wenn Überweiser versuchen, uns Menschen „zuzuschieben“, um sie loszuwerden, weil sie mit denen einfach nicht arbeiten können, – da gelingt es uns öfter, in Kooperation mit denen Hilfestellungen zu erarbeiten, die für den betreffenden Klienten nützlich sind, was vorher sehr schwierig war. Weil, da ging es nur darum, wer ist zuständig, und dann war ich zuständig und mußte etwas machen, auch wenn nichts geht. Und auch Dinge zurückgeben und sagen, klärt das erst mal bei Euch, bevor Ihr zu mir kommt“ (Sozialarbeiter).

5.2 Setting-Veränderungen

Die offene Frage nach Veränderungen typischer, standardisierter Arbeitsweisen und Settings im eigenen Verantwortungsbereich beantworten 38 Tn mit Ja, elf mit Nein. Dabei handelt es sich etwa gleichermaßen um die Einführung neuer Settings und um die "systemische Nutung" von bereits eingeführten. Bei den neuen Settings werden überwiegend Paar-, Angehörigen- und Familiengespräche genannt; wer diese früher schon machte, macht sie nach der Weiterbildung häufiger. Dies geht teilweise zu Lasten von Einzelgesprächen. Daneben werden als neue Settings „Familienvisiten“ sowie „indirekte Arbeit“genannt.

> „Oft waren es sehr schwierige Leute, mit denen man keinen Kontakt bekam. Wenn der Nachbar sagt: „Kümmer dich mal um den“, – da ist es jetzt oft gelungen, die anderen im Umfeld dieses schwierigen Menschen so zu beraten, daß die wiederum in der Lage waren, mit dem Betroffenen zurechtzukommen“. (Sozialarbeiter, SpDi).

Andererseits werden bereits eingeführte Settings anders gestaltet. In der Aufnahmesituation der Klinik werden Familien häufiger „mit interviewt“. Einzel- oder Gruppengespräche werden vermehrt mit systemischen Interviewformen ausgestaltet. Mehr Abwechslung und Unterbrechungen in eingefahrenen Praktiken wird vor allem aus den SpDi berichtet:

> „Bei meinen WGs habe ich jetzt eingeführt, daß wir eine Phase machen, wo wir uns als Gruppe sehen und dann eine Phase machen, wo wir uns Einzeln sehen, im Sinne von einer Auflockerung. Ich strebe an, daß das nicht alles so ewig unbegrenzte Geschichten sind, sondern daß ganz bewußt so eine Zeitstruktur hineingebracht wird.“ (Sozialpädagogin, SpDi).

Einige Tn in Kliniken wie SpDi sind auf die Idee gekommen, weniger zu tun, aber dies fachlich qualifizierter und intensiver durch bessere Arbeitsbedingungen – z.B. durch die Ko-Therapie mit KollegInnen, durch die Einführung von Nachdenkpausen in therapeutischen Gesprächen, durch Life-Supervision oder Video-Supervision.

5.3 Aufnahme und Entlassung

Veränderungen im Aufnahme- und im Entlassungsprozeß werden von der großen Mehrheit der SpDi-TN, aber nur von der Hälfte der Klinik-Tn berichtet.

Bei der *Aufnahme* neuer Betreuungen zeichnen sich in den Kliniken keine, in den SpDi aber deutliche Veränderungen ab: mehr Kontextklärung und in deren Folge eine strengere Selektion ihrer Klienten.

> „Ich denke, daß ich vielmehr als früher von den Leuten was verlange. Ich muß einfach ein Minimum an Motivation merken. Ohne Motivation geht bei mir nichts mehr". (Sozialpädagogin, SpDi).

Bei der *Entlassung* lassen sich die SpDi-Tn von „weniger Versorgungsdenken" leiten: sie fühlen sich freier von dem Zwang, für alle erdenklichen künftigen Notfälle schon Vorsorge treffen zu müssen. Die Klinik-Tn entlassen ihre Patienten vermehrt dann, wenn diese es möchten und dorthin, wohin sie möchten. Die Entscheidung über den Entlassungszeitpunkt wird weniger als früher von der Zustandsdiagnostik der Fachleute allein abhängig gemacht.

> „Der Gründlichkeitsanspruch ist weniger geworden, nicht mehr so nach dem Motto „der muß total geheilt sein", sondern : „wenn der zuhause wieder agieren kann, kann der auch gehen". (Fachärztin, Klinik).

> „Es ist ein anderer Blickwinkel als vorher. Früher sollte der Patient oft aus der Familie heraus in eine Übergangseinrichtung, Heute sagen wir: o.k. wenn er das will und die Familie, dann soll er in die Familie zurückgehen; mit der Idee bei uns: vielleicht kann man in der Familie was ändern. Ich sehe jetzt auch die stützende Funktion der Familie". (Sozialpädagoge, Klinik).

Entlassungsberichte sind ein Thema für alle Klinik-Tn, aber nur für die Hälfte der SpDi-Tn, weil in Kliniken mehr und regelmäßiger solche Berichte geschrieben werden. Inhalt und Sprachstil der Entlassungsberichte ändern sich. Die Klinik-Tn schreiben weniger über die Symptomatik, dafür mehr über die familiären und sonstigen Beziehungen des Patienten und über die Fähigkeiten, die diese noch haben.

> „Was ich mehr mache? Situationen plastisch schildern – das ist oft eindrucksvoller, als wenn ich schreibe: „ist wahnhaft, hört Stimmen", losgelöst von der Situation". (Ärztin, Klinik).

Alle erzählen, daß sie die Berichte anderer Fachleute anders lesen. Sie sind weniger an Symptombeschreibungen interessiert, lesen Berichte „quer" auf

Indikatoren für Fähigkeiten der Patienten, achten mehr auf Familieninformationen, halten Berichte oft für weniger aussagekräftig als früher und lesen sie vermehrt wie eine Information über die Beziehung des Patienten zu dem Fachmenschen, der den Bericht geschrieben hat.

> „Wenn es zu Eskalationen kommt in den Berichten, also wenn die sich verkracht haben mit dem Hausarzt oder so was, les ich die schon anders. Es macht mir mehr Spaß, zu spekulieren, wie hat der Patient das denn gemacht, daß der Hausarzt so was schreibt?" (Fachärztin, Klinik).

Es finden sich hingegen keine Hinweise darauf, daß von den TeilnehmerInnen Berichte aktiv genutzt werden zur Gestaltung der Kooperation mit Klienten, etwa durch deren Beteiligung bei der Abfassung dieser Berichte.

5.4 Zeitstruktur der Betreuung

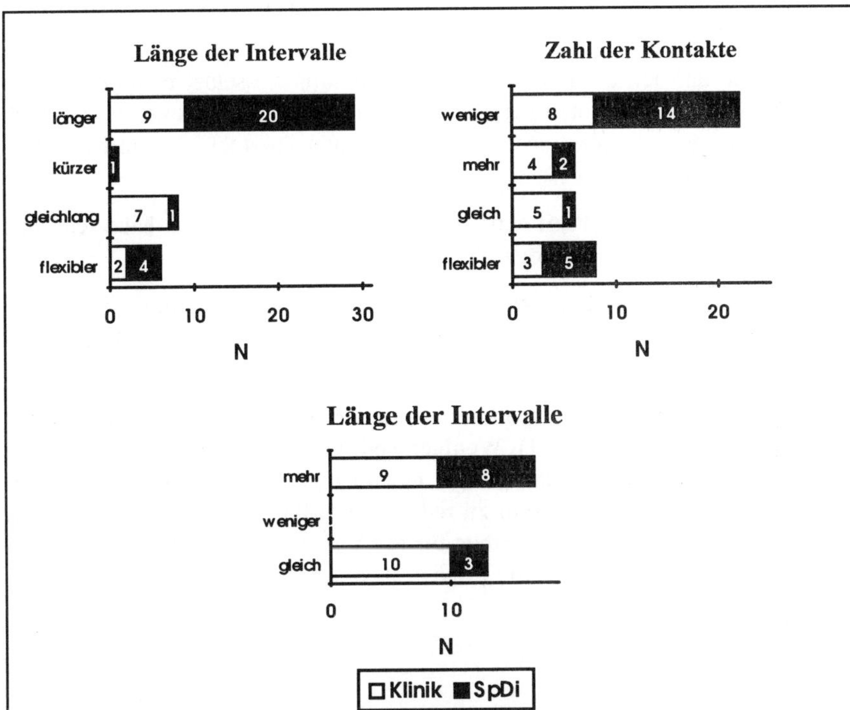

(N = Teilnehmer)

Abb. 40: Veränderungen der Zeitstruktur der Betreuung

Die vielleicht deutlichsten Veränderungen bei der ganz großen Mehrheit der Tn zeigen sich bei der zeitlichen Gestaltung der Klientenkontakte:

(1) Die Intervalle zwischen den Kontakten mit Klienten werden länger.

(2) Die Zahl der Kontakte verringert sich, besonders bei den SpDi.

(3) Es werden mehr Behandlungen/Betreuungen zu einem Abschluß gebracht, besonders bei den SpDi.

Die Tn scheinen den Zeitaspekt ihrer beruflichen Praxis in die Richtung einer von mir andernorts (Schweitzer u. Schumacher 1995) so genannten „endlichen Psychiatrie“ fortzuentwickeln. Wodurch wird dieser *„Zeitspareffekt“* in Gang gesetzt? Zum einen trägt die schon beschriebene Eingrenzung von All-Round-Verantwortung und jederzeitiger Verfügbarkeit dazu bei. Die Tn versuchen vermehrt den Nutzen der bisherigen Kontakte im Gespräch mit ihren Klienten zu bilanzieren. Wo die Bilanz negativ ausfällt, machen sie weniger. Fällt sie positiv aus, machen manche aber auch mehr.

Die Erfragung (und Respektierung) der Klientenwünsche führt zu einer Flexibilisierung des Angebots, die unter dem Strich diesen „Zeitspareffekt“ erzeugt, im Einzelfall aber auch mehr Kontakte bedeuten kann:

> „Ich nehme mir mehr Zeit für Gespräche mit den wenigen, mit denen man reden kann“. (Fachärztin, Klinik).
>
> „Dadurch daß ich die Patienten mehr frag, was sie selbst meinen, laß ich wohl eher einen Patienten gehen, bei dem ich eigentlich denke, der ist noch nicht so weit... aber schon im Rahmen meiner Verantwortung“. (Psychologin, Klinik).
>
> „Der Zeitrahmen wird mit den Klienten abgesteckt, dadurch habe ich auch mehr Abschlüsse“. (Pädagoge, SpDi).
>
> „Weil ich mehr abkläre: „Was will wer?“ wird die Betreuung z.T. kürzer. Bei Leuten, die ich schon sehr lange betreue, habe ich weniger Einzelkontakte“. (Sozialarbeiterin, SpDi).

Dieser „Zeitspareffekt“ korrespondiert mit einer allgemeinen Veränderung der Arbeitszeitverteilung (Abb. 41). Weniger Zeit wird vor allem für die Einzelarbeit mit Klienten aufgebracht. Es gelingt auch, den Zeitbedarf für Verwaltungsvorgänge und Organisation zu reduzieren. Mehr Zeit wird einerseits für die Arbeit mit Familien, andererseits für die Vor- und Nachbereitung von Gesprächen und andere Formen von Praxisreflexion verwendet.

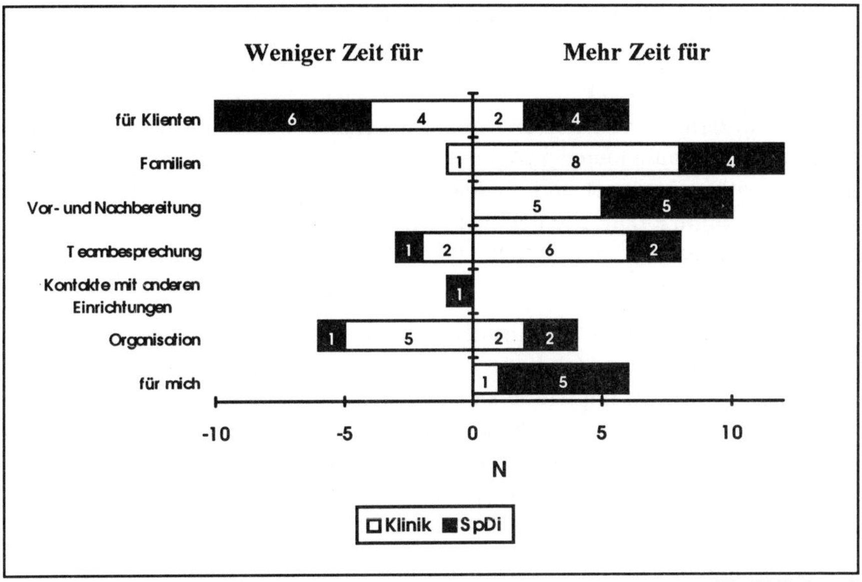

(N = Teilnehmer)

Abb. 41: Veränderungen der Arbeitszeitverteilung

5.5 Der Umgang mit psychiatrischer Symptomatik

Auf die offene Frage hierzu zeigen sich zwei Antworttrends.

	Klinik	SpDi	gesamt
geändertes Symptomverständnis	17	21	38
weniger Verantwortungsdruck	12	16	28

(N = Nennungen)

Abb. 42: Veränderungen im Umgang mit der Symptomatik der Klienten

In diesem *geänderten Symptomverständnis* interessiert zum einen der Kontext der Symptomentstehung und -aufrechterhaltung mehr als deren psychopathologische Klassifikation. Funktionell wird auf einen möglichen Nutzen der Symptome in zwischenmenschlichen Beziehungen geachtet, und ressourcenorientiert wird mehr auf gesunde Anteile und problemfreie Lebensbereiche der Klienten geachtet.

„Ich achte mehr auf den Sinn dessen, daß der dieses und jenes Symptom ausgerechnet jetzt zeigt. Wenn ich meine, eine Erklärung zu haben, spreche ich das an und das hilft". (Psychologin, Klinik).

„Mit den Depressiven ist es sicherlich wesentlich leichter geworden, wenn man sich nicht in dieses Fahrwasser mit reinziehen läßt und irgendwann auch so subdepressiv aus der Wäsche schaut, sondern einfach auf die Verhaltens- und die Beziehungsebene schaut".(Assistenzärztin, Klinik).

„Ich spreche mehr über die Bedeutung: für was kann das gut sein? Teilweise kann man dann spaßiger umgehen mit Symptomen, nicht so todernst". (Pädagoge, SpDi).

Ein *verminderter Verantwortungsdruck* gegenüber den Problemen der Klienten hängt mit dem anderen Symptomverständnis eng zusammen: indem Symptome positiver bewertet und zugleich nach ungenutzten Ressourcen gesucht wird, wird implizit den Klienten mehr Eigenverantwortlichkeit zugetraut. Dies mindert den Druck, so ungleich viel mehr Verantwortung auf die eigenen Schultern laden zu müssen.

„Eine Langzeitstation ist für den Patienten schon fast ein Angebot der Nicht-Veränderung... Ich kann hier jeden überzeugend warnen vor Veränderung und sagen: Ich würde an Ihrer Stelle nicht so schnell von hier weggehen. Das bewirkt natürlich oft, daß etwas geschieht, wenn ich den Leuten das sage. Es gibt aber bestimmte Grenzen, wo aggressives Verhalten andere verletzt oder selbstverletzend ist, da kann ich nach wie vor die Verantwortung kaum bei demjenigen lassen". (Ärztin, Klinik).

„Insgesamt bin ich gelassener geworden. Bei Depression etwa ist ja die Suiziddrohung schnell im Raum. Ich spiele dann frühzeitig im Gespräch mit diesem Klienten die Möglichkeit einer Klinikeinweisung durch, was oft ein Verschwinden der Symptomatik bewirkt". (Sozialpädagogin, SpDi).

„Früher habe ich Klienten gesagt: jetzt machen Sie das, dann arbeiten Sie da, dann arbeiten Sie auf dem freien Arbeitsmarkt, da bekommen Sie noch zwei Jahre Unterstützung und dann sind Sie wieder gesund. Heute übertrage ich ihnen mehr Selbstverantwortung. Mit Verwahrlosten tue ich mich allerdings mit der Selbstverantwortung nach wie vor schwer." (Pädagoge, SpDi)

Anderes Symptomverständnis und verringerter Verantwortungsdruck scheinen professionelle Verhaltensweisen und Affekte zu fördern, die nicht unbedingt zur Tradition des psychiatrischen Alltags gehören.

„Ich kann das lockerer und spielerischer angehen. Es ist insgesamt eine größere Leichtigkeit entstanden". (Assistenzärztin, Klinik).

„Ich bin gelassener und habe eine optimistischere Haltung. Die Leute lachen manchmal, wenn ich was sage. Das ganze macht mir mehr Spaß. Ich spreche die Dinge humorvoller an". (Sozialpädagogin, SpDi).

Ähnlich wie akute Symptome werden auch chronifizierte Verläufe und Rückfälle funktions- und ressourcenorientierter betrachtet (19Tn), was den subjektiven Erfolgsdruck reduziert (23 Tn).

„Rückfall mit Klinikeinweisung war früher mehr so eine Horrorvision. Wenn jemand in die Klinik mußte, war das gleichbedeutend mit „jetzt war die Arbeit nichts, jetzt haben wir schlecht gearbeitet. Wenn jemand gut gearbeitet hat, dann hat man eine Klinikeinweisung verhindert." Das hab ich für mich aufgehoben. Es kann in meiner jetztigen Sicht auch ganz sinnvoll sein, für ein paar Tage oder Wochen in die Klinik zu gehen". (Sozialpädagogin, SpDi).

„Ich sehe Rückfälle nicht mehr so schrecklich. Es ist ja auch schrecklich, ein ganzes Leben zu arbeiten. Ich denke, es kommt darauf an, daß jemand in seiner spezifischen Situation für sich selbst eine Art Lebensqualität sehen kann, und daß man von Normen wie Arbeitsfähigkeit, aktive Freizeitgestaltung u.ä. innerlich etwas Abstand nehmen kann". (Ärztin, Klinik).

Aufgaben direkter und indirekter sozialer Kontrolle bleiben den Psychiatrie-Profis mit und ohne Weiterbildung erhalten. Nur bei ganz wenigen reduziert sich der Umfang und erhöht sich die Akzeptanz solcher Kontrollaufgaben. Das deutlichste Ergebnis (elfmal genannt): Art und Umfang der Kontrollaufgaben werden klarer definiert, sich selbst und anderen gegenüber.

Psychopharmaka-Medikation wird von gleich vielen TeilnehmerInnen hinterher „kritischer" oder „neutraler"als zuvor gesehen. Unter den Klinik-Tn nehmen die „Kritiker" zu, unter den SpDi-TN hingegen die „Neutralen".

5.6 Kooperation mit Familie und außerfamiliärem Umfeld

Vor der Weiterbildung kooperieren die Tn innerhalb des Umfeldes ihrer Klienten am häufigsten mit der Familie, dann mit den mitbehandelnden Fachleuten, am seltensten mit Freunden, Nachbarn, Arbeitskollegen. Dabei nimmt die Kooperation mit den anderen Fachleuten sowie mit Freunden, Verwandten und Arbeitskollegen in den SpDi mehr Raum ein als in den Kliniken.

Nach der Weiterbildung wird den Familien der Klienten/Patienten von fast allen TeilnehmerInnen mehr Bedeutung beigemessen, und sie werden in die Arbeit mehr einbezogen. Dies geschieht größtenteils in direktem Kontakt mit der Familie. Vermehrter Familienbezug kann sich aber auch im Inhalt von Einzelgesprächen zeigen. Dabei verändert der Wandel des Krankheitskonzeptes und der Rolle von Klient und Familie darin auch den Umgang mit der im psychiatrischen Bereich so wichtigen Frage von „Schuld" und „Verantwortung".

„Früher war die Familie mehr krankmachend, heute ist es die Kommunikation in der Familie und diese Kommunikation kann die Familie ändern, wenn die Familie das will". (Sozialpädagoge, Klinik).

„Früher war die Schuldfrage im Vordergrund, heute so nicht mehr". (Sozialpädagogin, SpDi).

„Am Anfang war die Familie der Kooperationspartner, den man aufklären mußte, wie sie mit ihrem Kranken umgehen soll. Jetzt versuche ich, den Indexpatienten mehr als gleichwertigen Partner in der Familie anzuschauen und anzusprechen". (Pädagoge, SpDi).

In Familiengesprächen wird die Zukunft wichtiger, die Vergangenheit weniger wichtig. Und die Idee, erfolgreiche Therapie müsse Eltern und Kinder voneinander „abnabeln“, wird seltener.

„...Ich fand die Familie schon immer wichtig, aber früher mehr auf das frühkindliche familiäre Leben bezogen und jetzt finde ich auch das Aktuelle wichtiger. Ich denke auch nicht nur, die sollen weg von der Familie und ein eigenes Leben führen, was ich früher immer gedacht habe“. (Psychologin, Klinik).

Das sonstige Umfeld der Klienten (Freunde, Nachbarn, Arbeitskollegen) gewinnt nur in geringerem Maß an Bedeutung.

In der Wahrnehmung des gesamten „Helfersystems“ und im Umgang mit diesem zeigen sich bei der großen Mehrheit (39 Tn) Veränderungen. Von 21 Tn wird gehäuft wahrgenommen, daß die Klienten sich dem Personal gegenüber hilflos zeigen, um betreut zu werden („Hilflosigkeitsverhalten“). Ebenfalls häufig wird beobachtet, daß Klienten dazu provozieren, ihnen eine Rolle als Dauerpatient zuzuschreiben (9 Tn), gelegentlich daß sie sich dauernd beschweren (3 Tn) und das Team spalten (3 Tn).

„Die Patienten wissen ganz genau, wie sie möglichst schnell in die Klinik kommen. Z.B. Entlassung steht an: Puls bei 140 und, „ich weiß ja nicht, ob ich mich dann nicht umbringe“. (Facharzt, Klinik).

„Ja, alle schimpfen, das PLK ist Scheiße, aber gehen will keiner. Es ist die zweite Heimat“. (Fachärztin, Klinik).

Ergebnis ist eine kritischere, auch skeptischere Sicht des ganzen Hilfeprozesses und der Beiträge des Klienten, der anderen Helfer und der eigenen Person zu dieser „Helfer-Hilflosigkeits-Dynamik“.

„Unsere Klienten sind Meister im Ausspielen der einzelnen Helfer.“ (Sozialpädagogin, SpDi).

„Ich habe früher auch mehr mit versorgt. Ich glaube, mir fällt es jetzt schneller auf, wenn ich so das Gefühl hab, da wird einer gehätschelt oder dem wird soviel abgenommen. Was ich gar nicht gut find ist, wenn die zu sehr gebunden werden, erst stationär, dann ambulant und immer weitere Behandlungen“. (Psychologin, Klinik).

„Wir kriegen zunehmend Probleme mit der Art der Kundenbindung, was hier die Uniklinik macht. Die versuchen die Leute von der geschlossenen über die offene Station an die Ambulanz anzubinden, dann eigene Nachsorgeeinrichtung, also Tagesklinik, Außenwohngruppe. Manchmal gehen dann doch irgendwelche Leute durch die Maschen und landen dann bei uns. Das gestaltet sich total schwierig, weil die dann mit der Uniklinik fast Schwierigkeiten kriegen, wenn wir mit den Leuten in Richtung Unabhängigkeit arbeiten, ihr Leben in die eigene Hand zu nehmen." (Sozialpädagogein, SpDi).

5.7 Kooperation im eigenen engeren Team

Dieses engere Team ist in den Kliniken im Regelfall die einzelne Station, meist multiprofessionell mit ÄrztInnen und Pflegepersonal, oft mit PsychologIn, SozialarbeiterIn und ErgotherapeutIn besetzt.

Bei der Einstellung zur Zusammenarbeit mit KollegInnen berichten 38 Tn von Veränderungen, neun von keinen. Es zeigen sich vier Veränderungsmuster, die allerdings von einigen Tn auch in umgekehrter Richtung vollzogen werden.

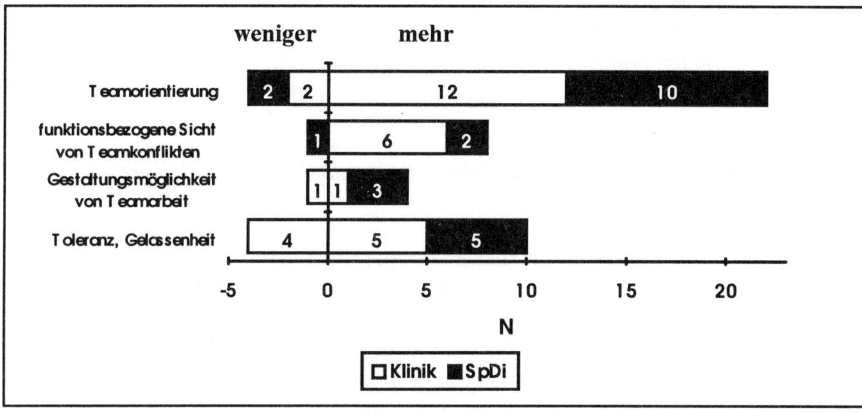

(N = Nennungen)

Abb. 43: Einstellungsänderungen zur Zusammenarbeit im Team

Die Häufigste: die Meinung der KollegInnen mehr zu konsultieren, mit denen zu beraten, evtl. mit denen etwas gemeinsam tun („teamorientierter"). Ferner wird eine tolerantere und gelassenere Einstellung gegenüber den KollegInnen beschrieben („toleranter"). Diese wird erleichtert dadurch, daß Konflikte im Team weniger persönlich genommen werden und eher als eine Folge institutioneller Rollenverteilungen und Beziehungsspiele gesehen werden („funktionsbezogenere Konfliktsicht"), was aus diesen Konflikten etwas „den Dampf herausnimmt":

> „Ich kann mich bei einigen Sachen mehr zurücknehmen und kann mehr nach dem Sinn gucken, wieso passiert das jetzt hier? Dadurch krieg ich einen größeren Abstand, ohne daß ich mich emotional so reinhänge. Ich denke, die Zusammenarbeit ist besser geworden, aber immer noch schwierig". (Psychologin, Klinik).

> „In Bezug auf die Assistenten laß ich die mehr probieren. Ich laß die ihre eigenen Ideen umsetzen oder über Medikamente selbst entscheiden, also, wenn es nicht grundfalsch ist. Ich sag, „ja machen Sie mal, ich meine zwar

das und das, aber wir können mal gucken". Damit brauchen wir jetzt auch weniger Teamsitzungen". (Fachärztin, Klinik).

„Ich habe den Eindruck, ich sei großzügiger und neugieriger geworden. Vieles ist mir willkommen, was mich früher auch gestört hat, auch Konflikte. Gleichzeitig vertrete ich stärker meine eigene Meinung". (Arbeitstherapeutin, Klinik).

Einige wenige TeilnehmerInnen sehen auch mehr Möglichkeiten als zuvor, Teamarbeit umzusetzen („Gestaltung von Teamarbeit").

Auf der Handlungsebene fallen die Veränderungen etwas weniger deutlich aus: 25 Tn berichten von Veränderungen, 12 von keinen. Im Vordergrund steht hier mehr Einbezug des Teams in die eigene Arbeit, in Verbindung mit einer veränderten Struktur (Rollenverteilung, Abgrenzung nach außen, Teamerweiterung) und einem intensivierten Informationsfluß im Team. Eine eindeutigere Aufgabenabgrenzung hat bei vier KliniksmitarbeiterInnen stattgefunden, zwei KollegInnen haben ihr Team gewechselt.

5.8 Kooperation in der größeren Organisation und mit anderen Einrichtungen

Die Angaben zur Veränderung dieser Kooperation bringen wenig zusätzliche interessante Informationen. Von ihrer größeren Organisation (bei den SPD meist der Wohlfahrtsverband, bei den Kliniken die anderen Stationen) berichten die meisten Tn, mit ihr nur wenig konfrontiert zu sein. Berichtete Veränderungen hier ähneln denen in anderen Kontexten sehr: Konflikte werden weniger „personalisiert", sondern „funktioneller" betrachtet, und die Tn gehen distanzierter, gelassener, weniger emotional damit um. Einzeläußerungen zeigen einen Trend, etwas mutiger und risikofreudiger zu agieren.

In der Kooperation mit anderen Einrichtungen berichtet nur eine sehr knappe Mehrheit der Tn von Veränderungen, relativ etwas mehr in den SpDi als in den Kliniken. Diese lassen sich mit dem Slogan „nicht (zwangsläufig) mehr, aber besser" beschreiben.

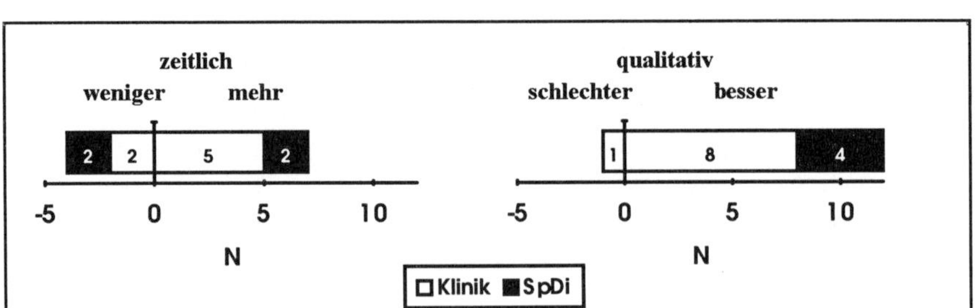

(N = Teilnehmer)

Abb. 44: Kooperation mit anderen Einrichtungen: zeitliche und qualitative Veränderungen

Mehr Zeit für die Kooperation mit anderen Einrichtungen als zuvor nehmen sich eher einige der Klinik-Tn. Bei den SpDi gehörte dies vorher schon zur Tradition. Hier berichten die Tn eher vom Vermeiden bisheriger „Reibungsverluste“ und von effizienterer Nutzung anderer Dienste.

„Ich versuche, nicht in irgendwelche Kämpfchen da einzusteigen, in Rivalitätsgeschichten, sondern eher das ganze System zu nutzen. Ich habe eingeführt, daß ich den Leuten sage, die in der Wohngemeinschaft wohnen, am Wochenende oder abends sind die Ambulanzen der Klinik für euch zuständig. Da wurde früher anders gehandelt nach dem Motto: „Um Gottes Willen, die Leute bloß von der Klinik fernhalten, die dürfen nicht wieder in die Klinik“. Jetzt nutze ich das bestehende Notfallsystem. Es macht mir auch weniger Schwierigkeiten, wenn sich dadurch ein Klinikaufenthalt ergeben sollte. Da wo mir der Umgang mit anderen Einrichtungen wenig lohnend erscheint, bemühe ich mich nicht mehr so, das doch noch hinzukriegen, sondern sage: o.K., ist nicht“. (Sozialpädagogin, SpDi).

5.9 Der Umgang mit sich selbst

Hier zeigen sich sehr ausgeprägte Veränderungen, mit Folgen auch für das eigene Selbstbild.

	Klinik	SpDi	gesamt
eigene Verantwortung relativiert	16	22	38
ressourcenorientiertere Sicht auf Andere	4	11	15
ressourcenorientiertere Sicht auf sich selbst	6	3	9
erweitertes Rollenverständnis („mehr Therapie“)	2	10	12
Verhalten als Funktion in Beziehungen deuten	3	7	10
toleranter, weniger dogmatisch	5	4	9
eindeutiger, zielgerichteter	2	5	7
kompetenter	2	5	7
selbstbewußter	3	4	7
sonstiges	4	0	4

(N = Nennungen)

Abb. 45: Änderungen des Umgangs mit sich selbst und des eigenen Selbstbildes

Am häufigsten wird die eigene Verantwortung mehr relativiert und eingegrenzt. Ressourcenorientiertes Denken wird nicht nur auf die Klienten (dies besonders in den SpDi), sondern auch auf sich selbst angewandt (dies besonders in den Kliniken). In den sozialpsychiatrischen Diensten erweitert sich zudem das Rollenverständnis signifikant in Richtung „Therapeut oder Berater sein“. Die übrigen Antworten lesen sich wie ein Bouquet positiver Veränderungen von Eigenschafts(selbst)zuschreibungen: „toleranter und weniger dogmatisch", zugleich „eindeutiger und zielgerichteter", schließlich „kompetenter" und „selbstbewußter".

Einzelne Äußerungen von Ärzten und Sozialarbeitern deuten darauf hin, daß die Ärzte eher sich „entspannen", „mehr locker lassen", anderen mehr Verantwortung lassen, während Sozialarbeiter oft selbstbewußter auftreten.

> „Dieser Kompetenzwahn ist mir z.T. verlorengegangen. Ich kann leichter sagen, also da weiß ich auch nicht weiter, haben Sie eine Idee dazu?" (Assistenzärztin, Klinik).

> „Einmal ist es entlastender: Ich bin nicht mehr so verantwortlich, was bei Therapien herauskommt. Ich denke auch, man braucht uns gar nicht so, wie es immer den Schein hat. Wir schaffen auch Bedarf..." (Fachärztin, Klinik).

> „Fühle mich sehr viel kompetenter, als gleichwertig mit anderen Berufsgruppen, vor allem Ärzten und Psychiatern, bin selbstsicherer geworden". (Sozialarbeiter, SpDi).

> „Ich traue mir mehr zu, trete nicht mehr so defensiv auf. Ich sehe klarer, daß ich einfach aus meinem sozialpädagogischen Kontext eine andere Sichtweise mitbringe, und daß es auch gut ist, diese beizubehalten". (Sozialpädagogin, SpDi).

Freilich kann das neue Selbstbewußtsein der Sozialarbeiter auch mit einer impliziten Selbstabwertung ihres Grundberufes einhergehen:

> „Früher war ich Sozialarbeiter, heute kann ich auch etwas therapeutisch arbeiten..." (Sozialarbeiter Klinik).

5.10 Bleibende Ambivalenzen gegenüber dem systemischen Ansatz

Aus dem Interviewteil „Kommentare zur Weiterbildung" soll hier abschließend anhand von fünf dort gemachten Kommentaren das Pro, aber auch das mögliche Contra systemischen Arbeitens in psychiatrischen Kontexten illustriert werden. Sie verdeutlichen, daß die TeilnehmerInnen einerseits technisch das praxisnahe Handwerkszeug und emotional einen etwas spaßhaften, humorvolleren Umgang mit psychiatrischen Problemen schätzen. Andererseits wird eine gewisse „unerträgliche Leichtigkeit des Seins" kritisiert, ein Mangel an Respekt, Verantwortung, Emotionalität.

> „Die Interventionstechniken haben mir gefallen – daß auch im sozialen Bereich nicht alles auf Empathie beruht, sondern daß man einen Katalog aufstellen kann: 1. Kontext klären, 3. Ressourcen abfragen, 7. Schlußintervention. Mir gefällt, daß theoretische Grundlagen so verbunden werden mit Praxis". (Pädagoge, SpDi).

> „Mir gefällt, daß Therapie nicht diese ernste, todernste Geschichte ist, daß Arbeit Spaß machen darf, daß man auch lachen darf dabei, daß das endlich

legal ist... Andererseits aber doch das Andere ernst nehmen, neutral zu sein und zu schauen, das gefällt mir. Und am meisten profitiert habe ich davon, zu schauen, welche Worte benützen wir, wie kann ich etwas sagen?" (Arbeitstherapeutin, Klinik).

„Anfangs hatte ich viele Probleme damit, daß ich gedacht habe, die Klienten werden nicht ernst genommen, man macht sich lustig über sie. Wenn man das Symptom nicht so ernst nimmt, nimmt man auch den Menschen nicht so ernst, weil der Mensch mit dem Symptom so verwachsen ist. Mittlerweile kann ich das ein bißchen trennen. Trotzdem wird hier ja gesagt, das Fragen sei wichtiger wie die Antworten, und da frag ich mich schon, wie ernst wird der Klient eigentlich genommen, wenn seine Antwort unwichtig ist? Manchmal finde ich es nicht gut, daß der Klient lange Zeit allein gelassen wird". (Pädagoge, SpDi).

„Erst hab ich schon Schwierigkeiten gehabt mit dem sich nicht verantwortlich fühlen, mit dem gelegentlich auch Amoralischen. In manchen Fällen, suizidalen, wo es um sehr schwerkranke Psychotiker geht, da kann ich mir einfach nicht vorstellen daß die so ein Symptom „machen."... Aber das begrenzt sich schon auf ein paar Schwerkranke... Auf der anderen Seite fand ich das auch was Gutes. In manchen Sachen habe ich mich wie befreit gefühlt, gegenüber Patienten und auch gegenüber meinen Kindern". (Fachärztin, Klinik).

„Es herrscht ein gewisser Dogmatismus, der einhergeht mit einer Abwertung von anderen Konzepten – obwohl es Konstruktivismus heißt – wo ich es einfach nicht so stimmig erlebe, wo ich nicht so sein kann. Ich bin oft emotionaler, das ist mir hier etwas zu abstinent". (Sozialpädagogin, SpDi).

6. Ergebnisse der Fragebögen: Veränderungen von Arbeitszeitverteilung, Arbeitszufriedenheit, professionellen Einstellungen

Die Fragebogenergebnisse verdeutlichen in zugespitzter Form einige in den Interviews zutage tretende Trends. Wir fassen in den folgenden Abbildungen die Teilnehmer aus Klinik und SpDi stets als Gesamtstichprobe zusammen.

6.1 Veränderungen der Arbeitszeitverteilung und der Zufriedenheit mit verschiedenen Kooperationskontexten

Womit Psychiatrie-MitarbeiterInnen (vor der Weiterbildung) ihre Zeit verbringen

Unsere schriftliche Befragung zur Verteilung der Arbeitszeit erlaubt zu beschreiben, womit die MitarbeiterInnen psychiatrischer Dienste nach subjektiver Zeiteinschätzung[5] schon vor der Weiterbildung ihre Arbeitszeit verbrachten.

	Mit Klienten und dem Umfeld	Mit dem eigenen Team	Mit anderen Einrichtungen	Öffentlichkeitsarbeit	sonstiges
Wochenstunden	20,95	5,35	4,53	0,51	3,36

Abb. 46: Durchschnittliche Arbeitszeitverteilung vor der Weiterbildung in Wochenstunden

Das Arbeitszeitbudget der Tn vor der Weiterbildung teilt sich also auf diese verschiedenen Kooperationskontexte folgendermaßen auf:

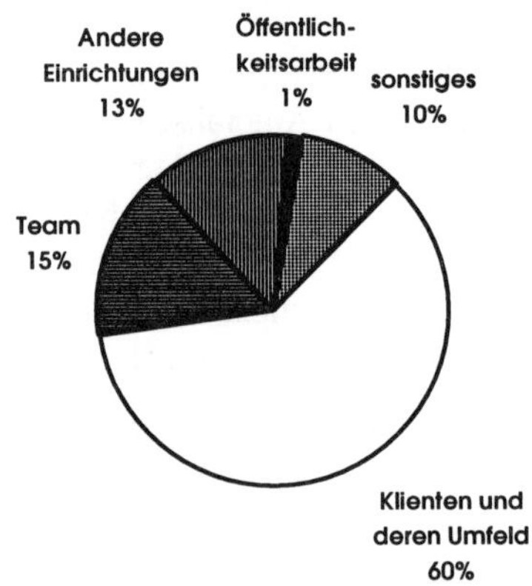

Abb. 47: Durchschnittliche Verteilung der Arbeitszeiten in Prozent

Bei einer Wochenstundenzahl von knapp über 38 Stunden entfallen also etwas über 20 Stunden auf *die direkte Arbeit mit Klienten incl. deren Umfeld* (Abb. 48). Der größte Teil davon ist mit gut 13 Stunden die Einzelarbeit mit Klienten. Etwa dreieinhalb Wochenstunden werden im Kontakt mit Angehörigen verbracht, der größere Teil davon in gemeinsamen Gesprächen mit Klienten und Angehörigen, der kleinere nur mit Angehörigen alleine. Mit Klientengruppen (Therapiegruppen, Freizeitgruppen, Tageszentrum) werden drei Wochenstunden investiert. Nur eine knappe halbe Stunde hingegen entfällt auf

[5] Dabei handelt es sich nicht um „objektive Zeit". Die Zeitschätzungen sind subjektiv, überschlagsmäßig vorgenommen, von den Tn nicht durch Zeitprotokolle und Kontrolladditionen von ihnen selbst auf rechnerische Stimmigkeit geprüft. Zudem sind die Arbeitsbereiche nicht vollständig trennscharf; z.B. können Familiengespräche mit einem Kotherapeuten oder Team sowohl als „Arbeit mit Angehörigen und Klienten" wie auch als „Teamkontakte" gewertet werden. Die Zusammenaddition dieser Einzelposten stimmt daher im Regelfall nicht mit der Gesamtwochenstundenzahl überein.

die Kooperation mit nichtfamiliären Bezugspersonen der Klienten (Freunde, Nachbarn, Kollegen, Vorgesetzte).

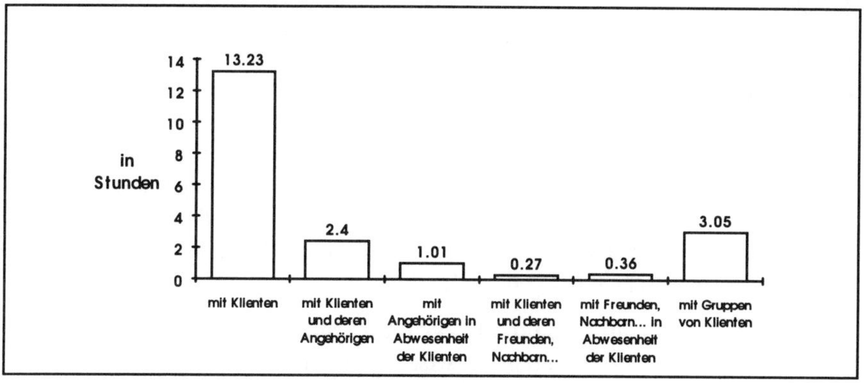

Abb. 48: Arbeitszeiten mit Klienten und deren Umfeld (durchschnittliche Stundenzahl pro Woche)

Die Tn verbringen durchschnittlich etwas über fünf Wochenstunden *im Team*, davon etwa dreieinhalb Stunden in formellen Teamsitzungen. Etwa viereinhalb Wochenstunden werden für die Zusammenarbeit *mit anderen Einrichtungen* aufgebracht. Zeitaufwendigster Kooperationspartner sind hier mit 1,2 Wochenstunden die Kliniken.

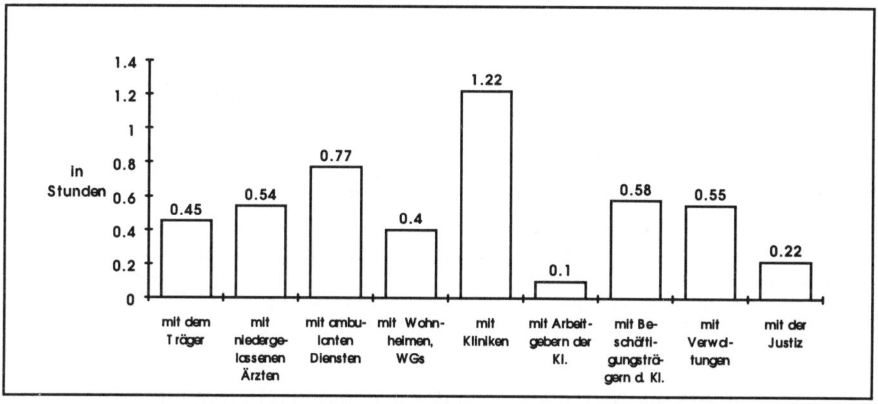

Abb. 49: Arbeitszeiten mit anderen Einrichtungen (durchschnittliche Stundenzahl pro Woche)

Gut zweieinhalb Wochenstunden werden schließlich für Schriftwechsel und eine halbe Wochenstunde für Öffentlichkeitsarbeit verwendet.

Die KollegInnen verbringen also doppelt soviel Zeit in der direkten Kooperation mit Kunden wie in der Kooperation mit anderen Profis und Organisationen.

Dabei zeigt sich zwischen Kliniken und sozialpsychiatrischen Diensten nur ein markanter Unterschied: in den SpDi wird 15 Wochenstunden, in den Kliniken nur zehn Wochenstunden mit einzelnen Klienten allein gearbeitet.

Zufriedenheit mit verschiedenen Kooperationskontexten (vor der Weiterbildung)

Bei der Frage, wie zufrieden die Tn mit den einzelnen Kooperationskontexten sind, ergeben sich positive Bewertungen auf einer siebestufigen Skala von -3 (sehr unzufrieden) bis +3 (sehr zufrieden) vor allem zur Kooperation im eigenen Team ($\bar{x}$ zwischen 0.46 und 1.03), mit externen ambulanten Einrichtungen ($\bar{x}$ = 0.64), überraschenderweise auch mit Arbeitgebern ($\bar{x}$ = 0.60) und Beschäftigungsträgern ($\bar{x}$ = 0.47) der Klienten .

Eher negativ wird zum einen die Kooperation mit dem familiären und außerfamiliären Umfeld der Klienten ($\bar{x}$ zwischen -0.24 und -0.70) bewertet. Auch die Kooperation mit dem Träger der eigenen Einrichtung erzeugt eher Unzufriedenheit ($\bar{x}$ = -0.42). Mit ihrer Kooperation mit stationären Einrichtungen wie Kliniken ($\bar{x}$ = -0.33) und Wohnheimen ($\bar{x}$ = 0.05) schließlich sind die TN weniger zufrieden als mit der mit ambulanten Diensten.

Veränderte Arbeitszeitverteilung nach der Weiterbildung

Die Verteilung der Arbeitszeit auf verschiedene Tätigkeitsschwerpunkte ändert sich hochsignifikant in der klientenbezogenen Arbeit. Hier wird weniger als zuvor mit Klienten allein gearbeitet, und es wird mehr als zuvor mit Angehörigen in Anwesenheit der Klienten gearbeitet.

	mit Klienten alleine	mit Klienten u. Angehörigen
Vor der Weiterbildung	13,23 Std. / Woche	2,40 Std. / Woche
Nach der Weiterbildung	11,51 Std. / Woche	4,36 Std. / Woche
Signifikanz der Differenzen (univariat)	xx	xxx

Signifikanztests:
Multivariate Mittelwertsvergleiche mit anschließenden univariaten Tests

Signifikanzniveaus:
x: $p<0.05$
xx: $p<0.01$
xxx: $p<0.001$

Abb. 50: Signifikante Veränderungen der Arbeitszeitverteilung in zwei Tätigkeitsschwerpunkten

Freilich bleibt die Arbeit mit Klienten allein auch nach der Weiterbildung viel häufiger als die Angehörigenarbeit – aber für sie wird nur noch die zweieinhalbfache, nicht mehr die fünfeinhalbfache Arbeitzeit aufgewendet.

In allen übrigen Hinsichten (Zeit für Teamkoordination, für Kontakte mit dem professionellen Umfeld, für Öffentlichkeitsarbeit) ändert sich die Zeitverteilung praktisch nicht.

Zufriedenheitsveränderungen nach der Weiterbildung
Die Zufriedenheit mit der eigenen Arbeit insgesamt, in einem eigenen Globalitem erfragt, nimmt hoch signifikant zu, von $\bar{x} = 0.3$ zu $\bar{x} = 1.3$. auf einer siebenstufigen Skala. Bei den einzelnen Tätigkeitsbereichen steigt am deutlichsten die Zufriedenheit mit der Arbeit mit Klienten und deren verschiedenen Umfeldern.[6]

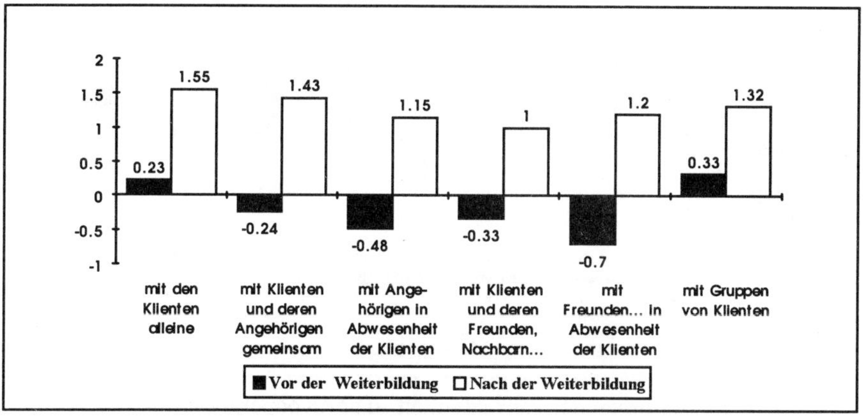

Abb. 51: Veränderungen der Zufriedenheit in der Kooperation mit Klienten und deren Umfeld (auf siebenstufiger Skala von –3 bis +3)

Auch die Zusammenarbeit im eigenen Team wird signifikant zufriedener erlebt. Dies gilt für die formellen Kontaktsituationen wie Teamsitzungen, Konferenzen, Besprechungen; bei informellen Kontakten hingegen ändert sich hier nur wenig.

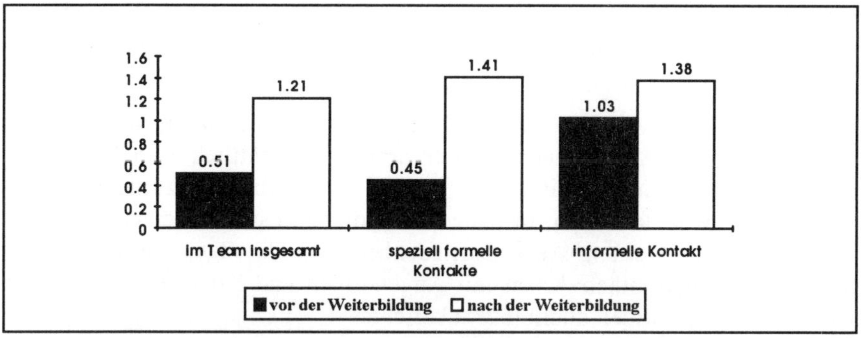

Abb. 52: Veränderungen der Zufriedenheit in der Team-Kooperation (auf siebenstufiger Skala von –3 bis +3)

[6] In der Multivariaten Varianzanalyse wurden hier die zwei Arbeitsbereiche „Arbeit mit Freunden, Nachbarn, Peergruppen" (gemeinsam mit und in Abwesenheit des Klienten) nicht einbezogen, weil sie von zwei Drittel der Tn nicht praktiziert werden.

Ebenfalls multivariat signifikante, aber weniger stark ausgeprägte Zufriedenheitszunahmen werden mit den meisten anderen Einrichtungen angegeben:

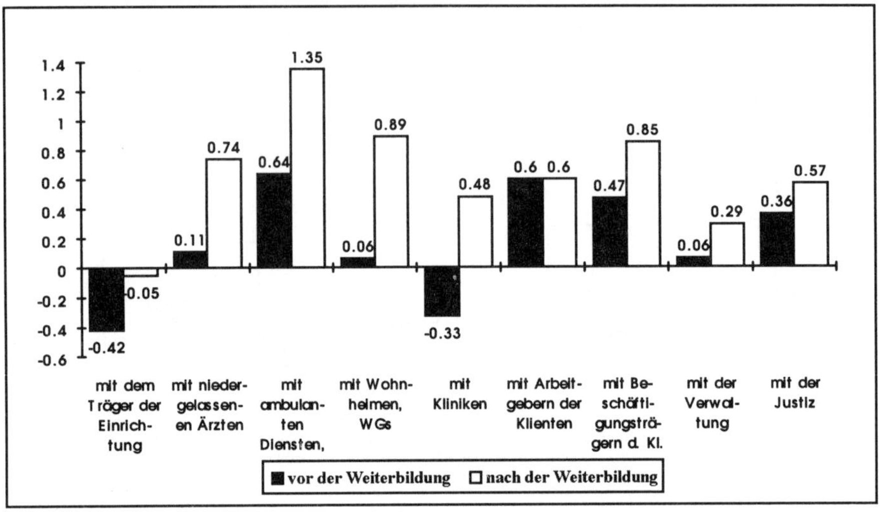

Abb. 53: Veränderungen der Zufriedenheit in der Kooperation mit anderen Einrichtungen (auf siebenstufiger Skala von –3 bis +3)

Die Attribution von Veränderungen auf den Einfluß der Weiterbildung
Die Teilnehmer sehen Weiterbildungseffekte eher in erhöhter Zufriedenheit als in veränderten Arbeitszeitverteilungen, und eher in ihrer Koooperation mit Klienten und deren Umfeld als in ihrer Kooperation mit anderen Profis. Veränderungen der Arbeitszeitverteilung insgesamt werden (im Durchschnitt der Gesamtstichprobe) nur zu 11% auf die Weiterbildung bezogen; Veränderungen der Zufriedenheit mit den verschiedenen Arbeitsbereichen hingegen im Durchschnitt zu 43%.

Bei der Arbeitszeitverteilung werden Veränderungen vor allem in der Arbeit mit Klienten und Angehörigen gemeinsam (durchschnittlich zu 52%) und in der Arbeit mit Klienten allein (zu 45%) auf die Weiterbildung zurückgeführt – also in den zwei Bereichen, in denen auch die stärksten Arbeitszeitveränderungen berichtet werden. Auch Zufriedenheitsveränderungen werden vor allem in der gemeinsamen Arbeit mit Angehörigen und Klient (70%) und der Arbeit mit Angehörigen allein (62%) berichtet.

6.2 Einstellungsänderungen: Krankheitstheorien, Rollenverständnis, Optimismus

Veränderte Krankheitstheorien
Krankheitstheorien verändern sich multivariat hochsignifikant. Probleme der KlientInnen werden stärker als Ausdruck und Folge eines „aktuellen Bezie-

hungsspiels", weniger als Ausdruck und Folge eines „biologisch-medizinischen Problems" oder von „schädigenden frühkindlichen Sozialisationsbedingungen" aufgefaßt. Unverändert bedeutsam bleibt die Gewichtung „schwieriger materiell-ökonomischer Situationen" als krankheitsfördernder Faktor.

Freilich bleibt auch nach der Weiterbildung ein „multifaktorielles" Krankheitsverständnis vorherrschend: allen anderen Ursachenfaktoren neben dem „aktuellen Beziehungsspiel" wird weiterhin Bedeutung zugemessen, aber eben weniger.

Verändertes professionell-psychiatrisches Rollenverständnis
Auch die professionell-psychiatrischen Rollenkonzepte verändern sich multivariat hochsignifikant. Insbesondere sehen die Tn nach der Weiterbildung ihre professionelle Aufgabe vermehrt in der „Verstörung bisheriger und Anregung neuer Interaktionsmuster", geringfügig (nicht signifikant) stärker auch in der „Ermöglichung bislang versäumter Lernprozesse für den Klienten". Sie sehen sie hingegen hochsignifikant weniger als früher in „Fürsprache, Eintreten für den Klienten gegenüber Dritten", in der „sozialarbeiterischen Unterstützung, Hilfestellung in praktischen Lebenslagen", signifikant weniger auch in der „sozialen Kontrolle, um den Klienten und/oder seine Umwelt zu schützen". „Hilfe zur Nachreifung" behält ihre bisherige Bedeutung im Konzert dieser Rollenkonzepte.

Beides könnte man so zusammenfassen, daß „spezifisch systemische" Sichtweisen stark übernommen werden, zu Lasten insbesondere von traditionelleren biologisch-psychiatrischen, psychoanalytischen und sozialarbeiterischen Sichtweisen.

Es gibt zwei Hinweise, daß diese Rollenkonzepte sich in den sozialpsychiatrischen Diensten stärker wandeln als in den Kliniken. Dort sehen die Tn vor der Weiterbildung „sozialarbeiterische Unterstützung und Hilfestellung in praktischen Lebenslagen" signifikant mehr als die Kliniker als ihre Aufgabe an; nach der Weiterbildung zeigen sich bezüglich dieser Sicht der eigenen Aufgabe keine signifikanten Unterschiede mehr. Auch der systemischen Sichtweise, Probleme als „Ausdruck und Folge aktueller Beziehungsspiele" zu sehen, stimmen die SpDi-Tn nach der Weiterbildung signifikant stärker zu als die Kliniker.

Mehr Optimismus
„Mehr Optimismus" scheint ein hochsignifikanter Effekt der Weiterbildung zu sein (Abb. 54). Mehr Optimismus wird angegeben bezüglich der Symptomatik und der sozialen Situation der Klienten, bezüglich problematischer Klient-Umfeld-Interaktionen, bezüglich der eigenen Arbeitssituation der WeiterbildungsteilnehmerInnen in ihrer Einrichtung und bezüglich der Zusammenarbeit mit anderen Einrichtungen. Lediglich die sozio-ökonomische Situation der Klienten wird hinterher nicht optimistischer beurteilt als vorher.

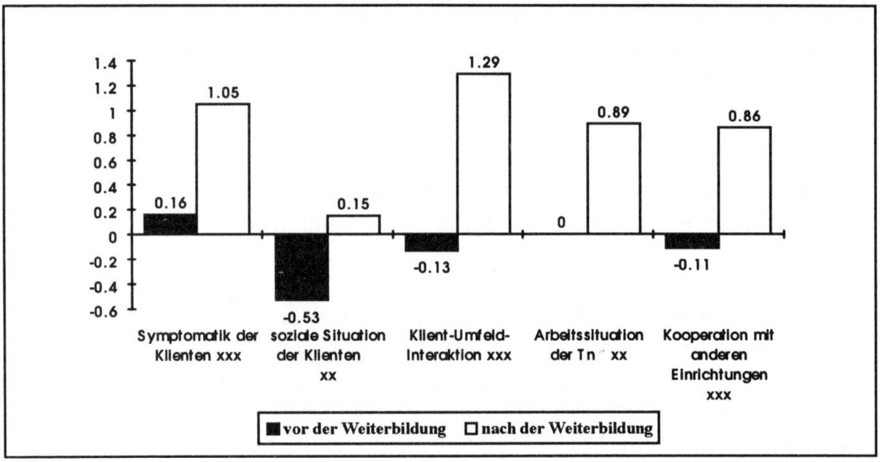

Legende:	Signifikanztests:	Signifikanzniveaus:	
Alle Werte sind Gruppenmittelwerte	Multivariate Varianzanalyse der	x:	$p<0.05$
auf einer siebenstufigen „Optimismus-	Prä-Post-Differenzen mit anschlie-	xx:	$p<0.01$
Pessimismus“-Skala von -3 bis +3	ßenden univariaten Testungen	xxx:	$p<0.001$

Abb. 54: Veränderter Optimismus

V. Kooperationseffekte systemischer Weiterbildung auf dem Prüfstand: Die Gesamtstudie Psychologische Medizin und Soziale Arbeit

1. Fragestellung

Als letzte meiner drei Untersuchungen soll nun die mit dem breitesten Verallgemeinerungsgrad beschrieben werden: die „Gesamtstudie Psychologische Medizin und Soziale Arbeit“. Sie baut auf dem Grundlagenkapitel und vielen Ergebnissen der Psychiatriestudie auf und beinhaltet daher keinen separaten Theorieteil. Relativ zu den beiden anderen Studien geht sie von stärker festgelegten Vorab-Hypothesen aus, untersucht diese Hypothesen an der größten und heterogensten Stichprobe von Weiterbildungsteilnehmern und verwendet hierzu am stärksten quantitativ-statistische Verfahren.

Die Gesamtstudie soll prüfen, ob und wie systemische Weiterbildung zur besseren Bewältigung alltäglicher Kooperationsprobleme in unterschiedlichen Gesundheits- und Sozialberufen beiträgt.

Sie geht von folgenden Fragen aus:

(1) *Ausmaß von Kooperationsproblemen:* In welchem Umfang werden Kooperationsprobleme, die mit der „Hyperkomplexität“, der „Defizit-Orientierung“, dem „Interventionsdruck“ und der „Vermischung von Hilfe und Kontrolle“ im Gesundheits- und Sozialwesen zusammenhängen, von Fachleuten in ihrem Arbeitsalltag beobachtet?

(2) *Kontextspezifität von Kooperationsproblemen:* Wie kontextspezifisch oder kontextübergreifend sind solche Kooperationsprobleme? Wieweit ähneln oder unterscheiden sich solche Probleme im Umgang mit Klienten, Angehörigen, Teamkollegen und anderen Einrichtungen? Wieweit sind Wahrnehmung und Auswirkungen solcher Kooperationsprobleme geschlechts- oder berufsspezifisch? Wie arbeitsfeld- oder institutionsspezifisch sind sie?

(3) *Veränderte Problemwahrnehmung:* Verändert sich die Wahrnehmung solcher Kooperationsprobleme im Verlauf einer systemischen Weiterbildung? Verändert sich deren Beobachtbarkeit, die Belastung durch diese Probleme, die persönlichen Einflußmöglichkeiten auf diese?

(4) *Verändertes Wohlbefinden:* Verändert sich das Wohlbefinden der Weiterbildungsteilnehmer in ihren verschiedenen Kooperationskontexten?

(5) *Veränderungswünsche und deren Erfüllung:* Was sind charakteristische Veränderungswünsche, die Profis im Gesundheits- und Sozialwesen an ihre Kooperations-Situation formulieren? Wieweit hilft die Weiterbildung, diese zu realisieren?

2. Die Gesamtstudie Psychologische Medizin und Soziale Arbeit: Konzept und Methoden

2.1 Design und Durchführung

Prä-Post-Design
Unser Erkenntnisinteresse an Veränderungsprozessen legt eine Verlaufsstudie nahe. Aus Ökonomiegründen der zumutbaren Belastung der Teilnehmer und der Zeitbegrenzung des Forschungsprojektes boten sich ein Prä-Post-Design mit zwei Erfassungszeitpunkten zu Beginn und am Ende der Weiterbildung an. Zwischen beiden liegt ein etwa elfmonatiger Weiterbildungszeitraum. Als Ausschnitt aus einem mindestens dreijährigen Weiterbildungs-curriculum ist er relativ kurz. Für die Erfassung bedeutsamer, aber langfristigerer Veränderungen könnte er zu kurz gewählt sein. Da aber sowohl Teilnehmer aus Grundkursen (erstes Weiterbildungsjahr) wie aus Fortgeschrittenenkursen (drittes Weiterbildungsjahr) teilnehmen, können aus dem Vergleich dieser beiden Kurstypen auch Hinweise auf längerfristige Entwicklungen gewonnen werden.

Eine Interventionsstudie bei geringem Interventionsbedarf?
Die systemische Weiterbildung ist im Selbstverständnis von LehrtherapeutInnen, TeilnehmerInnen und Fachöffentlichkeit primär eine psychotherapeutische, traditionell mit stark familientherapeutischem Schwerpunkt. Die Mehrzahl der Tn sucht Kompetenz speziell für die Therapie und Beratung von Klienten. Die im Rahmen dieser Arbeit interessierenden Kooperationsveränderungen sind wahrscheinlich für die Mehrzahl der Tn nicht der angestrebte Hauptzweck, sondern eine (im positiven Falle) angenehme „Nebenwirkung". Daher ist – im Unterschied zu anderen problemlösungsorientierten Interventionsstudien – vorab also unklar, ob die Tn überhaupt wesentliche Kooperationsprobleme mitbringen, und ob sie diese mit Hilfe dieser Weiterbildung lösen wollen. Da die Weiterbildung mittels ihrer Auswahlkriterien einer eher qualifizierten Gruppe von Fachleuten offensteht, könnte diese evtl. auch besonders wenig durch Koooperationsprobleme belastet sein bzw. diese bereits mit Kompetenz lösen.

Es sollen daher nach den Ergebnissen der ersten Erhebung die Tn unterteilt werden in solche, die diese Kooperationsprobleme in großem Umgang beobachten und in solche, die das nicht tun, um dann unterschiedliche Veränderungen in beiden Gruppen abzuschätzen. Wir gehen von der Hypothese aus, daß nur die „Problembeladenen" die erwarteten Veränderungen berichten werden.

Gründe für den Verzicht auf eine Kontrollgruppe
Auf ein Kontrollgruppendesign wurde aus mehreren Gründen bewußt verzichtet. Dem (jungfräulichen) Forschungsstand erschien es angemessen, zunächst einmal zu überprüfen, ob und in welchen Outcome-Kriterien sich überhaupt Veränderungen zeigen lassen, bevor man diese gegen eine Kontrollgruppe absichert. Wichtiger war es uns, Veränderungen in verschiedenen Outcome-Kriterien und Kooperationskontexten gegeneinander zu vergleichen. Erst auf der Basis solcher Kenntnisse, die aus der vorliegenden Studie erst gewonnen werden sollen, erscheint ein Kontrollgruppendesign als sinnvoller nächster Schritt.

Die Auswahl einer in allen relevanten Merkmalen außer der Weiterbildung vergleichbaren Kontrollgruppe in einer künftigen Studie wird allerdings noch einige knifflige Probleme zu lösen haben:

(1) Eine Wartegruppe abgelehnter Bewerber wäre theoretisch dann vergleichbar, wenn die TeilnehmerInnen der IGST-Weiterbildung per Zufall ausgewählt werden würden. Die derzeit praktizierte Teilnehmerauswahl der IGST-Weiterbildung trennt jedoch hochselektiv erfahrenere von weniger erfahrenen Fachleuten hinsichtlich Berufserfahrung, Selbsterfahrung und vorausgehenden Weiterbildungen. Eine zufallsgesteuerte Teilnehmerauswahl dürfte auf große praktische Durchsetzungsschwierigkeiten stoßen.

(2) Kontrollgruppen aus Teilnehmern anderer Psychotherapieausbildungen sind nicht vergleichbar,

- weil sie ganz unterschiedlichen Zeitplänen folgen. Tiefenpsychologische Weiterbildungen dauern beispielsweise viel länger und folgen nicht einem Kursgruppen-Konzept.
- weil sie verschiedenen Berufsgruppen den Zugang ermöglichen und andere ausschließen.

(3) Theoretisch wäre eine Zufallsstichprobe von Fachleuten ohne irgendeine psychotherapeutische Weiterbildung eine mögliche Kontrollgruppe. Diese dürfte aber in diesen Arbeitsfeldern in dieser Altersgruppe schwer zu finden sein und evtl. eine „Negativselektion" darstellen.

(4) Eine „gematchte" Kontrollgruppe von KollegInnen, die eine systemische Weiterbildung weder absolviert haben noch derzeit beginnen, müßte diese anhand der richtigen Matching- Variablen auswählen. Beobachtungen aus der Psychiatriestudie legen nahe, daß dazu demographische und institutionelle Variablen nicht ausreichen, sondern daß die systemische Weiterbildung auch

einen bestimmten Typ von Profipersönlichkeit anzieht, der wenig Neigung zu „Helferleiden" hat und einer stärker hedonistischen, am Wert des „Spaß habens" orientierten Haltung zu seiner Arbeit folgt.

Durchführung
In der Gesamtstudie arbeitete die Psychologiediplomandin Susanne Klein in Instrumentenentwicklung, Datensammlung und -auswertung eng mit mir zusammen.

Der Zeitablauf der gesamten Untersuchung sah folgendermaßen aus. Konzeption und Planung der Untersuchung erfolgte im Herbst 1992, die Instrumentenentwicklung incl. Vortests von Dezember 1992 bis Februar 1993. Die erste Erhebung wurde – je nach dem Datum des ersten Blocks der verschiedenen Kurse – zwischen Februar und Mai 1993 durchgeführt, diese Fragebögen im Herbst 1993 ausgewertet. Die zweite Erhebung zum Kursende fand zwischen Januar und Mai 1994 statt und wurde hauptsächlich zwischen Mai und August 1994, zum kleinen Teil im Oktober und November 1994 ausgewertet.

2.2 Erhebungsinstrumente

Fragebogen als Methode der Wahl
Da die Gesamtstudie „Psychologische Medizin und Soziale Arbeit" eine möglichst breite Verallgemeinerbarkeit ihrer Ergebnisse und dazu eine große und breite Teilnehmergruppe anstrebt, ist aus forschungsökonomischen Gründen hier der Fragebogen das Instrument der Wahl – aufwendigere Verfahren wie teilnehmende Beobachtung oder Interviews scheiden aus pragmatischen Gründen aus.

Fragebogendaten sind Selbstbeschreibungen. Bei der Untersuchung sozialer System-Prozesse sind sie ein problematisches Instrument (v.Schlippe u. Schweitzer 1988): Hier können sie lediglich die Sicht eines Tn auf Interaktionsprozesse beschreiben, von denen er ein Teil ist. Diese Beschreibung wird sich häufig von der Beschreibung anderer Tn an derselben Interaktion deutlich unterscheiden. Das ist aber dann kein Problem, wenn man diese eine Beschreibung nicht als Hinweis auf das, was „wirklich geschieht" überstrapaziert, sondern als Beschreibung der subjektiven Repräsentation von Interaktionsprozessen bei diesem Tn ansieht. Das entspricht der Zielsetzung der Gesamtstudie: Sie will nicht die Veränderung „wirklicher" Kooperationen, sondern die Veränderung subjektiver Repräsentationen von Kooperation bei den Weiterbildungsteilnehmern untersuchen.

Damit werden unsere theoretischen Überlegungen zu Kooperationsproblemen aus dem Kap. II.4 einer sehr spezifischen Überprüfung ausgesetzt. Jene sind aus der Perspektive beobachtender Dritter formuliert, seien dies Forscher oder auch Praktiker beim – distanzierenden – Schreiben über ihre Praxis. Erkenntnisverfahren ist dort meist die teilnehmende Beobachtung. Formuliert sind sie als deskriptive qualitative Beschreibungen von Zusammenhängen. Hier hingegen wird die Sichtweise von Praktikern, die „mitten drin stecken", in einzelnen Items erfragt, die allerdings jeweils komplexe Interaktionen sprachlich formulieren. Die Studie wird also zeigen, inwieweit diese „Beobachtungen Dritter" auch relevante Selbstbeobachtungen sind.

Der Fragebogen soll drei Bereiche erfassen:

- Kooperationsprobleme,
- Wohlbefinden und Symptome mißlingender Kooperation
- Wünsche an eine veränderte Kooperation

In diesen drei Bereichen soll jeweils differenziert werden zwischen der Kooperation mit Klienten, mit Angehörigen, mit Teamkollegen und mit anderen Einrichtungen.

Zusammengefaßt liefert der Fragebogen folgende Informationen:

	Kooperationskontexte			
Fragebogenbereiche	mit Klienten	mit Angehörigen	mit Teamkollegen	mit anderen Einrichtungen
1 Kooperationsprobleme				
• Ich beobachte diese				
• Sie belasten mich				
• Ich kann sie beeinflussen				
2. Wohlbefinden in Kooperation				
• Positiv definiertes Wohlbefinden				
• Symptome mangelnden Wohlbefindens				
3. Veränderungswünsche				
• Welche?				
• Wie prominent?				

Abb. 55: Übersicht über den Fragebogen der Gesamtstudie Psychologische Medizin und Soziale Arbeit

Nach meiner Kenntnis des Forschungsstandes existieren zu den kooperationsspezifischen Fragestellungen bislang keine Erhebungsinstrumente, auf die zurückgegriffen werden kann. Es mußten daher eigene Erhebungsinstrumente entwickelt werden.

Im folgenden wird beschrieben, wie unsere Vorüberlegungen die Entwicklung des jeweiligen Fragebogenbereiches anleiteten. Der jeweilige Bereich wird kurz beschrieben, z.T. anhand von Beispielen, und die vorgesehen Auswertung wird dargestellt.

Kooperationsprobleme

Auswahl und Operationalisierung einzelner Kooperationsprobleme

Im Theorieteil habe ich vier Rahmenbedingungen beschrieben, die Kooperationsprobleme im Gesundheits- und Sozialwesen fördern. Ich habe anhand der Literatur und meiner eigenen Praxiserfahrungen diesen vier Rahmenbedingungen jeweils zwei, insgesamt also *acht Kooperationsprozesse* zugeordnet, die nach meinen Annahmen eine große Chance haben, als „problematisch“ bewertet zu werden. Diese nenne ich *Kooperationsprobleme.* Wie stark sie tatsächlich als Probleme erlebt werden, soll untersucht werden.

Hyperkomplexität: Die Vielfalt von Akteuren, deren Ideen und Behandlungen kann nicht mehr hinreichend übersichtlich miteinander abgestimmt werden.

1. Mangelnde Koordination: Verschiedene Anbieter und Kunden stimmen gleichzeitig Dienstleistungen für das selbe Problem nicht oder ungenügend miteinander ab.

2. Widersprüchliche Prioritäten: Verschiedene Anbieter und Kunden entwickeln für das selbe Problem gegensätzliche Zielsetzungen und Lösungsstrategien.

Problemorientierung: Die Akteure suchen einseitig nach dem, was nicht funktioniert (Krankheiten, Mangellage, Sozialisations- und Systemdefizite), und nicht nach funktionierenden Bereichen, aus denen Ressourcen gewonnen werden könnten.

3. Pathologie-Orientierung: Es wird einseitig und intensivierend das Kranke, Problematische, Defizitäre im Zustand eines Menschen (oder sozialen Systems) erforscht und beschrieben.

4. Chronizitäts-Orientierung Das Handeln von Anbietern und Kunden wird auf die Erwartung abgestellt, daß solche Defizite auch in Zukunft , evtl. unendlich, zur Existenz dieses Menschen (oder sozialen Systems) gehören werden.

Interventionsdruck: Die Entscheidung für oder gegen Interventionen folgt der grundsätzlichen Leitlinie: „Mehr/intensiver ist besser!“. Damit steigt die Wahrscheinlichkeit der folgenden Risiken:

5. Akute Überintervention: Die Intensität aktueller professioneller Interventionen ist sehr hoch bzw. zu hoch.

*6. Chronische Überintervention:*Diese intensive bzw. zu intensive Intervention wird sehr lange bzw. zu lange gemacht.

Vermischung von Hilfe und Zwang: Soweit ein Akteur dem anderen gegenüber nicht nur erhöhte Fachkompetenz, sondern auch die Befugnis zu Handlungen wider den Willen des Anderen hat, bleibt unklar, ob der Andere diese Intervention annehmen kann, aber nicht muß (Hilfe) oder ob er zu ihrer Annahme verpflichtet ist, andernfalls ihm negative Konsequenzen drohen würden (Zwang).

Dies kann in Verbindung mit hohem Interventionsdruck führen zu:

7. Komplementärer Eskalation von Interventionen: Je weniger die eine Partei (z.B. der Klient) tut, umso mehr tut die andere Partei (z.B. der Profi).

8. Symmetrische Eskalation von Interventionen: Je intensiver die eine Partei (z.B. der Therapeut) eine Intervention betreibt, umsomehr hält die andere Partei (z.B. der Klient) entgegengesetzte Vorstellungen dagegen.

Abb. 56: Wichtige Kooperationsprobleme und deren Rahmenbedingungen in Gesundheits- und Sozialberufen

Diese Liste beansprucht nicht, repräsentativ und vollständig alle wesentlichen Kooperationsprobleme zu erfassen, sondern lediglich solche, die mit den im Theorieteil beschriebenen Rahmenbedingungen zusammenhängen. Die Begrenzung auf acht Kooperationsprobleme erlaubt es, zu jedem Problem Parallelitems für die vier unterschiedlichen Kooperationskontexte zu formulieren, die von den TeilnehmerInnen mit noch zumutbarem Zeitaufwand beantwortet werden können.

Die vier allgemeinen Rahmenbedingungen und die acht Kooperationsprobleme wurden operational definiert (Abb. 56). Zu jedem dieser acht Kooperationsprobleme wurden vier Fragebogen-Items formuliert: Für die Kooperationskontexte „Klienten“, „Angehörige“ „Teamkollgen“ und „Andere Einrichtungen“ zu jedem Problem je ein auf diesen Kontext zugeschnittenes Item. Die Items sollten so allgemein operationalisiert sein, daß sie im Blick auf ganz unterschiedliche Arbeitsfelder – von der Gynäkologie über die Psychiatrie und die Schulpsychologie bis zur Heimerziehung – eingeschätzt werden können.

> Beispielsweise lautet das Item für „Widersprüchliche Zielsetzung“ in der Kooperation mit Klienten: „Es ist oft schwer, sich mit meinen Klienten über Ziel und Vorgehen der gemeinsamen Arbeit zu verständigen“. In der Kooperation mit Angehörigen heißt es: „Die Angehörigen haben oft ganz andere Vorstellungen, als ich sie mit den Klienten entwickle“. Für den Umgang mit Teamkollegen lautet das Item: „Unter den Mitarbeitern gibt es sehr widersprüchliche Vorstellungen über Ziele und Vorgehensweisen der Arbeit“. Und in der Kooperation mit anderen Einrichtungen heißt es: „Meine Klienten bekommen von Fachleuten aus verschiedenen Einrichtungen ganz widersprüchliche Einschätzungen und Empfehlungen zu hören“.

So entstanden 32 Items, von denen sich jeweils acht auf Kooperationsprobleme mit Klienten, mit Angehörigen, mit Teamkollegen und mit anderen Einrichtungen beziehen.

Aspekte der Beschreibung von Kooperationsproblemen: Beobachtung, Belastung, Beeinflussung

Wenn wir davon ausgehen, daß Kooperationsprobleme keine „Dinge an sich“ , sondern Beschreibungen von Beobachten von Kooperation sind, dann stellt sich die Frage nach Beschreibungsdimensionen, die als relevante Outcome-Kriterien angesehen werden können. Wir gehen von drei wichtigen, nicht identischen Beschreibungsdimensionen aus:

(1) Wie stark *beobachten* die Tn das Problem? – d.h. wie ausgeprägt nehmen sie den im Item beschriebenen Prozeß als etwas wahr, daß an ihrer Arbeit „geschieht“.

(2) Wie stark fühlen sich die Tn durch das Problem *belastet* – d.h. wie ausgeprägt wird dieser Prozesß zum Stressor?

(3) Wie stark erleben die Tn, das Problem *beeinflussen* zu können? – d.h. wieweit sehen sie sich als passiv Erleidender oder als aktiv Mitgestaltender, welche eigenen Copingchancen sehen sie?

Wir gehen davon aus, daß die Beobachtung von Kooperationsproblemen, die Belastung durch Kooperationsprobleme und der Einfluß auf Kooperationsprobleme nicht gleichsinnig verlaufen müssen: Was geschieht, muß nicht belasten. Was beeinflußt werden kann, kann weiterhin belasten. Manches mag weniger ausgeprägt beobachtet werden als früher, aber vielleicht noch mehr belasten.

Dementsprechend ist jedes Item im Fragebogen dreifach zu beantworten, jeweils auf einer fünfstufigen Skala von „0 = gar nicht" bis „4 = sehr stark", im Blick auf die Statements: „Ich beobachte dieses Problem", „Dieses Problem belastet mich" und „Ich vermag dieses Problem zu beeinflussen".

Einzelitems und Globalscores
Acht Kooperationsprobleme für vier Kooperationskontexte (Klienten, Angehörige, Teamkollegen, andere Einrichtungen) und für drei Beschreibungsdimensionen (Beobachtung, Belastung, Einfluß) einzuschätzen, erfordert vom Fragebogenausfüller 96 Einzelratings. Angesichts der weiteren Fragebogenbereiche (Wohlbefinden, Veränderungswünsche) ist damit ein Fragebogenumfang erreicht, der nur um den Preis von Nicht-Kooperation der angestrebten Studienteilnehmer überschritten werden kann. Deshalb ist jedes Kooperationsproblem in jedem Kontext durch (nur) ein Item operationalisiert.

Die Validität der Items für das jeweilige Kooperationsproblem wurde durch Expertenratings gesichert. Es wurden nur Items aufgenommen, die vom Verfasser und zwei weiteren Experten für systemische Therapie und Beratung (Prof. Dr. Ritscher, Esslingen; PD Dr.Herzog, Heidelberg) übereinstimmend als valide angesehen wurden.

Um globalere Aussagen über die einzelnen Kooperationsprobleme hinaus prüfen zu können, wurden zusätzlich aus den Einzelitems Globalscores für jede Beschreibungsdimension (Beobachtung, Belastung, Einfluß) in jedem Kooperationskontext (mit Klienten, Angehörigen, Teamkollegen, anderen Einrichtungen) gebildet, also 3 x 4 = 12 Globalscores. Dies geschah, indem die Werte der acht Items addiert und durch die Itemzahl (acht) dividiert wurden.

Wohlbefinden
Ich gehe von der Hypothese aus, daß das Studium der beschriebenen Kooperationsprobleme und die systemische Weiterbildung und Beratung bei Kooperationsproblemen gerade für Fragen der Arbeits(un)zufriedenheit und des „Burn-Out" von Praktikern Gewinn abwirft. Nach meiner Erfahrung und nach der Literatur (Schmidtbauer 1977, Enzmann u. Kleiber 1989) sind die folgenden – im Zusammenhang mit o.a. Kooperationsproblemen plausibel erscheinenden – Symptome bei Fachleuten in Gesundheits- und Sozialberufen häufig anzutreffen:

(1) *Konfusion:* das Gefühl, nicht durchzublicken, als Reaktion auf hyperkomplexe Situationen;

(2) *Druck:* das Gefühl, unter Handlungsdruck zu stehen, auch wenn eine erfolgversprechende Strategie dabei gar nicht in Sicht scheint, als persönliche Widerspiegelung eines allgemeingesellschaftlichen Interventionsdrucks;

(3) Als *unproduktiv erlebter Streit* um die richtige Vorgehensweis, als Ausdruck symmetrisch eskalierenden Konfliktes um die Intervention;

(4) *Frustration, mittelfristig Resignation,* langfristig in manchen Fällen Burn-Out, wenn obige drei Prozesse ihre Wirkung lange genug entfaltet haben.

Das kann je nach Kontext, Zeitpunkt und Verlauf in unterschiedlichen Abläufen geschehen. Szenario 1: Erst wird unter Druck doch noch alles versucht, dann streitet man sich mit Kollegen oder Klienten über die Gründe des Scheiterns, dann resigniert man, schließlich ist man nur noch verwirrt. Oder Szenario 2: Der Fachmensch sieht sich in einer unübersichtlichen Auftragslage und hat das Gefühl, einerseits noch nicht richtig durchzublicken, andererseits aber doch schon längst etwas getan haben zu müssen. In der allgemeinen Unsicherheit entscheidet er sich für das eine Vorgehen, während die anderen Fachleute – in ähnlicher Unsicherheit – sich für ein anderes entschieden haben. Über diese Nicht-Koordination kommt es zunächst zu Auseinandersetzungen, die im schlechten Fall mit dem deprimierten Rückzug eines oder mehrerer der Beteiligten endet.

Es reicht aber nicht aus, Wohlbefinden nur negativ auf dem Fehlen solcher Symptome mißlingender Kooperation zu erschließen. Ähnlich wie Belastung und Coping häufig keinen einfachen Zusammenhang vom Typ: „je mehr Coping, desto weniger Belastung; je mehr Belastung, desto weniger Coping" zeigen, so kann erwartet werden, daß Spaß an der Arbeit und Zufriedenheit mit den Ergebnissen der Arbeit sich nicht allein im Fehlen solcher Symptome manifestieren.

Wir entschlossen uns daher, positiv definiertes Wohlbefinden in Kooperation separat zu erfassen. Dazu erscheinen zwei, nicht identische, aber vermutlich korrelierte Aspekte hinreichend: *„Zufriedenheit mit dem Ergebnis der Kooperation"* als eher kognitive Erfolgseinschätzung, und *„Spaß an der Kooperation"* als positive affektive Reaktion.

Veränderungswünsche

Die Veränderungswünsche erfaßten wir nicht anhand vorgegebener Items, sondern in offenen Fragen : „Was würden Sie in Ihrer Kooperation mit ..... gerne verändern?", wobei jeweils Raum für maximal drei Antworten gelassen wurde.

Dies geschah zum einen, weil wir mit den inhaltsanalytisch gewonnenen Kategorien der Veränderungswünsche (s.u.) eine indirekte Validierung der Relevanz der acht Kooperationsprobleme vornehmen wollten. Aus den Problembeschreibungen lassen sich nämlich im Umkehrschluß Veränderungswünsche ableiten (Abb. 57), und es kann im Vergleich zwischen den aus den Problembeschreibungen abgeleiteten und den inhaltsanalytisch gefundenen Veränderungswünschen die Bedeutsamkeit der ersteren abgeschätzt werden.

Problembeschreibung	daraus abgeleiteter Veränderungswunsch
(1) Mangelnde Koordination	Bessere Koordination
(2) Widersprüchliche Zielsetzung	Zielabstimmung
(3) Pathologie-Orientierung	Ressourcen-Orientierung
(4) Chronizitäts-Orientierung	Zukunfts-Orientierung
(5) Akute Über-Intervention	Weniger Handlungsdruck
(6) Chronische Über-Intervention	Zeitbegrenztes Arbeiten
(7) Symmetrische Eskalation	Akzeptanz von Patientenwünschen
(8) Komplementäre Eskalation	Verantwortung beim Patienten belassen

Abb. 57: Kooperationsprobleme und aus ihnen ableitbare Veränderungswünsche

Zum zweiten interessierte uns, ob sich die von uns vorgegebenen Problem-Items oder die von den TeilnehmerInnen selbst formulierten Veränderungswünsche als veränderungssensitiver zeigen würden und zum dritten gibt es über die von Fachleuten im Gesundheits- und Sozialwesen präferierten Veränderungen in der Kooperation weniger Vorkenntnisse als über ihre Problembeschreibungen. Klagen werden häufiger publiziert als Wünsche oder Vorschläge.

Die von den TeilnehmerInnen formulierten Veränderungswünsche werden inhaltsanalytisch in den Schritten Transkription – Qualitative Inhaltsanalyse – Quantitative Inhaltsanalyse bearbeitet:

(1) Alle Antworttexte weden in einem tabellarischen Textverarbeitungsprogramm (EXCEL), transkribiert, um entsprechend der mehrstufigen Entwicklung und Revision des Kategoriensystems die Antworten mit geringer Mühe den jeweiligen Kategorien zuordnen zu können.

(2) In einer qualitativen Inhaltsanalyse nach Mayring (1983) wird in einem zugleich hypothesen- und materialgeleiteten Verfahren in folgenden Schritten ein Kategoriensystem dieser Veränderungswünsche entwickelt: zunächst werden hypothesenorientiert aus den acht Kooperationsproblemen entsprechende Veränderungswünsche abgeleitet (s.o.), die das theoretische a-Priori-Kategoriensystem bilden. Danach werden materialorientiert in den Texten zunächst bedeutungsgleiche bzw.- bedeutungsähnliche Antworten zu einem ersten empirischen Kategoriensystem zusammengefaßt.

Die beiden so entstandenen vorläufigen Kategoriensysteme werden auf Gemeinsamkeiten und Abweichungen verglichen. Anhand der Abweichungen wird untersucht, inwiefern eine Präzisierung (erweiternde oder einengende Definition) der theoretischen Kategorien das Material zu erfassen mag. Wo das nicht gelingt, weil die Teilnehmer schlichtweg ganz andere Veränderungen wünschen als theoretisch erwartet, werden neue Kategorien formuliert.

Schließlich entsteht für jeden der vier Kooperationskontexte (mit Klienten, Bezugspersonen, Teamkollegen, anderen Einrichtungen) ein Kategoriensystem, welches an unseren Hypothesen orientiert, aber durch das Material stark modifiziert ist. Dieses ist hierarchisch in Ober- und Unterkategorien gegliedert.

Als letzter Schritt wird schließlich ein gemeinsames Kategoriensystem für alle vier Kontexte entwickelt, das die bisherigen vier integriert.

Die Zuordnungen von Textstellen zu Kategorien erfolgt bei diesem Vorgehen fortlaufend. Nach Fertigstellung des endgültigen Kategoriensystems mit seinen Definitionen werden die Zuordnungen aller Textstellen zu den Kategorien nochmals überprüft. Die Interrater-Reliabilität wird an einem Teil des Materials bestimmt.

(3) Quantitative Inhaltsanalyse I: Die relativen Häufigkeiten („Prominenz") der einzelnen Typen von Veränderungswünschen in der Gesamtstichprobe wird bestimmt..

(4) Quantitative Inhaltsanalyse II: Die relativen Häufigkeiten der tatsächlichen Erfüllung dieser Veränderungswünsche („Wunscherfüllung") werden ermittelt. Dazu werden am Weiterbildungsende die individuellen Veränderungswünschen den jeweiligen Tn wieder vorgelegt. Sie sollen nun anhand dreier Antwortalternativen einschätzen, ob eine solche Veränderung „gar nicht", „in erwünschter Richtung" oder „in unerwünschter Richtung" eingetreten ist.

Damit wird es möglich, auch kontraproduktive Verschlechterungen zu erfassen. Die relative Häufigkeit der Veränderungen in erwünschter Hinsicht wird als „Wunscherfüllungsgrad" ausgewertet.

2.3 Hypothesen

Hypothesen zur Ausgangslage vor der Weiterbildung

Allgemeine Bedeutsamkeit der Kooperationsprobleme
In den Globalscores wird starke Problembeobachtung und Problembelastung und eine demgegenüber geringere Einflußnahmemöglichkeit erwartet.

Bedeutsamkeit einzelner Kooperationsprobleme
Alle acht von uns als charakteristisch postulierten Kooperationsprobleme „Widersprüchliche Zielsetzung", „Mangelnde Koordination, „Pathologisierung", „Chronifizierung", „Akute Über-Intervention", „Chronische Über-Intervention", Symmetrische Eskalation", „Komplementäre Eskalation" werden von den Tn beobachtet und als belastend erlebt. Welche davon in welchen Kontexten besonders ausgeprägt beobachtet und als belastend erlebt werden, soll ohne Vorabhypothesen erkundet werden.

Kontextspezifität dieser Kooperationsprobleme

Klienten, Angehörige, Teamkollegen, andere Einrichtungen: Kooperationsprobleme werden mit Klienten, Angehörigen, im eigenen Team und gegenüber anderen Einrichtungen gleich stark beobachtet und als belastend erlebt. Jedoch werden diese Probleme mit „Kunden", d.h. mit Klienten und Angehörigen, beeinflußbarer erlebt als mit anderen Fachleuten (mit Kollegen „läuft das oder es läuft eben nicht", man hat bewußt weniger Einflußstrategien diesen gegenüber verfügbar).

Wohlbefinden in Kooperation ist ausgeprägter mit denen, mit denen man „vertrauter" ist – das sind die Klienten und die eigenen Teamkollegen, weniger die seltener gesehenen Angehörigen und die Kollegen „jenseits der Mauer" aus den anderen Einrichtungen. Symptome mangelnden Wohlbefindens hingegen werden wahrscheinlich in allen vier Kontexten gleich stark beschrieben.

Männer und Frauen, Grundberufe, Arbeitsfelder, Institutionstypen: Die Bedeutsamkeit dieser Probleme ist sehr unterschiedlich in verschiedenen Arbeitsfeldern (Branchen) und Institutionstypen. Aber sie ist recht unabhängig von Personmerkmalen der Akteure wie deren Geschlecht und deren Grundberuf.

Wir rechnen damit, keine Unterschiede zwischen Männern und Frauen zu finden und keine Unterschiede zwischen den – in der Weiterbildung am stärksten vertretenen – Berufsgruppen der Ärzten, Psychologen und Pädagogen. Zwar unterliegen sowohl Männer wie Frauen als auch verschiedene Berufsgruppen sehr verschiedenen Sozialisationen, auch im Blick auf ihre Kooperationsstile. Wir vermuten aber, daß die von uns beschriebenen Kooperationsprobleme so „endemisch" sind, daß sie unabhängig von den individuellen Voraussetzungen allen gleichermaßen „zum Problem werden". Eventuell unterschiedliche „Kooperationskompetenzen" (die wir besonders den Frauen und den Pädagogen als den traditionellen „Underdogs" eher zutrauen) könnten sich allenfalls im „Einfluß" zeigen. Ob aber Ärzte, Psychologen oder Männer solche Unterschiede auch in ihrer Selbsteinschätzung berichten, scheint uns mehr als fraglich.

Wir rechnen aber mit Unterschieden zwischen verschiedenen Arbeitsfeldern. Für Psychiatrie und Jugendhilfe sind viele dieser Kooperationsprobleme ausführlich beschrieben worden. Diese beiden Arbeitsfelder stellen an Kooperation besonders hohe Anforderungen (s. Kap. II.7). Wir rechnen daher damit, daß in diesen beiden Arbeitsfeldern diese Probleme stärker beobachtet werden und mehr belasten als in anderen Arbeitsfeldern. Dies erwarten wir besonders bei Pathologie- und Chronizitätsorientierung in der Psychiatrie, bei symmetrischer Eskalation in der Jugendhilfe und bei komplementärer Eskalation in der Psychiatrie – vor allem mit Klienten und Bezugspersonen.

Einige spezifische Unterschiede erwarten wir auch zwischen stationären und ambulanten Institutionen. Stationäre Einrichtungen zeichnen sich in ihrem „Versorgungsangebot" an ihre Klienten und in der Notwendigkeit, viele Mitarbeiter gut aufeinander abzustimmen, als komplexer aus als ambulante, bei denen oft ein Mitarbeiter gegenüber einem Klienten eine Versorgungsleistung erbringt. Daher dürften stationäre Einrichtungen in der Arbeit mit Klienten und in der Teamgestaltung stärker als ambulante mit Problemen der Koordination und widersprüchlichen Zielsetzung gegenüber ihren Klienten und innerhalb des Kollegenteams zu kämpfen haben. In der Studie soll dies im Vergleich zwischen Wohnheimen und Kliniken als stationären sowie zwischen Praxen und Beratungsstellen als ambulanten Diensten untersucht werden.

Hypothesen über Veränderungen im Weiterbildungsverlauf

(1) *Gesamtstichprobe:* In der Gesamtstichprobe werden die Kooperationsprobleme unverändert beobachtet, aber sie werden als weniger belastend erlebt, und die Teilnehmer sehen mehr Möglichkeiten, auf diese Probleme in ihrem Sinne Einfluß zu nehmen.

Dementsprechend nehmen Aspekte des Wohlbefindens (Spaß, Zufriedenheit) in diesen Kooperationskontexten zu. Symptome mangelnden Wohlbefindens in Kooperation (Druck, Resignation, unproduktiver Streit, belastende Unklarheit) nehmen ab.

Diese Veränderungen zeigen sich gleichermaßen in der Kooperation mit Klienten, Angehörigen, Teamkollegen und anderen Einrichtungen.

(2) *„Problembeladene“:* Teilnehmer, die in ihrer Arbeit Kooperationsprobleme besonders stark beobachten („Problembeladene“), profitieren stärker von der Weiterbildung.

(3) *Grund- und Fortgeschrittenenkurse:* Diese Veränderungen sind nicht kontinuierlich, was sich im Vergleich von Grund- und Fortgeschrittenenkursen zeigt. Während Grundkurse insbesondere für verstärkte Problembeobachtung sensibilisieren und noch wenig Beeinflussungs-Gewissheit vermitteln (gleichwohl bereits Wege zu verminderter Belastung aufzeigen), zeigen die Fortgeschrittenenkursen einheitlichere Effekte: die Belastung sinkt, der Einfluß steigt, in Folge dessen evtl. auch die Beobachtung – alle drei Effekte sind hier deutlicher als in den Grundkursen.

(4) *Unterschiedliche Veränderungen bei Männern oder Frauen, in verschiedenen Berufsgruppen, Arbeitsfeldern oder Institutionstypen?* Zwei Gründe sprechen für die Hypothese, daß die IGST-Weiterbildung stärkere Auswirkungen in den von der „Kontrolle-Hilfe-Vermischung“ besonders geprägten Arbeitsfeldern Psychiatrie und Jugendhilfe sowie in den stationären Institutionen zeigen wird. Zum einen erwarten wir dort eine höhere „Problembeladung“, bei der nach erfolgreicher Weiterbildung deutlichere positive Veränderungen erwartet werden können. Zum anderen haben die meisten IGST-LehrtherapeutInnen besonders viel eigene Praxis und Supervisionserfahrung in der stationären Psychiatrie und hierfür spezifische und anerkannte Arbeitskonzepte entwickelt.

Keine Unterschiede hingegen werden, wie schon in der Ausgangslage, zwischen Frauen und Männern und zwischen den Berufsgruppen erwartet.

Hypothesen über Veränderungswünsche und deren Erfüllung
(1) Die inhaltsanalytisch beschreibbaren *Typen von Veränderungswünschen* in Bezug auf Kooperation entsprechen inhaltlich eng denjenigen, die wir aus den Kooperationsproblemen theoretisch abgeleitet haben.

(2) Zur unterschiedlichen *„Prominenz"* einzelner Veränderungswünsche haben wir keine Vorabhypothesen.

(3) Auch zum *„Erfüllungsgrad"* der persönlichen Veränderungswünsche – generell, differenziert nach Kooperationskontexten und differenziert nach Wunschtypen – haben wir keine Vorabhypothesen.

2.4 Stichprobe

Alle 210 Teilnehmer aller Grund- und Fortgeschrittenenkurse (nicht aber der Supervisionskurse) der IGST im Kursjahr von März 1993 bis Februar 1994 wurden um ihre Mitarbeit an einer Fragebogenstudie gebeten (s. a. Abb. 58).

Von ihnen konnten 159 = 76% zur ersten und von diesen Teilnehmern der Erstuntersuchung wiederum 154 zur zweiten Erhebung gewonnen werden. In die Darstellung unserer Ergebnisse wurden nur die Teilnehmer einbezogen, die bei der ersten und zweiten Befragung auswertbare Fragebögen abgaben, also 144 (= 68% aller Kursteilnehmer und 91% aller Teilnehmer an der ersten Befragung). Bezogen auf die erste Befragung ist diese Teilnehmerquote „traumhaft". Bezogen auf alle Teilnehmer, stellt sie für vergleichbare Fragebogenuntersuchungen ein sehr befriedigendes Ergebnis dar.

Der Anteil der Befragungsteilnehmer mit vollständig auswertbaren Daten (144) an allen Weiterbildungsteilnehmern (210) schwankt sehr zwischen verschiedenen Kursen (zwischen 90% und 44%), allerdings unabhängig vom Kursleiter. Bot ein Kursleiter zwei Kurse an (was zweimal der Fall war), zeigten sich zwischen beiden Kursen deutliche Unterschiede. Die Teilnahmequote in Grundkursen (67%) und Fortgeschrittenenkursen (75%) zeigt geringe Differenzen, ebenso zwischen verschiedenen Grundberufen (Ärzte 68%, Psychologen 70%, Pädagogen 78%). Etwas selektiver wirkt das Geschlecht: Männer nehmen proportional stärker als Frauen teil (Frauen 56%, Männer 79%). Nach unseren Beobachtungen beim Vorstellen und Verteilen der Fragebögen entschied die „Anfangsstimmung" im Kurs, häufig von den ersten verbalen oder nonverbalen Kommentaren einiger Opinion Leaders geprägt, wesentlich über die Teilnahmequote.

1. Teilnehmerzahl und -quote

Kurs-Teilnehmer:	210
Studien-Teilnehmer:	
• Erste Erhebung:	159 (=76%)*
• Zweite Erhebung:	154 (=73%)*
Vollständig auswertbar:	144 (=68%)*
	(=91%)**

*aller Kurs-Teilnehmer
*aller Studien-Teilnehmer (zweite Erhebung)

2. Grundberuf

Medizin:	24 (=17%)
Psychologie:	49 (=35%)
Pädagogik & Sozialarbeit:	64 (=44%)
Sonstige:	7 (= 4%)

3. Geschlecht

Frauen:	81 (=56%)
Männer:	63 (=44%)

4. Alter

Durchschnitt:	37,5 Jahre
Spanne:	27-55 Jahre

5. Zugehörigkeit zur derzeitigen Arbeitsstelle

Durchschnitt:	4 Jahre 9 Monate
Spanne:	2 Monate - 20 Jahre

6. Stationäre vs. ambulante Institutionen

Ambulant:	50
• davon Beratungsstellen:	39
• davon Praxen:	11
Stationär:	63
• davon Kliniken:	36
• davon Wohnheime:	27
Sonstige:	31

7. Arbeitsfelder:

Jugendhilfe:	29
Psychiatrie:	39
Alle Anderen:	76

8. Kurstyp

Grundkurs (1. Wbj.):	87
Fortgeschrittenen-Kurs (3. Wbj.):	57

Abb. 58: Stichproben

Im Vergleich zur Psychiatrie- und zur Jugendhilfestudie machten wir die gleiche Beobachtung wie die Berliner Kooperationsforscher Bergold und Filsinger (mündl.Mitteilung): Fachleute im psychosozialen und medizinischen Bereich zeigen viel Interesse an Interviews und viel Abneigung gegen Fragebögen.

In der Stichprobe zeigt sich ein Übergewicht der drei Berufsgruppen Pädagogen (dazu zählen wir Diplom-Sozialpädagogen, Diplom-Sozialarbeiter, Diplom-Pädagogen und Magister-Pädagogen), Psychologen und Mediziner (in dieser Reihenfolge). Es sind etwas mehr Frauen (56%) als Männer (44%) vertreten. Mit 37 1/2 Jahren Altersdurchschnitt (Spanne: 27 bis 55 Jahre) und knapp fünf Jahren durchschnittlicher Zugehörigkeit zur derzeitigen Arbeitsstelle (Spanne: zwei Monate bis 20 Jahre) ist dies eine recht berufserfahrene Stichprobe. Ambulante und stationäre Institutionen sind ähnlich stark vertreten. Aus den Arbeitsfeldern Psychiatrie und (stationäre) Jugendhilfe zusammen kommt knapp die Hälfte der Tn. Grundkursteilnehmer sind zahlreicher als Teilnehmer von Fortgeschrittenenkursen.

2.5 Datenenerhebung und -auswertung

Fragebogenstudien mit medizinischen und psychosozialen Fachleuten sind ein härteres Brot, als von uns eingangs erwartet. 30 bis 40 Minuten Papier auszufüllen, schien Vielen unattraktiv. Um dennoch eine repräsentative Teilnehmerquote zu erreichen, wurde viel unternommen. Wir versandten Fragebogen und Begleitschreiben vor dem ersten Kursblock und stellten die Untersuchung im ersten Kursblock vor. Eine Diplomandin, die die Fragebögen einsammelte, war während der Kurstage täglich mindestens eine Stunde im Kursgebäude präsent. Mit den Nicht-Abgebern wurden nachgehende Telefonate geführt.

Bei der zweiten Untersuchung garnierten wir zusätzlich den Fragebogen mit Cartoons zum Thema Kooperation, informierten über die Teilnehmerstichprobe des ersten Durchgangs, boten den Abgebenden Gummi-Bärchen als symbolisches Dankeschön an und faßten telefonisch immer wieder nach. So konnten anfängliche Spontanrückgaberaten von 30% auf Quoten bis über 90% gesteigert werden.

Dem Forschungsstand angemessen wurden einfache deskriptiv-statistische Auswertungsverfahren angewendet. Unterschiede zwischen Gruppen sowie im Prä-Post-Vergleich wurden deskriptiv anhand von Mittelwerten und Standardabweichungen von Einzelitems und von Globalscores beschrieben. Zusammenhänge zwischen Einzelitems und Globalscores bzw. zwischen Globalscores, wie sie zur Bestimmung von Reliabilität und Validität der Instrumente bestimmt wurden, wurden mit dem jeweils angemessenen Korrelationskoeffizienten erfaßt.

Als inferenzstatistisches Prüfverfahren für die Bedeutsamkeit von Mittelwertsdifferenzen und Korrelationen diente die *multivariate Varianzanalyse* (Bortz 1993). Mit dieser wurden zunächst Zufallsbefunde ausgeschlossen, wie sie aufgrund mehrfacher univariater Testung bei multiplen abhängigen Variablen auftreten können. Soweit die multivariaten Varianzanalysen signifikante Treatment- oder Gruppeneffekte aufzeigten, wurden zusätzlich univariate Varianzanalysen für die Einzeleffekte durchgeführt. Da, wo schon vor der Untersuchung einzelne, gerichtete a-priori-Hypothesen formuliert waren (dies betrifft einzelne Unterschiede zwischen Institutionstypen und Arbeitsfeldern), wurden diese von vornherein mittels univariater Varianzanalysen überprüft. Alle Varianzanalysen wurden nach dem Allgemeinen Linearen Modell (Bortz 1993) mit dem Programmpaket SAS berechnet.

Prüfungen von Zusammenhängen zwischen Einzelitems und Skalen wurden korrelativ vorgenommen und diese Korrelationen ebenfalls varianzanalytisch auf ihre Abweichung von Null geprüft.

3. Untersuchungen zur Qualität des Fragebogens

Da der Fragebogen eigens für diese Studie entwickelt wurde, gilt es zunächst seine empirische Brauchbarkeit zu prüfen. Wir tun dies einmal in bezug auf die Einzelitems, die jeweils ein Kooperationsproblem operationalisieren, zum anderen in Bezug auf die Globalscores

3.1 Zur Validität der Einzelitems

Bei der Auswahl der Items wurden Expertenurteile verwandt. Ich formulierte zunächst einen Pool möglicher Items und legte diesen zwei kooperierenden und mit der Materie vertrauten Experten vor (Dr. W.Ritscher, Professor für Psychologie in der Sozialarbeit, Esslingen und Dr. W. Herzog, Privatdozent für Innere Medizin und Psychosomatik, Heidelberg). Nur Items, die nach Auffassung beider den jeweiligen Problemtyp repräsentierten, wurden verwendet.

3.2 Zur Reliabilität der Globalscores

Wie ist die Güte der durch Addition der Einzelitems und Division durch deren Anzahl ermittelten Globalscores einzuschätzen? Diese Frage prüften wir durch geeignete Verfahren der Reliabilitätsprüfung und der Konstruktvalidierung.

Zur Reliabilitätsprüfung bestimmten wir die innere Konsistenz der Globalscores – ein Index dafür, in welchem Umfang die einzelnen Items dasselbe messen wie der Globalscore.

Erwartet wurde, daß diese innere Konsistenz (berechnet als Alpha Koeffizient nach Cronbach 1951) einerseits deutlich unter der bei homogenen Leistungs- und Persönlichkeitstests zu erwartetenden Konsistenzwerten (nach Klapproth 1975 ca. 0.85) liegen sollte, da die Einzelitems ja bewußt unterschiedliche, heterogene Einzelprobleme repräsentieren. Andererseits sollte sie deutlich von 0 verschieden sein, da sonst die Berechtigung entfiele, zusammenfassend von „Kooperationsproblemen“ zu sprechen.

Das Ergebnis: 19 der 20 Alpha-Koeefizienten liegen im Bereich zwischen 0.68 und 0.90. Die 10 Koeffizienten zur Kooperation mit Kollegen und anderen Einrichtungen liegen höher (0.79 bis 0.90) als die zur Kooperation mit Klienten und Bezugspersonen (max. 0.79).

Diese Ergebnisse deuten darauf hin, daß erwartungsgemäß die Einzelitems nicht dasselbe messen, aber daß ein starker Zusammenhang zwischen ihnen besteht, der die Zusammenfassung zu Globalscores rechtfertigt.

3.3 Zur Konstruktvalidität der Globalscores

Die theoretische Validität (Konstruktvalidität) der Globalscores prüften wir, indem wir eine Hypothese über sinnvoll interpretierbare Zusammenhänge zwischen den verschiedenen Globalscores entwickelten und diese korrelationsstatistisch überprüften.

Wir überprüften, wie Veränderungen in der Problembeobachtung zusammenhängen mit Veränderungen der Belastung, des Einflusses, des Unwohlseins und des Wohlbefindens. Vollzögen sich diese Prozesse gleichsinnig/identisch, dann bräuchte man sie theoretisch nicht zu unterscheiden. Hätten sie nichts miteinander zu tun, dann wäre ihr inhaltlicher Zusammenhang fraglich. Unsere Hypothese war: Verminderte Problembeobachtung korreliert mit verminderter Belastung, verstärktem Einfluß, mehr positiv definiertem Wohlbefinden, weniger Symptomen mangelnden Wohlbefindens.

Dazu ermittelten wir, getrennt für jeden der vier Kooperationskontexte „Klienten", „Angehörige", „Teamkollegen", „Andere Einrichtungen" die Interkorrelationen der Prä-Post-Dif-ferenz-Globalscores für Problem-Beobachtung mit denen für Problem-Belastung, Problem-Beeinflussung, Wohlbefinden und Symptome mangelnden Wohlbefindens.

Korrelation zwischen veränderter Problem-Beobachtung und Veränderungen bei:	mit Klienten	mit Bezugs-personen	mit Kollegen	mit anderen Einrichtungen
Problem-Belastung	+0.52***	+0.50	+0.45***	+0.47***
Problem-Beeinflussung	-0.17*	+0.06	-0.19*	-0.13
Symptomen mangelnden Wohlbefindens	+0.34***	+0.14	+0.23***	+0.23***
Wohlbefinden	-0.13	+0.08	-0.17	-0.17

Legende: Alle Werte sind Spearman-Rangkorrelations-Koeffizienten

Korrelation signifikant von 0 verschieden
* mit p<0.05
** mit p<0.01
*** mit p<0.001

Abb. 59: Globalscore-Interkorrelationen der Veränderungswerte

Es zeigt sich: verminderte Problembeobachtung korreliert durchgängig hochsignifikant mit verminderter Belastung und (außer mit Bezugspersonen) durchgängig hochsignifikant mit weniger Symptomen mangelnden Wohlbefindens. Hingegen korreliert sie nur ganz schwach (überwiegend nichtsignifikant) mit mehr Einfluß und mehr Wohlbefinden. Das heißt: Problem-Beeinflussung und Wohlbefinden hängen kaum, Problem-Belastung und Symptome mangelnden Wohlbefindens aber sehr deutlich mit der Beobachtung von Kooperationsproblemen zusammen.

Diese Ergebnisse bestätigen unsere Hypothese also nur teilweise. Die davon abweichenden Befunde lassen sich aber sinnvoll interpretieren. „Negative" Reaktionen auf Kooperation (Problembeobachtung und -belastung sowie Symptome mangelnden Wohlbefindens) hängen in der Tat untereinander, aber nicht mit „positiven" Reaktionen wie Einfluß und Wohlbefinden zusammen. Einflußnahme und Wohlbefinden (Spaß und Zufriedenheit) sind also mehr und etwas anderes als nur die Abwesenheit von Belastung, Druck, Resignation, Verwirrung und unproduktivem Streit.

4. Ergebnisse: Kooperationsprobleme und Wohlbefinden zu Kursbeginn

4.1 Eine „problemarme" Stichprobe

Da ja Vergleichsdaten aus anderen Untersuchungen nicht vorliegen, kann nur anhand der Mittelwerte beschrieben werden, in welcher Ausprägung die Probleme von den Teilnehmern beschrieben werden. In der Tendenz beschreiben sich die Teilnehmer als eine eher problemarme Gruppe:

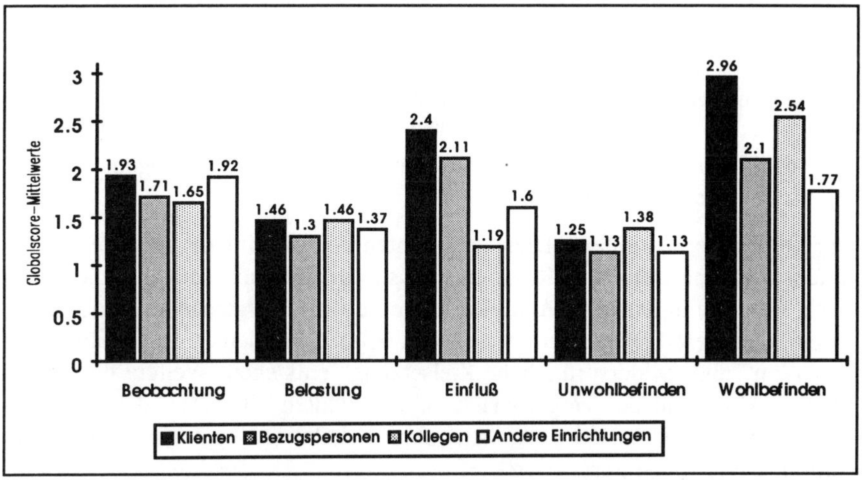

Legende: Alle Werte sind Durchschnittswerte auf einer fünfstufigen Skala von 0 bis 4.

Abb. 60: Ausgangslage in der Gesamtstichprobe

Die Belastungswerte liegen niedriger als die Einflußwerte, die Indikatoren für mangelndes Wohlbefinden niedriger als die für Wohlbefinden in der Kooperation.Vergleicht man die Mittelwerte zwischen den vier Kontexten, so zeigt sich, daß die Probleme in allen vier ähnlich stark beobachtet werden und belasten, und daß Symptome mangelnden Wohlbefindens ähnlich stark beobachtet werden. Deutlich unterscheiden sich aber die subjektiven Beeinflussungsmöglichkeiten und besonders das positiv definierte Wohlbefinden: beide sind mit Klienten klar am stärksten, am schwächsten mit anderen Einrichtungen, die Werte mit den Kollegen aus der eigenen Einrichtung und den Bezugspersonen liegen dazwischen.

4.2 Weitgehend ähnliche Probleme überall

Zwischen verschiedenen Grundberufen, Geschlechtern, Arbeitsfeldern und Institutionstypen zeigen sich in der Problembeobachtung numerisch durchgängig nur ganz minimale Gruppenunterschiede. Lediglich drei Differenzen sind statistisch signifikant, die beiden letzten auch nur bei der Testung a-priori formulierter Hypothesen:

Ärzte beobachten Kooperationsprobleme im eigenen Team etwas stärker als Psychologen und diese als Pädagogen. Dieser Unterschied ist multivariat signifikant, univariat allerdings nur in der Kooperation mit Kollegen, wo insbesondere die Pädagogen die Probleme deutlich schwächer beobachten.

Kooperationsprobleme mit Kollegen	**Ärzte**	**Psychologen**	**Pädagogen**	**Signifikanz der Differenzen** (univariat)
Globalscore	1.92	1.83	1.46	x

Legende:
Alle Werte sind Durchschnittswerte auf einer fünfstufigen Skala von 0 bis 4-

Signifikanztests:
Multivariate Mittelwertsvergleiche mit anschließenden univariaten Testungen

Signifikanzniveaus:
x: $p<0.05$

Abb. 61: Kooperationsprobleme bei Ärzten, Psychologen, Pädagogen (vor der Weiterbildung)

Die Mitarbeiter stationärer Dienste berichten hochsignifikant stärkere Kooperationsprobleme mit ihren Klienten und signifikant mehr mit Teamkollegen (Abb. 62). Die univariaten Analysen zeigen erwartungsgemäß in beiden Kontexten, daß diese Unterschiede wesentlich bei den Problemen „mangelnde Kooperation" und „widersprüchliche Zielsetzung" entstehen. Weitere hochsignifikante Unterschiede zeigen sich mit Klienten in der „Chronizitäts-Orientierung" und in der „symmetrischen Eskalation", mit Kollegen in der „chronischen Über-Intervention".

In Psychiatrie und Jugendhilfe werden Kooperationsprobleme mit Klienten stärker beobachtet als in allen anderen Arbeitsfeldern (Abb. 63). Die gleichen Einzelprobleme wie in den stationären Einrichtungen stehen im Vordergrund: „mangelnde Koordination", „widersprüchliche Zielsetzung", „Chronizitäts-Orientierung", „symmetrische Eskalation".

Überall sonst zeigen sich zwischen Berufen, Frauen und Männern, Arbeitsfeldern und Institutionstypen keine signifikanten Unterschiede. In dieser globalen Betrachtung haben also Beruf, Geschlecht, Arbeitsfeld und Institutionstyp nur einen minimalen Einfluß auf die Beobachtung der hier vorgelegten Kooperationsprobleme. Andersherum gesehen: Diese Kooperationsprobleme werden von diesen verschiedenen Gruppen in ähnlichem Ausmaß beobachtet.

Kooperationsprobleme mit Klienten	in ambulanten Einrichtungen (N= 53)	in stationären Einrichtungen (N=62)	Signifikanz der Differenz
Globalscore	1.76	2.08	(multivariat) xx
Mangelnde Koordination: „Es ist oft schwer, sich mit meinen Klienten über Ziel und Vorgehen der gemeinsamen Arbeit zu einigen".	1.69	2.30	(univariat) xxx
Widersprüchliche Zielsetzung: „Meine Klienten wollen oft etwas anderes, als ich ihnen anbieten will oder kann".	2.09	2.60	xx
Chronizitäts-Orientierung: „Im Kontakt mit meinen Klienten entwickeln sich oft nur wenig Perspektiven, wie sie sich von ihrer Krankheit/ihrem Problem, ihrem Defizit zukünftig wieder verabschieden können".	1.80	2.40	xx
Symmetrische Eskalation: „Meine Klienten machen das, was ich ihnen empfehle, oft gerade nicht".	1.66	2.28	xx

Kooperationsprobleme mit Kollegen	in ambulanten Einrichtungen	in stationären Einrichtungen	Signifikanz der Differenz
Globalscore	1.03	1.41	(multivariat) x
Mangelnde Koordination: „Die Koordination unter den Mitarbeitern läßt zu wünschen übrig".	1.48	1.98	(univariat) x
Widersprüchliche Zielsetzung: „Unter den Mitarbeitern gibt es sehr widersprüchliche Vorstellungen über Ziele und Vorgehensweisen der Arbeit".	1.85	2.44	xx
Chronische Überintervention: „Die bisherigen Versuche, Probleme zwischen Mitarbeitern zu lösen, werden künftig auch dann fortgeführt, wenn man sich wenig davon verspricht".	1.15	1.58	x

Legende:
Alle Werte sind Durchschnittswerte auf einer fünfstufigen Skala von 0 bis 4

Signifikanztests:
Multivariate Mittelwertsvergleiche mit anschließenden univariaten Testungen

Signifikanzniveaus:
x: p<0.05
xx: p<0.01
xxx: p<0.001

Abb. 62: Kooperationsprobleme in ambulanten und stationären Einrichtungen (vor der Weiterbildung)

Kooperationsprobleme mit Klienten	in Psychiatrie und Jugendhilfe (N=69)	in allen anderen Arbeitsfeldern (N=82)	Signifikanz der Differenz
Globalscore	2.07	1.80	(multivariat) xxx
Koordinationsmangel: „Es ist oft schwer, sich mit meinen Klienten über Ziel und Vorgehen der gemeinsamen Arbeit zu einigen".	2.22	1.71	(univariat) xx
Widersprüchliche Zielsetzung: „Meine Klienten wollen oft etwas anderes, als ich ihnen anbieten will oder kann".	2.54	2.13	x
Chronizitäts-Orientierung: „Im Kontakt mit meinen Klienten entwickeln sich oft nur wenig Perspektiven, wie sie sich von ihrer Krankheit/ihrem Problem, ihrem Defizit zukünftig wieder verabschieden können".	2.38	1.84	xxx
Symmetrische Eskalation: „Meine Klienten machen das, was ich ihnen empfehle, oft gerade nicht".	2.30	1.62	

Legende:	Signifikanztests:	Signifikanzniveaus:	
Alle Werte sind Durchschnittswerte	Multivariate Mittelwertsvergleiche	x:	$p<0.05$
auf einer fünfstufigen Skala von 0 bis 4-	mit anschließenden univariaten	xx:	$p<0.01$
	Testungen	xxx:	$p<0.001$

Abb. 63: Kooperationsprobleme in Psychiatrie und Jugendhilfe (vor der Weiterbildung)

4.3 Viel Hyperkomplexität und Problemorientierung, wenig Überintervention und Interventionseskalation

Wie „prominent" sind die einzelnen Kooperationsprobleme – wie ausgeprägt werden sie beobachtet? Hierzu berechneten wir die Mittelwerte für die acht Kooperationsprobleme über alle vier Kooperationskontexte. In der Ausgangssituation, also vor der Weiterbildung, zeigen sich hierzu interessante Unterschiede (Abb.64):

Am stärksten werden Probleme widersprüchlicher Zielsetzung und mangelnder Koordination beobachtet, also Probleme der Hyperkomplexität. Bei der mangelnden Kooperation ragt die mit den anderen Einrichtungen besonders heraus:

> Das Item „Wenn Klienten von Fachleuten aus verschiedenen Einrichtungen parallel oder nacheinander betreut werden, stimmen diese ihr Vorgehen oft unzureichend ab" erreicht mit $\bar{x} = 2.71$ unter allen Items des Fragebogens den höchsten Ausgangs-Mittelwert.

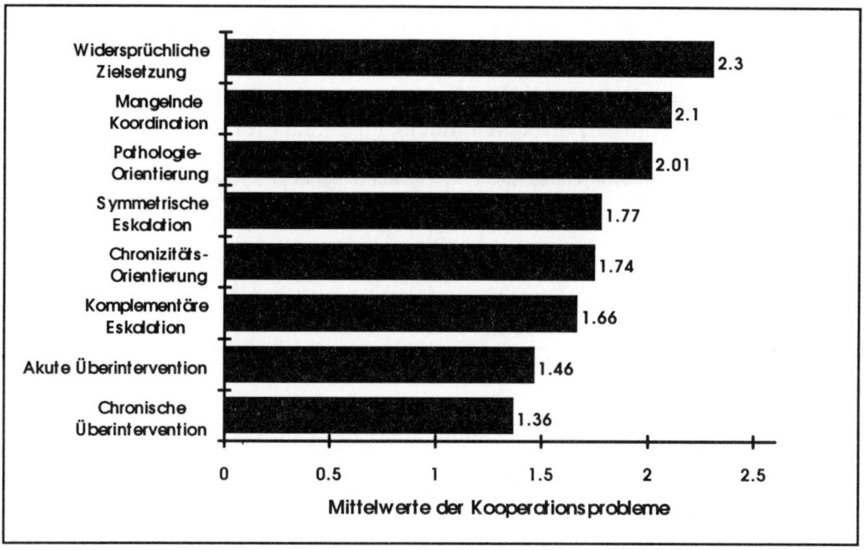

Legende: Alle Werte sind Mittelwerte über alle vier Kooperationskontexte auf einer fünfstufigen Skala von 0 bis 4.

Abb. 64: Prominenz einzelner Kooperationsprobleme

Hingegen werden Probleme der Über-Intervention, also des unsinnigen Zuvieltuns, am wenigsten beobachtet. Insbesondere mit Angehörigen, aber auch mit den Klienten, wird aus Teilnehmersicht sicher nicht zuviel interveniert:

> „Ich übernehme zuviel Verantwortung für die Bezugspersonen meiner Klienten" (Akute Über-Intervention mit Angehörigen) ist mit 0.80 der niedrigste Ausgangs-Mittelwert. Auch chronische Überintervention mit Klienten („Meine Klienten sind länger in meiner Betreuung als mir lieb ist") und mit Angehörigen wird weniger beobachtet als korrespondierende Phänomene mit Teamkollegen und mit anderen Einrichtungen.

Probleme der Defizitorientierung und der Eskalation werden weniger ausgeprägt als Hyperkomplexitätsprobleme, aber stärker als Überinterventionsprobleme beobachtet. Defizitorientierung wird vor allem gegenüber Klienten und noch stärker gegenüber Angehörigen beobachtet, viel weniger aber gegenüber Kollegen und anderen Einrichtungen.

> Relativ ausgeprägt „... wird mir oft deutlich, wie die Bezugspersonen die Probleme/Krankheiten/Defizite meiner Klienten ungewollt oder gewollt verschlimmern / vergrößern" (Pathologie-Orientierung gegenüber Angehörigen). Viel weniger wird demgegenüber etwa „die fachliche oder menschliche Kompetenz der anderen Mitarbeiter oft.. in Frage gestellt" (Pathologie-Orientierung gegenüber Kollegen).

Zusammengefaßt beobachten die Tn die verschiedenen Kooperationsprobleme offensichtlich ähnlich wie die klassische Fachdiskussion es tut: zuwenig Koordination ja, aber sicher nicht zuviel Intervention, schon gar nicht mit den Kunden; Defizitorientierung ja, aber sie bleibt auf die Klienten beschränkt.

Auch die einzelnen Items zum Wohlbefinden (wiederum über alle vier Kooperationskontexte gemittelt) erreichen unterschiedliche Prominenz.

Symptome mangelnden Wohlbefindens		**Wohlbefinden positiv definiert**	
Unerfreulicher Streit	1.05	Zufriedenheit mit Ergebnis	2.20
Unter-Druck-Stehen	1.50	Spaß	2.50
Deprimiert	1.32		
Belastende Unklarheit	1.20		

Legende: Alle Werte sind Durchschnittswerte über alle vier Kooperationskontexte auf einer fünstufigen Skala von 0 bis 4.

Abb. 65: Prominenz einzelner Wohlbefinden-Indikatoren

Auf der Positivseite erzeugt Kooperation mehr „Spaß“ als „Zufriedenheit mit dem Ergebnis“. Beide, Spaß und Zufriedenheit, werden weitaus am stärksten mit Klienten, weitaus am schwächsten mit anderen Einrichtungen erlebt. Auf der Negativseite steht das „Unter-Druck-Stehen“ im Vordergrund (solcher Druck wird vor allem im Umgang mit Klienten erlebt, am wenigsten mit anderen Einrichtungen), gefolgt vom „Deprimiert-Sein“ und der belastenden Unklarheit“. „Unerfreulicher Streit“ wird am wenigsten angegeben.

4.4 Kooperationsprobleme replizieren sich

Nach der „Replikations-Hypothese“ von Bloch und Rosenthal (1964) haben problematische Systemprozesse, in die ein Mensch eingebunden ist, eine Tendenz, sich mit unterschiedlichen Kooperationspartnern zu wiederholen. Kooperationsprobleme könnten also innerhalb eines institutionellen Kontextes oder Arbeitsfeldes eine Tendenz entwickeln, sich in den Umgang mit den verschiedensten Menschen dort auszubreiten. Nach dieser Hypothese wird etwa, wer beispielsweise seine Ziele nur wenig mit seinen Klienten abstimmt, dies auch mit seinen Teamkollegen und mit anderen Einrichtungen wenig tun.

Diese „Problem-Replikation“ über verschiedene Kooperationskontexte (mit Patienten, Angehörigen, eigenem Team, anderen Einrichtungen) müßte sich in bedeutsamen Iteminterkorrelationen der Ausgangswerte zwischen den vier Kooperationskontexten zeigen. Dies wäre der Fall, wenn viele dieser Korrelationen von Null deutlich verschieden wären.

Als Maß für solche Replikationsphänomene berechneten wir für jedes der acht Kooperationsprobleme (getrennt für die drei Aspekte „Beobachten“, „Belastung“ und „Einfluß“) die multiplen Korrelationen RKl,Bz+Ko+Er zwischen den Werten für die Kooperation mit Klienten (Kriteriumsvariable KL) einerseits und mit Bezugspersonen, Kollegen und anderen Einrichtungen (als Prädiktorvariablen Bz, Ko und Er) andererseits. Dies ergibt 3 x 8 = 24 multiple Korrelationen.

Die multiplen Korrelationen zwischen Klienten einerseits und Bezugspersonen, Kollegen und anderen Einrichtungen andererseits liegen zwischen R=.54 und R=.18, durchschnittlich etwa bei .30. Bis auf eine (Einfluß auf Chronifizierung, R=.18) sind all diese 24 Korrelationen signifikant von Null verschieden – die Irrtumswahrscheinlichkeiten liegen zwischen maximal p < .04 und minimal p < .0001. Das bedeutet inhaltlich: Wer einen bestimmten Typ von Kooperationsproblemen mit Klienten beobachtet, beobachtet ihn mit erhöhter Wahrscheinlichkeit auch mit Bezugspersonen, Kollegen und anderen Einrichtungen. Dieselben Kooperationsprobleme replizieren sich also, wie erwartet, mit verschiedenen Kooperationspartnern.

5. Ergebnisse: Was ändert sich im Weiterbildungsverlauf?

5.1 Veränderungen in der Gesamtstichprobe: klein aber konsistent

		mit Klienten	mit Bezugspersonen	mit Kollegen	mit anderen Einrichtungen	Signifikanz der Veränderungen*
Beobachtung von Kooperationsproblemen	**Differenz** **Signifikanz****	-0.16 (xxx)	-0.24 (xxx)	-0.06 (n.s.)	-0.13 (n.s.)	(xxx)
Belastung durch Kooperationsprobleme	**Differenz** **Signifikanz****	-0.11 (x)	-0.18 (xx)	-0.11 (n.s.)	-0.15 (x)	(xx)
Einfluß auf Kooperationsprobleme	**Differenz** **Signifikanz****	+0.21 (xxx)	+0.16 (xx)	+0.14 (n.s.)	+0.11 (n.s.)	(xxx)
Symptome mangelnden Wohlbefindens	**Differenz** **Signifikanz****	-0.22 (xxx)	-0.25 (xxx)	-0.06 (n.s.)	-0.18 (xxx)	(xx)
Wohlbefinden	**Differenz** **Signifikanz****	+0.18 (x)	+0.37 (xxx)	+0.10 (n.s.)	+0.32 (xxx)	(xx)

Legende:
Alle Werte sind Prä-Post-Differenzen der Globalscore-Mittelwerte

Signifikanztests:
Multivariate Mittelwertsvergleiche mit anschließenden univariaten Testungen
* multivariate Testung
** univariate Testung

Signifikanzniveaus:
n.s.: nicht signifikant
x: p<0.05
xx: p<0.01
xxx: p<0.001

Abb. 66: Veränderungen in der Gesamtstichprobe

Globalscores: Die Differenzen der Mittelwerte vor und nach der Weiterbildung sind ausgesprochen klein, zwischen 0.06 und 0.30 auf einer fünfstufigen Skala. Aber sie gehen sehr konsistent alle in diesselbe Richtung: die Probleme werden weniger stark beobachtet, sie belasten weniger, die Teilnehmer meinen diese Probleme besser beeinflussen zu können. Das Wohlbefinden in Kooperation nimmt zu, Symptome mangelnden Wohlbefindens verlieren an Intensität.

Diese kleinen, aber konsistenten Veränderungen sind unterschiedlich ausgeprägt in den vier Kooperationskontexten: die Veränderungen mit Bezugspersonen werden am stärksten, die mit Teamkollegen am schwächsten beschrieben.

Die Veränderungen sind multivariat über alle Kooperationskontexte allesamt hochsignifikant. Die univariaten Analysen zeigen sehr konsistent, daß dies vor allem auf Veränderungen mit den Bezugspersonen, dann mit den Klienten, nur z.T. mit anderen Einrichtungen und überhaupt nicht mit den eigenen Kollegen zusammenhängt.

Daß sich mit Teamkollegen überhaupt keine und mit anderen Einrichtungen kaum bedeutsame Veränderungen gezeigt haben, hängt neben den kleinen Mittelwertsdifferenzen auch mit einer erheblich stärkeren Streuung der Veränderungsscores zusammen. Schon vor der Weiterbildung liegen die Standardabweichungen der Kooperationsprobleme mit Teamkollegen und mit anderen Einrichtungen deutlich höher als die Standardabweichungen der Kooperationsprobleme mit Klienten und mit Angehörigen. Auch die Prä-Post-Differen-zen in der Kooperation mit Fachleuten (also mit Teamkollegen und mit anderen Einrichtungen) sind in Ausmaß und Richtung heterogener als die mit Klienten und Bezugspersonen. Die Standardabweichungen der Prä-Post-Differen-zen liegen mit Klienten zwischen .55 und .59, mit Bezugspersonen zwischen .58 und .70, mit Teamkollegen zwischen .80 und .83, mit anderen Einrichtungen zwischen .74 und .88.

Generell also machen die Tn mit anderen Fachleuten viel unterschiedlichere Kooperationserfahrungen (mehr gute und mehr schlechte) als mit Kunden, wo ihre Beobachtungen sich viel mehr ähneln. Und was sie an Veränderungen während der Weiterbildung erleben, ist auch mit Kunden „einheitlicher". Die Unterschiede zwischen den Tn sind viel größer, die Entwicklungen heterogener. Allerdings wird die Standardabweichung von 15 der 20 Outcomevariablen von der ersten zur zweiten Erhebung kleiner, was auf eine gewisse Homogenisierung im Weiterbildungsverlauf hindeutet.

Zusammenfassend: Die Weiterbildung geht einher mit eher kleinen, aber signifikanten Veränderungen in allen fünf von uns untersuchten Beschreibungsdimensionen. Solche Veränderungen finden sich durchgängig in der Kooperation mit Bezugspersonen und mit Klienten. Sie finden sich aber nur zum Teil in der Kooperation mit anderen Einrichtungen, und überhaupt nicht in der Kooperation mit den eigenen Teamkollegen. Hier sind die Veränderungen deutlich heterogener.

Einzelne Kooperationsprobleme: Die Einschätzung, wie stark einzelne Kooperationsprobleme beobachtet werden, verändert sich sehr gleichsinnig. Die Einzelitem-Mittelwertsdifferenzen schwanken nur ganz geringfügig um die Globalscore-Mittelwertsdifferenzen. Die drei stärksten Einzelveränderungen finden mit den Angehörigen statt: weniger widersprüchliche Zielsetzung ($\bar{x}$ = -.48), bessere Koordination ($\bar{x}$ = -.33), weniger Pathologisierung ($\bar{x}$ = -.34)

5.2 Bei den „Problembeladenen" ändert sich mehr

Jede psychosoziale Intervention kann nur Probleme lösen helfen, die auch als solche wahrgenommen werden. Wer von vornherein kaum Kooperationsprobleme beobachtet, wird sie durch Weiterbildung nicht bewältigen müssen. In unserer Studie gibt es aber viele Teilnehmer mit extrem niedrigen Ausgangswerten der Problembeobachtung, die schon vor der Weiterbildung kaum Kooperationsprobleme beobachten.

Wir unterteilten daher die Gesamtstichprobe nach der Höhe der Beobachtungs-Scores der Erstuntersuchung getrennt für jeden der 4 Kooperationskontexte in die zwei Hälften der eher „Problembeladenen“ und der eher „Problemfreien“.

Als „Problembeladen“ werden hier also diejenige „obere Hälfte“ der KollegInnen ausgewählt, die schon vor der Weiterbildung die Probleme stärker beobachten. Diese Unterteilung wurde separat für jeden der vier Kooperationskontexte (Patienten, Angehörige, Teamkollegen, andere Einrichtungen) vorgenommen – denn wer mehr Probleme mit Patienten beobachtete, mußte ja nicht zwangsläufig auch mehr Probleme mit seinem Team beobachten und umgekehrt. Daher sind die „Problembeladenen“ und die eher „Problemfreien“ in den vier Kontexten nicht notwendigerweise dieselben Menschen, sondern (potentiell) jeweils andere. Der Cut-Off-Point zwischen beiden Gruppen wurde durch eine Medianhalbierung bestimmt, wodurch geringfügig unterschiedliche Stichprobengrößen in beiden Gruppen auftreten können.

Wir untersuchten dann, ob die Problembeladenen nicht nur eine stärker veränderte Problembeobachtung (ein solcher Effekt könnte ein statistisches Artefakt der „Regression zur Mitte“ sein), sondern auch eine stärkere Veränderung von Belastung, Einfluß und Wohlbefinden erleben (Abb. 67). Wegen der unterschiedlichen Gruppenzusammensetzung in den vier Kooperationskontexten wurden für die multivariate Testung nicht die Abweichung jeder der fünf Beschreibungsdimensionen (Beobachtung, Belastung, Einfluß, Symptome mangelnden Wohlbefindens, Wohlbefinden) über die vier Kooperationskontexte (Klienten, Bezugspersonen, Kollegen, Andere Einrichtungen) zusammengenommen berechnet, sondern umgekehrt die Abweichung jedes Kooperationskontextes über die fünf Beschreibungsdimensionen.

Wie erwartet, zeigt sich bei den „Problembeladenen“ ein stärkerer Rückgang aller Beobachtungs- und Belastungsscores. Die zuvor „Problemfreien“ hingegen beobachten zunächst einmal sogar mehr Probleme und erleben sich dadurch stärker belastet. Dies gilt insbesondere mit Kollegen und anderen Einrichtungen. Dort wird, wer zuvor wenig Probleme beobachtete, offensichtlich für diese sensibilisiert und beobachtet sie danach stärker als zuvor. Zumindest bezüglich der Kollegen fühlen sich die zuvor „Problemfreien“ nach der Weiterbildung auch stärker belastet als zuvor. Beim Einfluß und beim Wohlbefinden zeigen die „Problembeladenen“ zwar auch in der Tendenz stärkere Verbesserungen; diese Unterschiede sind aber geringer und statistisch nicht signifikant.

Das heißt: Bei der „problembeladeneren“ Hälfte der Teilnehmer kommt es in der Tendenz in allen Variablen zu stärkeren Verbesserungen im Weiterbildungsverlauf als bei denen, die von vornherein wenig Probleme sehen; univariat signifikant ist dieser Effektunterschied allerdings nur in der Problembeobachtung und der Belastung durch die Probleme.

	mit Klienten			**mit Bezugspersonen**		
	„Problembeladene"	„Problemfreie"	Signifik. d. Diff. (univariat)	„Problembeladene"	„Problemfreie"	Signifik. d. Diff. (univariat)
Beobachtung von Kooperationsproblemen	-0.36	+0.06	xxx	-0.45	+0.08	xxx
Belastung durch Kooperationsprobleme	-0.26	+0.06	xx	-0.31	-0.07	n.s.
Einfluß auf Kooperationsprobleme	+0.24	+0.14	n.s.	+0.22	+0.16	n.s.
Symptome mangelnden Wohlbefindens	-0.32	-0.16	n.s.	-0.37	-0.17	n.s.
Wohlbefinden	+0.22	+0.18	n.s.	+0.43	+0.40	n.s.
Signifikanzniveau aller 5 Differenzen (multivariat)			xxx			xxx
	mit Kollegen			**mit anderen Einrichtungen**		
	„Problembeladene"	„Problemfreie"	Signifik. d. Diff. (univariat)	„Problembeladene"	„Problemfreie"	Signifik. d. Diff. (univariat)
Beobachtung von Kooperationsproblemen	-0.36	+0.40	xxx	-0.47	+0.45	xxx
Belastung durch Kooperationsprobleme	-0.34	+0.29	xxx	-0.40	+0.03	xx
Einfluß auf Kooperationsprobleme	+0.13	+0.04	n.s.	-0.12	+0.04	n.s.
Symptome mangelnden Wohlbefindens	-0.18	+0.04	n.s.	-0.24	-0.22	n.s.
Wohlbefinden	+0.30	-0.07	x	+0.37	+0.18	n.s.
Signifikanzniveau aller 5 Differenzen (multivariat)			xxx			xxx

Legende:
Alle Werte sind Prä-Post-Differenzen der Globalscore-Mittelwerte

Signifikanztests:
Multivariate Mittelwertsvergleiche der Unterschiede zwischen den „Problembeladenen" und den „Problemfreien" für jeden der vier Kooperationskontexte mit anschließenden univariaten Mittelwertsvergleichen

Signifikanzniveaus:
n.s.: nicht signifikant
x: $p<0.05$
xx: $p<0.01$
xxx: $p<0.001$

Abb 67: Unterschiedliche Veränderungen bei „problembeladenen" und „problemfreien" Teilnehmern

In einem zweiten Schritt prüften wir daher, welche Veränderungen nur in dieser Teilgruppe signifikant sind. Anders als in der Gesamtgruppe verbessert sich für die diesbezüglich stärker „problembeladenen" Teilnehmer auch die Kooperation mit Kollegen im eigenen Team in einigen Dimensionen signifikant: die Problembeobachtung und die Problembelastung verringern sich, das Wohlbefinden nimmt zu.

5.3 Ein Vergleich von Grund- und Fortgeschrittenenkursen

Gibt es verschiedene Veränderungen in verschiedenen Phasen der Weiterbildung? Um dies zu untersuchen, verglichen wir die Veränderungswerte der Grund- und Fortgeschrittenen- Kursteilnehmer miteinander. Hier zeigt sich ein deskriptiv konsistenter Trend, der sich aber inferenzstatistisch in multivariaten Mittelwertsvergleichen als nicht signifikant erweist: Die Grundkursteilnehmer erleben tendenziell mehr Einflußzunahme, aber weniger Belastungsabnahme als die Teilnehmer der Fortgeschrittenenkurse.

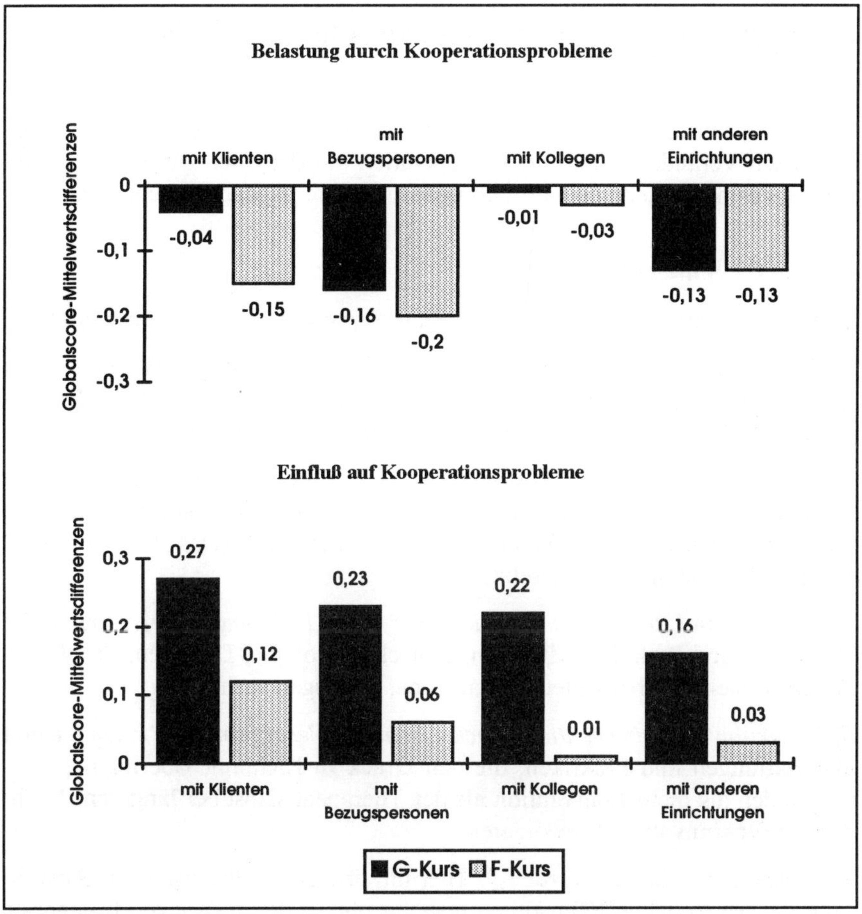

Legende: Alle Werte sind Prä-Post-Differenzen der Globalscore-Mittelwerte

Abb. 68: Unterschiedliche Veränderungen in Grund- und Fortgeschrittenenkursen

Aus der Perspektive der Fortgeschrittenenkursteilnehmer gilt umgekehrt: ihre Einflußmöglichkeiten wachsen nicht mehr so stark, aber ihre Belastung nimmt stärker ab. Diese Trends verfehlen aber, teilweise knapp, statistische Signifikanz.

5.4 Kaum Differenzen zwischen Geschlechtern, Berufen, Arbeitsfeldern, Institutionen

Schon in der Ausgangslage zeigten sich kaum Differenzen zwischen Männern/Frauen, Berufen, Arbeitsfeldern, Institutionstypen. Noch einheitlicher fluktuieren deren Veränderungen mit lediglich minimalsten Abweichungen um die Veränderungen der Gesamtstichprobe.

6. Ergebnisse: Veränderungswünsche und deren Erfüllung

Die Inhaltsanalyse der vor dem Kurs von den Teilnehmern formulierten Wünsche nach Veränderungen in der Kooperation mit Patienten, Angehörigen, eigenem Team und anderen Einrichtungen erbrachte folgende Ergebnisse.

6.1 Sechs Wunschtypen

Unsere Inhaltsanalyse führte zu sechs Kategorien von Veränderungswünschen:

1. *Komplexitätsreduktion („mehr Durchblick"):* Das sind alle Wünsche nach mehr „Durchblick" in komplizierten Situationen, nach vereinfachter Handhabung einer Aufgabe dank besserer gedanklicher Strukturierung.

2. *Koordination („bessere Abstimmung"):* Dazu gehören alle Wünsche, sich mit anderen in Kommunikation so auszutauschen oder abzustimmen, daß die eigene oder gemeinsame Arbeit dadurch erleichtert wird. (Das „Durchblicken" ist hier meist schon vorausgesetzt).

3. *Lösungs- und Ressourcenorientierung („mehr Hoffnung"):* Dies meint alle Haltungen und Praktiken, die weniger nach Pathologie, Defiziten, Problemen als mehr nach Möglichkeiten, Kapazitäten, Lösungen suchen.

4. *Reduktion von Interventionsdruck („weniger Verantwortung"):* Dies meint alle Haltungen und Praktiken, die den Druck in Richtung Überintervention, verstanden als mehr Intervention als der Therapeut selbst bei längerem Nachdenken für sinnvoll hält, reduzieren.

5. *Kompetenz („Besser werden"):* Hiermit sind alle Wünsche nach Ausweitung der persönlichen Fähigkeiten gemeint, die in den bisherigen Kategorien nicht aufgehen.

6. *Umweltveränderung („Andere sollen sich ändern):* Während alle bisherigen Wünsche sich ganz stark auf die WeiterbildungsteilnehmerIn selbst beziehen –

auf künftige Veränderungen des Verhaltens, Denkens, Empfindens, an denen sie zumindest aktiv beteiligt ist oder die sogar in ihrem alleinigen Einflußbereich liegen, geht es hier dominant um die Veränderung ihrer externen Arbeitsumwelt: der als „vorgegeben" und „äußerlich" beschriebenen institutionellen Strukturen oder der anderen Menschen an der Arbeit: Kollegen, Chefs, Klienten.

Von diesen Hauptkategorien entsprechen die ersten vier unseren Erwartungen; die beiden letzten hatten wir nicht vorhergesagt.

Interrater-Reliabilität des Kategoriensystems

Zur Bestimmung der Interraterreliabilität dieses Kategoriensystems kategorisierten zwei Rater unabhängig voneinander eine Auswahl von 131 Veränderungswünschen aus allen vier Kooperationskontexten. Die paarweise Übereinstimmung der Ratings wurde als Anteil übereinstimmender Einschätzungen mit r = .89 ermittelt. Als Reliabilitätskoffizient wurde der Kappa-Koeffizient berechnet, der nach der Formel

$$K = \frac{P(A) - P(E)}{1 - P(E)}$$

(wobei P(E) die per Zufall erwartbare und P(A) die tatsächlich gefundene Übereinstimmung angibt)

die tatsächliche Übereinstimmung um die zufällig erwartbare Übereinstimmung korrigiert und auf die maximal mögliche Übereinstimmung bezieht.

Berechnet wurde über alle 7 gefundenen Kategorien ein hochsignifikanter Kappawert von r = .85, welcher für qualitative Kategoriensysteme sehr gut ist. Für die einzelnen sieben Kategorien schwankt Kappa zwischen r = .76 und r = .91.

6.2 Prominenz verschiedener Wunschtypen

Als „Prominenz" dieser Wünsche ermittelten wir die relativen Häufigkeiten der sechs Haupttypen von Veränderungswünschen in den vier Kooperationskontexten. Angesichts der Deutlichkeit der hierbei gewonnenen Ergebnisse wurde auf inferenzstatistische Überprüfung dieser Unterschiede verzichtet (Abb 69).

Der Löwenanteil der Veränderungswünsche konzentriert sich auf die Koordination („mehr und/oder bessere Abstimmung) – mit Angehörigen, mehr noch mit Kollegen und am meisten mit anderen Einrichtungen. Bezüglich der Klienten hingegen sind die Wünsche relativ gleichmäßig auf die sechs Kategorien verteilt; die „Reduktion von Interventionsdruck" wird knapp am häufigsten genannt.

Veränderungswunsch	Prozentanteil des Veränderungswunsches
1. Komplexitätsreduktion	7,45 %
2. Koordination	41,34 %
3. Lösungsorientierung	6,97 %
4. Reduktion von Interventionsdruck	12,58 %
5. Kompetenz	14,23 %
6. Umweltveränderung	15,78 %

Abb. 69: Prominenz einzelner Veränderungswünsche

6.3 Neue Wünsche, die während der Weiterbildung entstehen

Neue Wünsche, die sich erst während der Weiterbildung entwickeln, sind von den anfänglichen Wünschen nicht kategorial verschieden. Sie lassen sich gut in das anfängliche inhaltsanalytische Schema integrieren, dieses mußte nicht weiter modifiziert werden. Die Berechnung der relativen Häufigkeiten der verschiedenen Wunschtypen zeigt, daß auch deren „Prominenz“ maximal um drei Prozent von ihrer Prominenz bei den vor der Weiterbildung formulierten Wünsche abweicht.

Allerdings sind sie viel spezifischer formuliert – z.B. „Intensivierung der Skulpturarbeit“ oder „zirkuläres Fragen bei Erziehungsleitergesprächen“ statt „mehr systemisch arbeiten“. Sie sind präziser im Jargon der systemischen Therapie formuliert, und präziser auf den Arbeitskontext der Teilnehmer hin zugeschnitten.

6.4 Hohe Wunscherfüllung

Betrachtet man alle Veränderungswünsche zusammen über alle vier Kontexte, dann zeigt sich eine sehr häufige Wunscherfüllung (Abb. 70): 68% der gewünschten Veränderungen werden nach einem Jahr als realisiert bezeichnet, bei 4 % tritt diesbezüglich eine Veränderung in unerwünschter Richtung ein, bei 27% tritt keine Veränderung ein.

Welche Wünsche haben die besten Chancen, realisiert zu werden (Abb. 71)? Am meisten werden Veränderungswünsche mit Klienten realisiert(78%), danach mit Angehörigen (64%), weniger mit anderen Einrichtungen (61%), am wenigsten mit den eigenen Kollegen (55%).

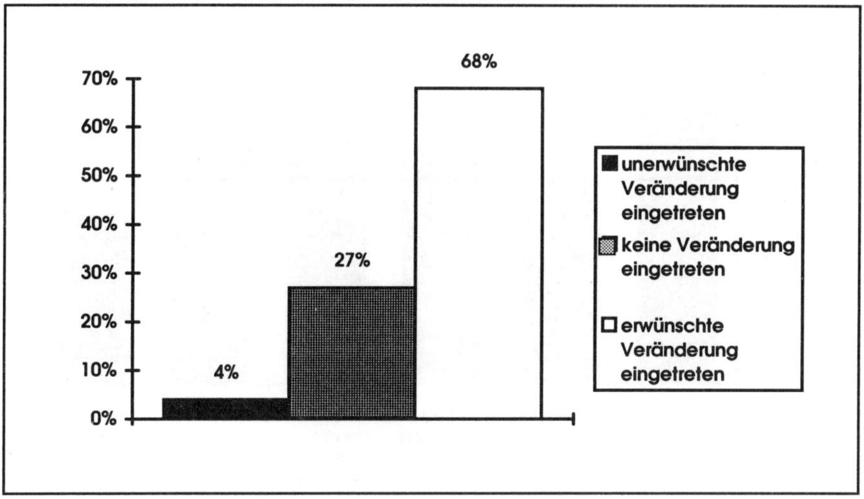

Abb. 70: Wunscherfüllung: alle Veränderungswünsche

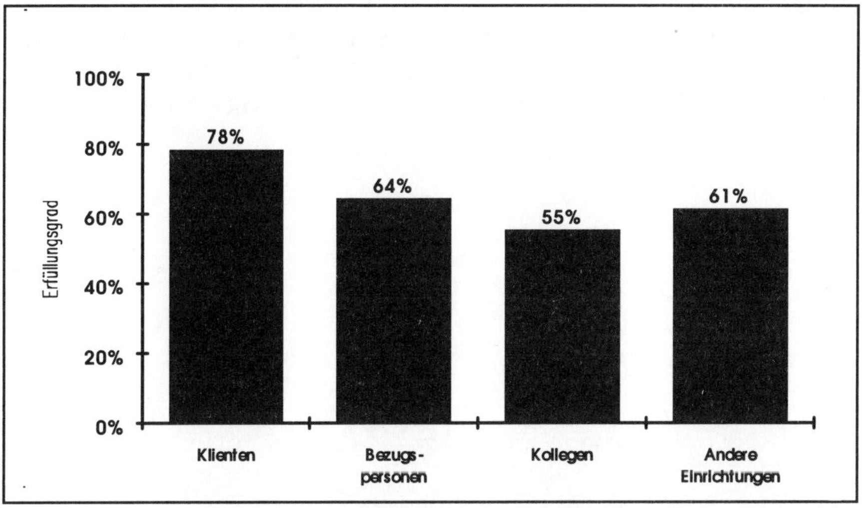

Abb. 71: Wunscherfüllung getrennt nach Kooperationskontexten

Welche Wünsche gehen mehr oder weniger in Erfüllung (Abb. 72)? Am meisten sind dies Wünsche nach Komplexitätsreduktion (85%), überdurchschnittlich stark auch Wünsche nach weniger Interventionsdruck (80%), mehr Kompetenz (78%), mehr Lösungs- und Ressourcenorientierung (74%). Am wenigstens kommt es zu den erhofften Veränderungen „der Anderen“ (55%), etwas unterdurchschnittlich oft realisiert sich auch die so oft gewünschte Koordination (64%).

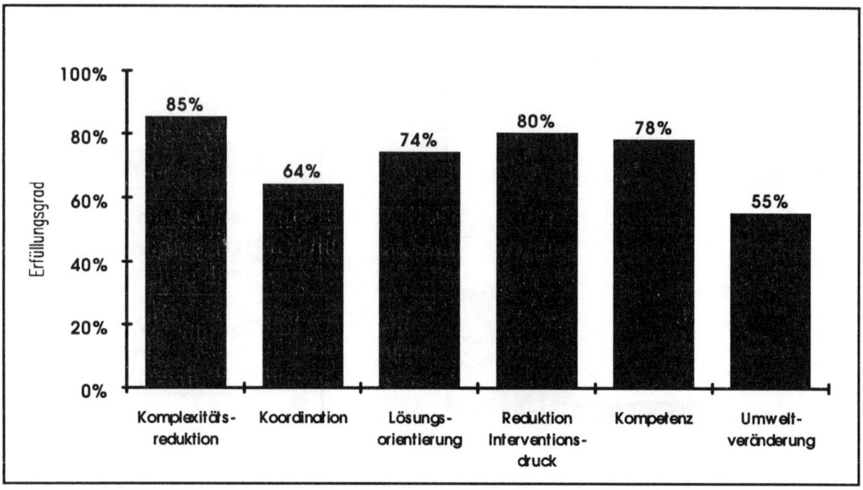

Abb. 72: Wunscherfüllung getrennt nach Wunschinhalten

Es fällt auf, daß mit dieser Methode der Erfassung persönlicher Veränderungswünsche und deren Erfüllung eindrücklichere Veränderungen beschrieben werden als bei den Globalscores „Kooperationsprobleme" (Kap. 5.1). Mögliche Gründe dafür werden im Buchabschnitt VI, Kap.2.3 diskutiert.

VI. Zusammenfassung, Diskussion, Ausblick

1. Zusammenfassung

1.1 Grundlagen professioneller (Nicht-)Kooperation

Eine Reihe aktueller gesundheits- und sozialpolitischer Probleme in den entwickelten Industriestaaten weisen darauf hin, daß bei zunehmender Effizienz einzelner Dienstleistungen die Formen der (Nicht)-Kooperation zwischen den beteiligten Institutionen, Fachleuten, Patienten/Klienten und Angehörigen zu nachhaltigem Verschleiß an Geld, Gesundheit und Nerven führen. Monetär zeig sich dies als „Kostenexplosion". In der täglichen Arbeit weisen unbefriedigende Patienten-Compliance, Konflikte mit Angehörigen sowie manche kontraproduktive Nebenwirkungen medizinischer und sozialer Interventionen darauf hin. Auf Mitarbeiterseite wirkt dies als Burn-Out-Phänomene zurück – besonders nachhaltig, aber nicht nur dort, im Personalnotstand in der Krankenpflege.

Kooperation im engeren Sinne ist eine zwischen zwei oder mehreren Akteuren abgestimmte, auf ein Ergebnis gerichtete Tätigkeit. Meine Studien verwenden eine weitere Begriffsdefinition, die auch konflikthafte, konkurrenzbetonte, absichtslose, und kontraproduktive Formen von Kooperation einschließt. Denn daß Kooperation in Sonntagsreden so oft propagiert und ihr Fehlen so oft beklagt wird, weist darauf hin, daß sie sich oft für einzelne Akteure gar nicht lohnt. Und manchmal erzeugt sie, wieder aus Sicht einzelner Akteure, kontraproduktive Ergebnisse. Dies läßt sich an Beispielen aus der Kooperation zwischen Berufsgruppen, der psycho-somatischen Kooperation und der Gemeindepsychiatrie zeigen.

Viele aktuelle Kooperationsprobleme hängen aus systemischer Perspektive mit vier Charakteristika entwickelter Gesundheits- und Sozialsysteme zusammen: ihrer Expansion und Spezialisierung („Hyperkomplexität"), ihrer Problemfokussierung, ihrem hohen Interventionsdruck; in Einrichtungen, die zugleich Dienstleistungs- und Kontrollfunktionen gegenüber ihren Nutzern haben, kommen Auftragsvermischungen zwischen diesen beiden Aufgaben hinzu. In dieser Situation stellen die beiden von mir vertieft untersuchten Arbeitsfelder Psychiatrie und Jugendhilfe besonders hohe Kooperationsanforderungen an die dort Tätigen.

Die zu prüfende Grundthese meiner Arbeit ist, daß die Systemtheorie zur Kontextanalyse solcher Kooperationsprobleme und die systemische Beratung zur alltäglichen Bewältigung solcher Probleme nützliche Beiträge liefern. Systemische Beratung bietet zahlreiche Grundhaltungen, Techniken und Settings an, die den Akteuren in hochspezialisierten Dienstleistungssystemen Werkzeuge für die selbstkritische Überprüfung ihrer Kooperationsstrategien („Systemische Selbstreflexion"), für das Verhandeln miteinander („Diskurssysteme") und für das Schaffen günstiger Rahmenbedingungen für Kooperation („Kontextsteuerung") an die Hand geben.

Weiterbildung kann in zweierlei Weise kooperationsfördernd wirken: inhaltlich durch Vermittlung von Kontextklärungs- und Verhandlungskompetenzen, strukturell durch die Zusammenführung verschiedenster Berufsgruppen und Arbeitsfelder in gemeinsamen Kursen. Beides wird in den von mir beforschten Weiterbildungsgängen der Internationalen Gesellschaft für Systemische Therapie getan.

Zur Beforschung veränderten Kooperationsgeschehens im Verlauf einer Weiterbildung bietet sich die Kombination sehr unterschiedlicher Methoden an, die die Ergebnisse der jeweils anderen begründen, erklären und kritisch infragestellen können. Meine drei Studien ergänzen einander komplementär im Gegenstand (Jugendhilfe, Psychiatrie, gesamte Psychologische Medizin und Soziale Arbeit), in Methodenspektrum, Stichprobengröße und Verallgemeinerbarkeit. Sie nutzen dabei je nach Schwerpunkt Techniken aus der formalen Evaluationsforschung und aus der handlungsorientierten Praxisforschung, sind teilweise mehr theorie- und teilweise mehr gegenstandsorientiert und setzen qualitative und quantitative Methoden ein.

1.2 Jugendhilfestudie: Wege zur Kundenorientierung

In der stationären Jugendhilfe als oft unfreiwilliger „Erziehung außerhalb des Elternhauses" stellen sich unter Kooperationsgesichtspunkten drei große Probleme, von denen auch die Fachliteratur voll ist: Wie kann eine Beziehung der Jugendlichen zu ihren Angehörigen nach der oft unfreiwilligen Trennung, nach gegenseitigen Traumatisierungen und oft aus großer Distanz, aussehen? Wie können die Eltern und die ErzieherInnen einen Kampf um die Rolle der „besseren Eltern" mit gegenseitiger Abwertung und Sabotage vermeiden? Wie können schließlich die ErzieherInnen den Jugendlichen gegenüber zwischen gemeinsamer Alltagsgestaltung, vorsichtig-mißtrauischer Verhaltenskontrolle, therapeutischen Ambitionen und einer freundlich-neutralen Beratungshaltung eine Balance finden?

Im empirischen Teil wird eine von mir durchgeführte Weiterbildung mit dem Team dreier zusammengehörender Jugendwohngemeinschaften mit parallel verlaufender Begleitforschung beschrieben und untersucht. Die Weiterbildung war auf die Bedürfnisse der Einrichtung zugeschnitten. Ihr Konzept wurde durch Feedbacks aus dem Teilnehmerkreis und der Begleitforschung kontinuierlich weiterentwickelt.

Methodisch wurden vier Instrumente eingesetzt. Interviews aller Mitarbeiter und Jugendlichen vor der Weiterbildung erfaßten die Wahrnehmung der damals bestehenden Kooperationsbeziehungen, Hindernisse und Ängste gegenüber Veränderungen sowie Veränderungswünsche. Entsprechende Interviews nach der Weiterbildung prüften, was sich daran geändert hatte. Zugleich mit den Interviews wurde in Ratingskalen die Zufriedenheit beider Gruppen mit den diversen Kooperationen erfaßt.

Über einen längeren Zeitraum, nämlich je neun Monate vor, während und nach der Weiterbildung, wurden aus den Gruppentagebüchern Indikatoren der Kooperationsdichte, der Aufenthaltsstabilität und des dissozialen Verhaltens der Jugendlichen sowie ihrer Lebensort-Biographie zur Ermittlung möglicher Veränderungen in einer „Ereignisdokumentation" erfaßt. Parallel dazu wurden in teilnehmender Beobachtung alltägliche Kooperationsprozesse in der Einrichtung auf ihre Dynamik und ihre Veränderungen untersucht.

Im Ergebnisteil lassen sich vor allem die Erwartungen der Jugendlichen und Angehörigen an die (Nicht-)Kooperation zwischen Mitarbeitern und Angehörigen in sehr klar unterscheidbare Typen aufteilen. Das Spektrum der Mitarbeiterbefürchtungen gegenüber mehr Angehörigenarbeit wird deutlich.

Was ändert sich? Vor allem ändern sich die Bedenken (und oft abwertenden Sichtweisen) der Mitarbeiter gegenüber den Angehörigen und ihre Kooperationsangebote an diese. Es wird viel mit Angehörigenarbeit experimentiert, die Kontaktdichte wird viel größer. Dies gilt vor allem bei der Aufnahmeentscheidung, bei alltäglichen Routinekontakten, schriftlichen Elterninformationen sowie in Krisensituationen. Es zeigt sich aber nicht bei der Entlassung – da bleiben die Eltern weiterhin außen vor und auch sonst bleibt die vorzeitige, ungeplante Entlassung angesichts zugespitzter Krisen ein ungelöstes Problem. Kontakte der Mitarbeiter mit den Angehörigen werden alltäglicher und sind nicht mehr vorrangig durch Probleme als Kontaktanlässe initiiert.

Das Ausmaß zunehmender Angehörigenarbeit schwankt sehr je nach Mitarbeitern und insbesondere je nach Teams. Soweit Bedenken weiterbestehen, wandeln diese sich von projektiven („die haben kein Interesse") zu ökonomischen („zuviel Aufwand").

Im Ergebnis berichten die Mitarbeiter deutlich größere Zufriedenheit mit ihrem dichter gewordenen Angehörigenkontakt. Gleichermaßen zeigen sich auch die Jugendlichen mit ihrem ebenfalls dichter gewordenen Kontakt zu ihren Angehörigen viel zufriedener. Interessanterweise gilt beides nur aus der „Innensicht": Weder finden die Mitarbeiter die Beziehung Angehörige-Jugendliche zufriedenstellender, noch sind die Jugendlichen mit der Beziehung Angehörige-Mitarbeiter zufriedener als zuvor.

Kurzfristig zeigen sich keine wesentlichen Veränderungen im Umgang zwischen Mitarbeitern und Jugendlichen; lediglich in der teilnehmenden Beobachtung und in der Checkliste umgesetzter Weiterbildungsinhalte gibt es einzelne Hinweise.

In den Teams zeigt sich eine erhöhte Konfliktbereitschaft und damit zunächst geringere Zufriedenheit mit der Teamkooperation (die war eingangs extrem hoch), jedoch mehr gegenseitiges (Vertrauen voraussetzendes) Sich-Miteinander-Beraten.

Projektverlauf und Daten zeigen, daß sowohl das Angebot „Angehörigenarbeit“ der Wohngemeinschaften an die Angehörigen wie auch das Angebot „systemische Weiterbildung“ an die Wohngemeinschafts-Mitarbeiter von den jeweiligen Kunden sehr selektiv entsprechend der jeweiligen Bedürfnisse genutzt wird – von überhaupt nicht bis sehr nachhaltig. Dies unterstützt die Annahme, eine kundenorientierte Auftragsklärung helfe sowohl in der Jugendhilfe wie in der systemischen Weiterbildung, nicht zu viel und nicht zu wenig zu tun, weder zu missionieren noch abzuschreiben, sondern das eigene Angebot möglichst präzis auf die Kundenwünsche abzustimmen.

1.3 Psychiatriestudie: Gelassenheit durch Verantwortungseingrenzung

Kooperation im psychiatrischen Bereich wird entscheidend geprägt durch Krankheitsentstehungstheorien und diesen entsprechende Behandlungsphilosophien. Ich unterscheide vier zentrale Krankheitsmodelle (Endogenität, Vulnerabilität, Gesellschaftliche Determination, System–Umwelt–Austausch), die vor allem in der Kooperation mit Patienten und Angehörigen, aber mittelbar auch in der Kooperation in psychiatrischen Teams und in regionalen Versorgungsnetzen zu sehr unterschiedlichen Kooperationsstrategien führen. Einige Spezifika systemischen Arbeitens im Psychiatriebereich werden eingehender beschrieben. Die zwei Institutionstypen psychiatrische Klinik und sozialpsychiatrischer Dienst werden unter dem Gesichtspunkt hoher entweder interner (Klinik) oder externer Komplexität (Sozialpsychiatrischer Dienst) vergleichend gegenübergestellt.

Die empirische Studie wertet eingehende teilstrukturierte post-hoc-Interviews mit 52 IGST-WeiterbildungsteilnehmerInnen aus psychiatrischen Kliniken und sozialpsychiatrischen Diensten aus. Diese Interviews erfragten Veränderungen im Umgang mit Patienten, deren Umfeld, den Kollegen im eigenen Team, der eigenen Großinstitution und anderen Einrichtungen, schließlich auch Veränderungen im Umgang mit sich selbst.

Diese Interviews aus drei Weiterbildungsjahrgängen (1990-1993) wurden durch ein Auswertungsteam inhaltsanalytisch zunächst qualitativ und dann ansatzweise auch quantitativ ausgewertet. Ausführliche Raterschulungen und ein detailliertes Codebuch erbrachten eine hohe Interraterreliabilität.

Die Rahmenbedingungen für Kooperation in den (Landes)kliniken und (süddeutschen) SpDi unterscheiden sich vielfältig. Die Kliniken sind meist in staatlicher Trägerschaft und medizinisch-psychologisch orientiert, die SPDi in kirchlicher Trägerschaft und sozialarbeiterisch orientiert. Die Kliniken sind stärker hierarchisch organisiert. Sie arbeiten mit ihren Klienten eher „kurz und heftig" und weniger „ewig und geruhsam" wie die SpDi. In Kliniken sind Konflikte zwischen Berufsgruppen, in SpDi mit dem Träger häufiger. Systemisches Arbeiten scheint in SpDi dominierender. Vorangehende Therapieausbildungen der SpDi-Tn fanden meist in humanistischen, der Kliniks-Tn in tiefenpsychologischen Verfahren statt.

Als allgemeine Veränderungen werden genannt: (1) Eine Verringerung von unproduktivem Verantwortungsdruck durch sorgfältigere Klärung von Aufträgen und Eingrenzung der eigenen Verantwortung; (2) mehr Zufriedenheit, Gelassenheit, gelegentlich Spaß; (3) bei den SozialarbeiterInnen und -pädagogInnen ein Rollenwandel von der „Versorgung" zur „Beratung".

Angehörige werden in unterschiedlichen Settings („Familienvisiten", „Systemische Einzeltherapie") real oder gedanklich stärker einbezogen. Die Wünsche von Patienten und Angehörigen werden in den SpDi stärker bei Arbeitsbeginn („Was genau soll ich für sie tun?"), in den Kliniken stärker bei der Entlassung erfragt und berücksichtigt („Wann wollen Sie wohin entlassen werden?").

Eindrücklich ist eine veränderte zeitliche Struktur der Behandlung / Betreuung, vor allem in den SpDi: die Kontakte werden seltener, die Intervalle dazwischen länger, die Abschlüsse häufiger. Dieser „Zeitspareffekt" kommt nicht durch „Angebotsverknappung", sondern durch mehr Auftragsklärungen und Nutzenbilanzierungen der Beratungsarbeit im Gespräch mit den Patienten zustande. Die eingesparte Zeit mit Einzelklienten wird für mehr Angehörigenarbeit sowie für qualifizierende Vor- und Nachbereitung der Klientenarbeit genutzt.

Die Sicht auf die Patienten verändert sich, indem ihre Symptome nicht nur negativ als Defizite, sondern zugleich als auch funktionale Bewältigungsversuche in schwierigen Lebens- und Beziehungskonstellationen verstanden werden. Dies gilt auch für chronische Verläufe und akute Rückfälle. Die Fachleute sehen mehr Eigenverantwortung und trauen ihren Patienten mehr Eigeninitiative zu. Das professionelle Betreuungssystem mit seinen protektiven Aspekten wird kritischer gesehen.

Strukturell ähnliche Prozesse werden in der Teamkooperation beschrieben: mehr Öffnung ins Team einschließlich mehr gemeinsamer Fallarbeit, mehr Toleranz und Gelassenheit gegenüber „Marotten" und abweichenden Meinungen, eine stärker funktionsbezogene und weniger personalisierende Sichtweise von Teamkonflikten. Im Umgang mit der eigenen Großorganisation und mit anderen Einrichtungen werden wenig Veränderungen beschrieben.

All dies hat Folgen für den Umgang mit sich selbst: eine ressourcenorientiertere Sicht auch auf sich selbst, eine Begrenzung der eigenen Verantwortlichkeit und eine Reihe persönlichkeitsbezogener Veränderungen fördern bei den MedizinerInnen vor allem ein „Entspannen“ und „Lockerlassen“, bei den SozialarbeiterInnen ein selbstbewußteres Auftreten.

Die durch systemisches Arbeiten geförderte Atmosphäre wird ambivalent beschrieben: positiv als „nicht immer so todernst“, als „mit Spaß verbunden“, auch als „praktisch handfest“, negativ als „gelegentlich amoralisch“ und als „die Klienten und ihre Symptome nicht ganz ernst nehmend“.

Viele Veränderungen sind in den sozialpsychiatrischen Diensten ausgeprägter als in den psychiatrischen Kliniken, was mit den größeren individuellen Freiheitsspielräumen in den weniger hierarchisch strukturierten SpDi zusammenhängt.

Die Fragebogenergebnisse bestätigen einige dieser Ergebnisse: Die Tn arbeiten zeitlich mehr mit Angehörigen, entsprechend weniger in Einzelklient-Kontakten. Ihre Arbeitszufriedenheit in verschiedenen Kooperationskontexten steigt, mit Klienten und deren Umfeld deutlicher als im Team und mit anderen Einrichtungen. Veränderte Arbeitszeitverteilung und Arbeitszufriedenheit wird in der Arbeit mit Klienten und deren Umfeld weit stärker auf die Weiterbildung bezogen als im eigenen Team oder mit anderen Einrichtungen.

Als Einstellungsänderungen lassen sich beschreiben: (1) eine stärker beziehungsorientierte, weniger biologisch-medizinische und an frühen Traumatisierungen orientierte Krankheitstheorie; (2) ein professionelles Rollenverständnis, das die Aufgaben des „Anregens und Verstörens“ stärker, der „Fürsorge“ und der „Hilfestellung in praktischen Lebenslagen“ hingegen weniger betont; (3) mehr Optimismus bezüglich Symptomatik und sozialer Situation der Klienten sowie bezüglich der Gestaltung schwieriger psychiatrischer Interaktionen.

1.4 Gesamtstudie Psychologische Medizin und Soziale Arbeit

Die Gesamtstudie prüft die im Grundlagenteil und z.T. in der Psychiatriestudie entwickelten Hypothesen in einer stark quantitativen Prä-Post-Evaluation mittels Fragebogen an 159 TeilnehmerInnen des ganzen IGST-Weiterbildungsjahrganges 1993/1994. Ihre Kernfrage ist, inwieweit Kooperationsprobleme im Umfeld von Hyperkompexität, Problemorientierung, Interventionsdruck und Auftragsvermischung nach der Weiterbildung besser bewältigt werden.

Der Fragebogen erfaßt drei Bereiche: (1) Wie stark werden solche Kooperationsprobleme beobachtet, wie sehr belasten sie die TeilnehmerInnen, wie gut können sie im eigenen Sinne beeinflußt werden? (2) Wie wohl und wie unwohl fühlen sich die TeilnehmerInnen in ihren Kooperationen? (3) Welche Veränderungen in der Kooperation wünschen sie sich vor der Weiterbildung, und in welchem Umfang werden diese Wünsche danach realisiert? Der Fragebogen wird am Anfang und am Ende der einjährigen Weiterbildung vorgelegt.

All diese Fragen werden differenziert in vier Kontexten erhoben: in der Kooperation mit Patienten bzw. Klienten, mit Angehörigen, mit Kollegen im eigenen Team, mit anderen Einrichtungen

Untersuchungen zur methodischen Qualität der zu Globalscores zusammengefaßten Kooperationsprobleme-Items zeigen befriedigende Reliabilität (interne Konsistenz) und Konstruktvalidität (interne Korelationen zwischen den verschiedenen Outcome-Variablen und Kooperationskontexten). Die von uns ausgewählten Kooperationsprobleme entsprechen inhaltlich eng der Mehrzahl der Veränderungswünsche, welche in offenen Fragen genannt und inhaltsanalytisch kategorisiert wurden. Das inhaltsanalytische Kategoriensystem für die Veränderungswünsche weist hohe Interraterreliabilität auf.

Bei einer von vornherein sich als wenig problembeladen beschreibenden Teilnehmerstichprobe geht die systemische Weiterbildung mit numerisch kleinen, aber in der Richtung sehr konsistenten Veränderungen einher: Kooperationsprobleme werden weniger stark beobachtet, sie belasten weniger, die eigenen Einflußmöglichkeiten steigen, das Wohlbefinden steigt, Symptome mangelnden Wohlbefindens verlieren an Intensität.

Statistisch signifikant sind diese Veränderungen in der Kooperation sowohl mit Klienten / Patienten wie mit Angehörigen / Bezugspersonen. Nur teilweise sind sie signifikant in der Kooperation mit anderen Einrichtungen, aber gar nicht mit Kollegen aus dem eigenen Team. Dazu paßt, daß die Veränderungen in der Kooperation mit Kollegen und anderen Einrichtungen stärker streuen, also unterschiedlicher verlaufen, mit Klienten und Bezugspersonen hingegen in ähnlichere Richtung verlaufen.

Bei der von vornherein „problembeladeneren“ Stichprobenhälfte kommt es allgemein zu stärkeren Veränderungen in der Problembeobachtung und Problembelastung; diese Teilgruppe erlebt auch in der Kooperation mit Kollegen aus dem eigenen Team signifikante Verbesserungen .

Der Vergleich von Grund- und Fortgeschrittenenkursen weist einen (statistisch nicht signifikanten) Trend auf, daß im ersten Kursjahr die subjektiven Einflußmöglichkeiten zunehmen, zugleich aber eine verstärkte Problemsensibilisierung vorübergehend sogar mit vermehrter Belastung durch Kooperationsprobleme einhergeht. Im Lauf des Fortgeschrittenenkurses hingegen kommt es dann zu einer deutlichen Belastungsreduktion.

Die Analyse der Beobachtung einzelner Kooperationsprobleme zu Beginn der Weiterbildung zeigt: Koordinationsprobleme werden am stärksten beobachtet, Überinterventionsprobleme am wenigsten. Pathologie-Orientierung wird lediglich mit Klienten und Angehörigen stark beobachtet, nicht aber mit Kollegen und externen Fachleuten.

Während sich die „Prominenz" dieser Probleme untereinander unterscheidet, verlaufen Veränderungen in den einzelnen Problemen sehr gleichsinnig, abgesehen von drei hervorstechenden Veränderungen mit Bezugspersonen (besserer Koordination, weniger Widersprüchen in der Zielsetzung und weniger Pathologisierung).

Die von uns ausgewählten Kooperationsprobleme werden in den verschiedensten Arbeitsfeldern und Institutionstypen der Psychologischen Medizin und Sozialen Arbeit sehr ähnlich ausgeprägt beobachtet. Wir fanden nur drei spezifische Unterschiede schon vor der Weiterbildung: (1) Teilnehmer aus stationären Einrichtungen (Kliniken und Wohnheime) beobachten stärkere Kooperationsprobleme sowohl mit den Klienten wie mit den Kollegen im eigenen Team als Teilnehmer aus ambulanten Einrichtungen (Praxen und Beratungsstellen). (2) Teilnehmer aus Psychiatrie und Jugendhilfe beobachten stärkere Kooperationsprobleme mit ihren Klienten als alle anderen Teilnehmer. (3) Ärzte und Psychologen beobachten mehr Kooperationsprobleme mit Kollegen im eigenen Team als Pädagogen.

Es lassen sich sechs Typen von Veränderungswünschen zur Kooperation identifizieren: Komplexitätsreduktion, Koordination, Lösungsorientierung, weniger Interventionsdruck, Kompetenz, Umweltveränderung. Diese persönlichen Veränderungswünsche, zu Weiterbildungsbeginn formuliert, werden in hohem Ausmaße verwirklicht – insbesondere Wünsche nach Komplexitätsreduktion, weniger Interventionsdruck, mehr Kompetenz und mehr Lösungsorientierung. Sie werden am meisten mit Klienten, am wenigsten mit Kollegen verwirklicht.

2. Diskussion

Ich diskutiere diese Ergebnisse entlang fünf Leitfragen.

2.1 Was sind die wichtigsten Kooperationsprobleme?

Von den von mir in den Mittelpunkt gerückten Faktoren Hyperkomplexität, Problemorientierung, Interventionsdruck und Auftragsvermischung wird die Bedeutsamkeit der beiden ersten von den Ergebnissen bestätigt:

In der Psychiatriestudie wird der Nutzen einer mehr lösungs- und ressourcenorientierten Sicht nicht nur auf die Klienten, sondern auch auf andere Profis und sich selbst, als besonders entlastend beschrieben. In der Jugendhilfestudie ist der „Abschied vom Defizitdenken" gegenüber den Eltern Grundlage einer verbesserten Kooperation mit diesen (und auch der Jugendlichen mit ihren Eltern) geworden. In der Gesamtstudie werden „Mangelnde Koordination" und „Widersprüchliche Zielsetzung" vor der „akuten Defizitorientierung" am ausgeprägtesten beobachtet. Häufigste Veränderungswünsche sind dort solche nach „Komplexitätsreduktion", „besserer Koordination" und mit Klienten nach mehr „Lösungs-und Ressourcenorientierung".

Interventionsdruck und Auftragsvermischung hingegen scheinen im Erleben der Fachleute geringere Bedeutung zu haben.

2.2 Was verändert sich?

Interessant sind hier vor allem jene „Nebenwirkungen", die nicht Gegenstand des konzeptionellen Kanons systemischer Beratung und Weiterbildung sind. Von diesen erfahren wir vor allem in der Psychiatriestudie: größere Zufriedenheit mit den meisten Arbeitsbereichen; mehr Optimismus bezüglich der künftigen Handlungsmöglichkeiten sowohl der Klienten als auch der Fachleute selbst; Entlastung von Verantwortungsdruck; eine den „Seltsamkeiten" von Kooperationspartnern gegenüber gelassenere und tolerantere Haltung; ein Zeitspareffekt in der Einzelbetreuung.

2.3 Wieviel verändert sich?

Hierüber gibt vor allem die kritisch-evaluativ angelegte Gesamtstudie Auskunft. Sie zeigt bei der Wahrnehmung der von uns vorgegebenen Kooperationsprobleme und im allgemeinen Wohlbefinden in Koperation in den Gruppendurchschnitten konsistente, aber sehr gering ausgeprägte Verbesserungen. Bei der Erfüllung persönlicher, spezifischer Veränderungswünsche hingegen wird eine hohe Wunscherfüllung berichtet. Wie läßt sich diese Diskrepanz erklären?

Zunächst: der untersuchte Veränderungszeitraum beträgt maximal ein Jahr. Gemessen daran, daß die gesamte Weiterbildung über drei Jahre verläuft, und daß die Teilnehmer in IGST-Kursen sich zuvor oft schon mehrere Jahre mit systemischen Konzepten auseinandergesetzt haben, ist dieser Zeitraum sehr kurz.

Ferner stellen sich diese Teilnehmer von vornherein in ihren Kooperationen als eher wenig problembeladen und -belastet dar, was schon von der Zahlen-Ausgangslage die Wahrscheinlichkeit deutlicher Veränderungen begrenzt. Daß sie dies tun, leuchtet ein: Primärer Weiterbildungszweck ist der Erhalt einer weiteren beruflichen Qualifikation, die Lösung vorhandener Kooperationsprobleme nur ein möglicher (mich interessierender) „Nebeneffekt". Für diese Hypothese der „mangelnden Interventionsbedürftigkeit" spricht, daß Teilnehmer, die mit mehr Problemen in den Kurs kommen, signifikant stärkere Veränderungen zeigen.

Woran liegt es, daß die persönlichen, spezifischen Veränderungswünsche zur Kooperation in sehr hohem Umfang realisiert werden? Es könnte an der unterschiedlichen Erhebungsmethodik liegen: die post-hoc-Frage nach der Wunscherfüllung könnte sozial erwünschteres Antworten fördern. Plausibel erscheint aber auch eine „kundenorientierte" Hypothese: Die Weiterbildungsteilnehmer verändern sehr selektiv das (und nur das, bzw. das viel mehr), was sie verändern möchten – nicht was ein Forscher für evtl. veränderswert hält.

Beide Hypothesen zusammen sprechen dafür, in künftigen ähnlichen Verlaufsstudien wieder zu Beginn individuelle Veränderungswünsche zu erheben und ihre Erfüllung am Ende zu prüfen, aber mit einem „kritischeren“ Verfahren wie z.B. dem Goal-Attainment-Scaling (Kiresuk 1968)

2.4 Wo verändert sich mehr, wo weniger?

(1) Die Gesamtstudie deutet darauf hin, daß die postulierten Kooperationsprobleme offensichtlich von verschiedenen Menschen (Geschlecht, Grundberuf) in verschiedenen Arbeitsfeldern (Psychiatrie, Jugendhilfe, Andere) und Institutionskontexten (stationär, ambulant) ähnlich ausgeprägt beobachtet werden. Nur wenige spezielle Unterschiedshypothesen konnten bestätigt werden.

Das heißt: die im Fragebogen formulierten Items sind so feldübergreifend und allgemein formuliert, daß die darin formulierten Sachverhalte in der Tat in allen Felder des Gesundheits- und Sozialwesens mit nur geringen Unterschieden zu finden sind.

(2) In allen drei Studien finden sich klare Hinweise, daß systemische Weiterbildung zur Verbesserung der Kooperation mit Klienten und deren Bezugspersonen mehr beiträgt als zu besserer Kooperation mit anderen Fachleuten im eigenen Team oder außerhalb.

Dies könnte entweder an einer stärkeren „Unbeeinflußbarkeit“ interprofessioneller Kooperation liegen, also daß diese im Sinne von Stierlin (1994) eine „härtere Beziehungsrealität“ darstellt. Oder es zeigt an, daß die systemische Weiterbildung der IGST im Schwerpunkt weiterhin stärker eine Psychotherapie- und speziell Familientherapie- Weiterbildung ist denn eine Weiterbildung über das „Navigieren in institutionellen Kontexten“.

2.5 Welche Interventionen tragen zur Veränderung von Kooperation bei?

Gesamtstudie und Psychiatriestudie evaluieren die systemische Weiterbildung als „Gesamtpaket“ und erlauben deshalb keine Aussage hierzu. Aus der auch als Organisationsentwicklungsprozeß angelegten Jugendhilfestudie lassen sich hierzu einige nützliche Hinweise ziehen. Dichtere Kooperation zwischen Wohngemeinschaften und Eltern kam dort nur da zustande, wo sie in die aktuelle Familiendynamik und in die Bedürfnisse der Mitarbeiter paßte. Kooperation kann nicht missionarisch verbreitet werden, sondern muß solche Anknüpfungspunkte erkunden. Zentral waren hierfür Übungen (Rollenspiele und andere Simulationen), die die Mitarbeiter spielerisch in die Position der Angehörigen versetzten und ihnen halfen, deren Kundenaufträge wahrzunehmen und eine Reihe von diesen zu akzeptieren.

3. Perspektiven einer systemischen Kooperationsberatung im Gesundheits- und Sozialwesen

Ich hoffe, mit dieser Arbeit einige theoretische und empirische Beiträge zur Entwicklung einer *systemischen Kooperationsberatung im Gesundheits- und Sozialwesen* beitragen zu können. Ich möchte mit einigen Anregungen und Überlegungen zur Praxis einer solchen Kooperationsberatung schließen.

Wenn innerhalb eines Krankenhauses oder eines Wohlfahrtsverbandes Warnzeichen wie hohe Kündigungsrate und hoher Krankenstand im Personal oder eine sich verschlechternde externe Reputation vernommen werden, kommen Organisationsberatung, Führungskräfteberatung, Teamberatung, Beratung einzelner Mitarbeiter infrage. Einzelne große Organisationsentwicklungsprojekte des WHO-Modellprojektes „Gesundes Krankenhaus" (Pelikan, Lobnig u. Novak 1993; Godo, Hildebrandt u. Mursa 1993) verbinden diese Ansätze bereits miteinander.

Wo Mitarbeiter und Angehörige oft konfligieren, z.B. beim Umgang mit chronisch kranken Patienten in der Pädiatrie, in der Nephrologie, in Geriatrie und Altenpflege, kann eine Schulung in Angehörigenarbeit für Ärzte und Pflegepersonal manchen Verschleiß ersparen.

Gesundheits- und Sozialdienste können ihre Patienten und deren Angehörige verstärkt für das eigene Qualitätsmanagement nutzen: indem sie diese regelmäßig in Anwesenheit der Behandler darauf befragen, was an der Behandlung ihnen am meisten genutzt und am meisten geschadet hat (ähnlich wie Imber-Black 1990 in ihren „Family and Larger Systems Interviews").

In der Zusammenarbeit zwischen Institutionen können unerwünschte kontraproduktive Nebenfolgen der gegenseitigen (Nicht-)Kooperation in Projektgruppen analysiert und Änderungen erarbeitet werden. Beispielsweise könnte zwischen niedergelassenen Ärzten und Krankenhäusern die gegenseitige Überweisungspraxis auf die Vermeidbarkeit unnötiger Doppeldiagnosen untersucht werden. Oder mit Jugendhilfe befaßte Heime, Ämter, Kliniken und Beratungsstellen können eine gemeinsame Krisenstelle einrichten, die in frühzeitigen Kooperationsgesprächen (ähnlich wie bei Seykkola 1994 im Psychiatrie-Bereich) Maßnahmen aushandelt, die möglichst wenig „einschneiden" und auf möglichst wenig Widerstände treffen.

Systemische Kooperationsförderung und Kooperationsberatung kann also sowohl präventiv als auch zur Lösung akuter oder chronifizierter Krisen genutzt werden. Einige dieser Strategien erfordern externe Berater; vieles kann aber auch im „Do-It-Yourself"-Verfahren gemacht werden.

Freilich: bessere Kooperation muß nicht sein. Auch im Gesundheits- und Sozialwesen wird man sich nur soweit darum bemühen, wie es sich lohnt – nicht, wenn man es nicht nötig hat. In der Industrie zeichnet sich seit längerem eine Entwicklung ab, Rationalisierung und Qualitätssteigerung durch verbesserte

Kooperation anzustreben. Kooperation mit den Kunden, zwischen Abteilungen und in Arbeitsteams wird dort zum Produktivitätsfaktor, der durch Schwachstellenanalysen, Personalentwicklung und Krisenworkshops systematisch entwickelt wird. Und auch in Politik und Verwaltung nehmen kooperative Steuerungsformen wie „Runde Tische“ und „Ressortübergreifende Arbeitsgruppen“ (Schweitzer 1992) allmählich zu. Entscheidend wird also sein, inwieweit mittelfristig die materiellen und ideellen Anreizsysteme im Gesundheits- und Sozialwesen Bemühungen um verbesserte Kooperation eher belohnen oder bestrafen.

Literaturverzeichnis

ALBER, J. (1992): Das Gesundheitswesen der Bundesrepublik Deutschland – Entwicklung, Struktur und Funktionsweise. Frankfurt/M.: Campus

ANDERSEN, T. (1987): The Reflecting Team. Family Process 25, 415-428

ANDERSON, A., H.A. GOOLISHIAN (1990): Menschliche Systeme als sprachliche Systeme. Familiendynamik 15, 212-243

ANTONOVSKY, A. (1987): Unraveling the Mystery of Health: How People manage Stress and stay well. San Francisco: Jossey Bass

ARNOLD, M. (1993): Gesundheitssystemforschung. In K. Hurrelmann, U. Laaser (Hrsg.): Gesundheitswissenschaften – Handbuch für Lehre, Forschung und Praxis, 421-437. Weinheim: Beltz

AUERSWALD, E. (1971): Families, Change and the ecological Perspective. Family Process 10, 263-280

AXELROD, R. (1987): Die Evolution der Kooperation. München: R. Oldenbourg Verlag

BACHRACH, L.L. (1981): Continuity of Care. New Directions for Mental Health Services 35, 63-73

BADER, U. (i.Vorb.): Evaluation einer systemischen Weiterbildung – ein Vergleich zwischen Weiterbildungsteilnehmern aus psychiatrischen Kliniken und sozialpsychiatrischen Diensten. Unveröff. Diplomarbeit. Heidelberg: Psychologisches Institut

BÄMAYER, A., W. FEUERLEIN (1986): Suicidhäufigkeit bei Ärzten und Zahnärzten in Oberbayern. Social Psychiatry 21, 39-48

BARTHOLOMEYCZIK, S. (1987): Arbeitsbedingungen und Gesundheitsstörungen bei Krankenschwestern. Deutsche Krankenpflegezeitschrift 1, 2-9

BASLER, H.D. (1985): Compliance – Die Kooperation in der Therapie. In H.D. Basler und I. Florin (Hrsg.): Klinische Psychologie und Körperliche Krankheit, 90-105. Stuttgart, Berlin, Köln, Mainz: Kohlhammer

BECKER, H. (1984): Die Bedeutung der subjektiven Krankheitstheorie des Patienten für die Arzt-Patienten-Beziehung. Psychotherapie, Psychosomatik, Medizinische Psychologie 34, 313-321

BECKER, M.H. (1979): The Health Belief Model and Sick Role Behavior. Health Education Monographs 2, 409-419

BENGEL, J., U. KOCH (1988): Evaluationsforschung im Gesundheitswesen. In U. Koch, G. Lucius-Hoene, R. Stegie (Hrsg.): Handbuch der Rehabilitationspsychologie, 321-347. Heidelberg, Berlin, New York: Springer

BERGER, H. (1992): Offenbach – Entwicklung eines „gemeindepsychiatrischen Verbundes". In T. Bock, H. Weigand (Hrsg.), Hand-Werksbuch Psychiatrie. Bonn: Psychiatrie-Verlag

BERGER, H., U. SCHIRMER (Hrsg., 1993): Sozialpsychiatrische Dienste – Entwicklung, Konzeption, Praxis. Freiburg: Lambertus

BERGOLD, J. (1993): Klienten im Netz der Institutionen. In J. Bergold, D. Filsinger (Hrsg.): Vernetzung psychosozialer Dienste, 99-116. Weinheim: Juventa

BERGOLD, J., D. FILSINGER (1993): Psychosoziale Versorgung als System. In diess. (Hrsg.): Vernetzung psychosozialer Dienste, 49-70. Weinheim: Juventa

Bericht (1975) über die Lage der Psychiatrie in der Bundesrepublik Deutschland – Zur psychiatrischen und psychotherapeutisch-psychosomatischen Versorgung der Bevölkerung. Bonn: Bundesdrucksache 7/4200

BIERHOFF, H.W., G.F.MÜLLER (1993): Kooperation in Organisationen. Zeitschrift für Arbeits- und Organisationspsychologie 37 (2), 42-51

BIRTSCH V., M. EBERSTALLER, E. HALBLEIB (1980): Außenwohngruppen – Erziehung außerhalb des Heims. Frankfurt a.M.: ISS-Eigenverlag

BLACKWELL, R.D., M.P.J. WILKINS (1984): Systemische Therapie in Institutionen, die Probleme aufrechterhalten. Zeitschrift für Systemische Therapie 2 (5), 17-28

BLANKE, TH., CH. SACHßE (1987): Wertwandel in der Sozialarbeit – verfassungstheoretische Überlegungen zur Kritik des Sozialisationsstaates. In T. Olk, H.U. Otto (Hrsg.): Soziale Dienste im Wandel, Bd I: Helfen im Sozialstaat, 251-285. Neuwied: Luchterhand

BLOCH, D., D. ROSENTHAL (1964): Psychosocial Replication. Vortrag beim First International Congress of Social Psychiatry. London, August 1964

BOLM, W., G. BOSCH, D. LEHMKUHL (1989): Zur Reduktion vollstationärer Behandlung durch ein System teilstationärer, ambulanter und komplementärer Dienste. Psychiatrische Praxis 16, 199-206

BÖRSCH, B., M.L. CONEN (1987): Arbeit mit Familien von Heimkindern. Dortmund: Verlag Modernes Lernen

BORTZ, J. (1993): Statistik für Sozialwissenschaftler. Berlin, Heidelberg, New York: Springer

BRÄUTIGAM, W. (1988, Hrsg.): Kooperationsformen somatischer und psychosomatischer Medizin. Berlin, Heidelberg, New York: Springer

BRÜNINGHAUS, T. (1993): Regionale Psychiatriekoordinatoren – verstrickte Stricker institutioneller Netzwerke. Zeitschrift für Systemische Therapie 11 (2), 101-104

BUCK, D., T. BOCK (1992): Selbst-Verständlichkeit von Psychosen. In T. Bock,H. Weigand (Hrsg.): Hand-Werksbuch Psychiatrie, 2. Aufl., 15-37. Bonn: Psychiatrie-Verlag

BÜRGER, U. (1991): Heimerziehung und soziale Teilnahmechancen. Pfaffenweiler: Centaurus

BURISCH, M. (1994): Das Burn-Out-Syndrom. Berlin, Heidelberg, New York: Springer

CARL, D., G.J. JURCOVIC (1983): Agency Triangles: Problems in Agency-Family Relationships. Family Process 22 (4), 441-451

CERNE, F. (1993): Joining Forces. Maine Hospitals find that Cooperation brings Results. Hospitals 67 (5) 26-27

CIOMPI, L. (1981): Ist die chronische Schizophrenie ein Artefakt? Argumente und Gegenargumente. Fortschritte der Neurologie und Psychiatrie 48, 237-248

CIOMPI, L. (1982): Affektlogik. Über die Struktur der Psyche und ihre Entwicklung. Ein Beitrag zur Schizophrenieforschung. Stuttgart: Klett-Cotta.

CONEN, M.L. (1990): Elternarbeit in der Heimerziehung. Frankfurt: Eigenverlag der Internationalen Gesellschaft für Heimerziehung (2.Aufl. 1991)

COYLE, R.C. (1994): Managed Cooperation, not Competition: A Proposal for implementing National Health Reform. Frontiers of Health Services Management 10,(3), 3-28

DANIEL, E., V. ETTMÜLLER, H. LOBNIG, P. NOWAK, V. STELLAMOR (1993): Gesundheitsförderung als Strategie für Pflegereform und Stationsreorganisation – Beispiele aus dem Wiener WHO-Modellprojekt „Gesundheit und Krankenhaus". In J. Pelikan, H. Demmer, K. Hurrelmann (Hrsg.): Gesundheitsförderung durch Organisationsentwicklung, 223-240. Weinheim: Juventa

DANIELS, A.S., R.S. DANIELS (1989): The Psychiatrist as Administrator and organizational Leader. Social Psychiatry and Psychiatric Epidemiology 24, 295-300

DEGER-ERLENMAIER, H. (Hrsg., 1992): Wenn nichts mehr ist, wie es war ... Angehörige psychisch Kranker bewältigen ihr Leben. Bonn: Psychiatrie-Verlag

DEUTSCH, M. (1949): A Theory of Cooperation and Competition. Human Relations 2, 129-152

DÖHMEN, S. (1996): Systemische Weiterbildung eines Jugendhilfe-Teams – eine Evaluationsstudie. Unveröff. Diplomarbeit. Heidelberg: Psychologisches Institut

DÖRNER, D. (1989): Die Logik des Mißlingens. Reinbek: Rowohlt

DÖRNER, K., A. EGETMEYER, K. KÖNNING (1982): Freispruch der Familie. Bonn: Psychiatrie-Verlag.

DÖRNER, K., U. PLOG (1989): Irren ist menschlich. Bonn: Psychiatrie-Verlag

DREES, A. (1991): Thesenpapier zur Diskussion zu Team-Vorstellungen und Team-Arbeitsformen aus Duisburg-Rheinhausen. Sozialpsychiatrische Informationen Heft 1, 25-27

ECKART, W.U. (1994): Geschichte der Medizin. Springer: Berlin, Heidelberg, New York.: Springer

ELLEBRACHT, H., B. VIETEN (Hrsg) (1993): Systemische Ansätze im psychiatrischen Alltag. Dortmund: Verlag Modernes Lernen

ENZMANN, D., D. KLEIBER (1989): Helfer-Leiden – Streß und Burn-Out in psychosozialen Berufen. Asanger: Heidelberg

FENGLER, CH. u. TH. (1980): Alltag in der Anstalt. Wenn Sozialpsychiatrie praktisch wird: eine ethnomethodologische Untersuchung. Rehburg-Loccum: Psychiatrie-Verlag.

FIEDLER, P., T. NIEDERMAIER, C. MUNDT (1986): Gruppenarbeit mit Angehörigen schizophrener Patienten. Weinheim: Psychologie Verlags Union.

FILSINGER, D., W. HINTE (1988): Praxisforschung: Grundlagen, Rahmenbedingungen und Anwendungsbereiche eines Forschungsansatzes. In M. Heiner (Hrsg.): Praxisforschung in der sozialen Arbeit, 34-72. Lambertus: Freiburg

FILSINGER, D., J. BERGOLD (1993): Entwicklungsmuster und Entwicklungsdynamik psychosozialer Dienste: Probleme und Perspektiven der Vernetzung. In J. Bergold, D. Filsinger (Hrsg.) Vernetzung psychosozialer Dienste, 11-47. Weinheim: Juventa

FLICK, U. (1986): Annäherung an das Fremde. Perspektiven und Probleme quantitativer Methoden in der ethnomedizinischen Forschung. Curare 9, 195-204

FLICK, U. (1987): Das Subjekt als Theoretiker? Zur Subjektivität subjektiver Theorien. In J.B. Bergold, U. Flick (Hrsg): Ein-Sichten. Zugänge zur Sicht des Subjekts mittels qualitativer Forschung, 125-134. Tübingen: DGVT

FLICK, U. (1989): Vertrauen, Verwalten, Einweisen. Subjektive Vertrauenstheorien in sozialpsychiatrischer Beratung. Wiesbaden: Deutscher Universitätsverlag

FÖRSTER, H.v. (1985): Sicht und Einsicht. Versuche zu einer operativen Erkenntnistheorie. Braunschweig: Vieweg

FREIGANG, W. (1986): Verlegen und Abschieben. Zur Erziehungspraxis im Heim. Weinheim: Juventa

FREUDENBERGER, H.J. (1974): Staff Burn - Out. Journal of Social Issues 30, 159-165

FREYBERGER, H., H.W. KÜNSEBECK, W. LEMPA, H.J. AVENARIUS, R. LIEDTKE, R. PLASSMANN, J. NORDMEYER (1985): The Hannover Consultation-Liaison-Model: Some Empirical Findings. Social Sciences in Medicine 21 (12), 1391-1404

FRIEDRICH, H. (1988): Soziologische Bemerkungen zur Liaisonpsychotherapie. In W. Bräutigam (Hrsg.): Kooperationsformen somatischer und psychosomatischer Medizin, 98-104. Berlin, Heidelberg, New York: Springer

FU BERLIN / FHSS BERLIN (1987): Abschlußbericht des Modellversuchs „Fachkräfte für die psychosoziale Versorgung. Berlin: Selbstverlag

GERLICHER, K., J. JUNGMANN, J. SCHWEITZER (1986): Dissozialität und Familie. Zur Kooperation zwischen Jugendhilfe und Jugendpsychiatrie unter familientherapeutischer Sichtweise. Dortmund: Verlag Modernes Lernen

GERNERT, W. (1990): Was ändert sich durch das KJHG im örtlichen Jugendamt? Sozialmagazin 15 (12), 18-19

GLASERSFELD, E.v. (1981): Einführung in den radikalen Konstruktivismus. In P.Watzlawick (Hrsg.): Die erfundene Wirklichkeit. München: Piper

GLASSER, B., A. STRAUSS (1967): The Discovery of Grounded Theory. Chicago: Aldine,

GODO, I., H. HILDEBRANDT, W. MURSA (1993): Auf dem Weg zum Gesundheitshaus – erste Schritte eines evangelischen Krankenhauses zu einem Pilotkrankenhaus im WHO-Netzwerk „Health Promoting Hospitals". In J. Pelikan, H. Demmer, K. Hurrelmann (Hrsg.): Gesundheitsförderung durch Organisationsentwicklung, 241-255. Weinheim: Juventa

GOREY, T.M. (1992): PHOs enhanced Health Care Delivery through Physician-Hospital-Cooperation. Michigan Medicine 92 (4) 19-23

GREEN, J.H. (1988): Frequent Rehospitalization and Noncompliance with Treatment. Hospital and Community Psychiatry 39 (9), 963-966

GRÖNE, M. (1995): Wie lasse ich meine Bulimie verhungern? Ein systemischer Ansatz zur Beschreibung und Behandlung der Bulimie. Heidelberg: Carl Auer.

GROTTIAN, P., F. KROTZ, G. LÜTKE, H. PFARR (1988): Die Wohlfahrtswende. München: Beck

GRUNWALD, W. (1982): Konflikt – Konkurrenz – Kooperation. Eine theoretisch-empirische Konzeptanalyse. In W. Grunwald, H.G. Lilge (Hrsg.): Kooperation und Konkurrenz in Organisationen. Bern, Stuttgart: Haupt
GRUNWALD, W., H.G. LILGE (Hrsg. 1982): Kooperation und Konkurrenz in Organisationen. Bern, Stuttgart: Haupt
HÄFNER, H. (1989): Ist Schizophrenie eine Krankheit? Nervenarzt 60, 191-199,
HAERLIN, C. (1976): Zur Problematik der Teamarbeit in der Psychiatrie. Sozialpsychiatrische Informationen Heft 1, 64-73
HAHLWEG, K., U. MÜLLER, E. FEINSTEIN, M. DOSE, G. WIEDEMANN, G. HANK (1991): Praxis der psychoedukativen Familienbetreuung. In A. Retzer (Hrsg.): Die Behandlung psychotischen Verhaltens, 172-202. Heidelberg: Carl Auer
HAHN, P. (1980): Allgemeine Klinische und Psychosomatische Medizin. Berlin, Heidelberg, New York: Springer
HARGENS, J. (1993): Haus und Wohnung der KundIn – Spielfeld oder Feindesland? Zeitschrift für Systemische Therapie 11 (4) 238-244
HAYNES, R.B., D.W. TAYLOR, D.L. SACKETT (1982): Compliance-Handbuch. München, Wien: Oldenbourg
HEBBORN-BRASS, U. (1991): Verhaltensgestörte Kinder im Heim. Freiburg i.Br.: Lambertus
HEIM, E. (1992): Stressoren der Heilberufe. Zeitschrift für Psychosomatische Medizin und Psychoanalyse 38, 2o7-226)
HEINEMANN, C. (1994): Neuentscheidungstherapie bei Pflege-, Adoptiv- und Heimkinder mit Scheiterer-Verläufen. Praxis der Kinderpsychologie und Kinderpsychiatrie 43, 130-137
HEINER, M. (Hrsg., 1988 a): Praxisforschung in der sozialen Arbeit. Freiburg: Lambertus
HEINER, M. (Hrsg., 1988 b): Selbstevaluation in der Sozialarbeit. Freiburg: Lambertus
HERSCHBACH, P. (1991): Psychische Belastungen von Ärzten und Krankenpflegepersonal. Weinheim: VCH-Edition Medizin
HERZOG, TH., A. HARTMANN (1990): Psychiatrische, psychosomatische und medizinpsychologische Konsiliar- und Liaisontätigkeit in der Bundesrepublik Deutschland. Nervenarzt 61, 415-460
HESS, T. (1986): Systemorientierte Therapieansätze bei delinquenten Jugendlichen. In K. Gerlicher, J. Jungmann, J. Schweitzer (Hrsg.): Dissozialität und Familie, 22-49. Dortmund: Verlag Modernes Lernen
HEUN, H.D. (1981): Elternarbeit im Heim. Darmstadt
HILDEBRANDT, H. (1988): Zur Geschichte der Sozialarbeit in der Psychiatrie Deutschlands. Sozialpsychiatrische Informationen 1, 35-42
HOFFMANN, H. (1991): Die Funktion des runden Tisches in einem sozialpsychiatrischen Ambulatorium. Psychiatrische Praxis 18, 209-215
HOFFMANN, L., L. LONG (1969): A Systems Dilemma. Family Process 8, 211-234, 1969
HOFFMANN-RICHTER, U. (1994): Eine parteiliche Spezialsprechstunde für Angehörige. Psychiatrische Praxis 21, 79-80
HOLSTI, O.R. (1969): Content Analysis for the Social Sciences. Reading, Mass.: Addison-Wesley

HUBER, G. (1981) Psychiatrie. Systematischer Lehrtext für Studenten und Ärzte. 3. Aufl. Stuttgart, New York: Schatthauer
HUBSCHMIDT, T. (1981): Psychiatrisches Denken – Systemisches Denken. Familiendynamik 6, 366-378
HÜLLINGHORST, R. (1988): Psychiatriepolitische Rahmenbedingungen von Kooperation. Sozialpsychiatrische Informationen Heft 3, 10-14.
HURLEY, R.P. (1982): The therapeutic Advantage to the Family Therapist of intervening in the Family-Clinician System. Family Process 21, 435-441
ILLICH, I. (1977): Die Nemesis der Medizin. Reinbek: Rowohlt
ILLICH, I. (1979): Entmündigung durch Experten. Zur Kritik der Dienstleistungsberufe. Reinbek: Rowohlt.
IMBER-BLACK, E. (1990): Familien und größere Systeme. Heidelberg: Carl Auer
INGENLEUF, H.J., H.P. BRATENSTEIN, R.J. WITKOWSKI, E. LUNGERSHAUSEN (1990): Kooperation in psychosozialen Tätigkeitsfeldern am Beispiel eines ausgewählten Versorgungsgebietes. Medizin, Mensch und Gesellschaft 15, 199-208
JÜTTEMANN, G. (Hrsg., 1985): Qualitative Forschung in der Psychologie. Heidelberg: Asanger (2. Aufl. 1989)
KARDORFF, E.v. (1988): Praxisforschung als Forschung der Praxis. In M. Heiner (Hrsg.): Praxisforschung in der sozialen Arbeit, 73-100. Freiburg: Lambertus
KARSCHNY, J., B. ROSEMEIER, M. SCHUBERT (1991): Angehörigenarbeit auf der psychiatrischen Aufnahmestation – Erfahrungsbericht über eine syndromgemischte Angehörigengruppe. Psychiatrische Praxis 18 (1991), 55-58
KATSCHNIG, H. (1993): Symmetrie und Asymmetrie im Beziehungsdreieck Arzt–Patient–Angehöriger. Vortrag beim Symposion Anthropologie und Sozialpsychiatrie, 8.10.1993, Hannover
KELLER, T. (1992): Karrieren der Kooperation. Vortrag, Jubiläumskongreß der Deutschen Gesellschaft für Psychiatrie und Nervenheilkunde, Köln, 28.9.1992
KELLER, T. (1994): Vom Be-handeln zum Ver-handeln. Vortrag auf der Tagung „Kooperation in der Gemeindepsychiatrie – sozialpsychiatrische und systemische Ansätze." Kloster Irsee, 14.9.1994
KINZL, J., W. BIEBL (1992): Psychosomatischer Konsultationsdienst an der Universitätsklinik Innsbruck. Ein Kooperations- und Integrationsversuch. Praxis der Psychotherapie und Psychosomatik 37, 5, 266-271
KIRESUK, T., R.E. SHERMAN (1968): Goal Attainment Scaling. A general Method for evaluating Community Mental Health Programs. Community Mental Health Journal 4, 443-453
KIRK, MILLER (1986): Reliability, Validity and Qualitative Research. Beverly Hills: Sage
KIRKCALDY, B.D., G.SIEFEN (1991): Occupational Stress among Mental Health Professionals. Social Psychiatry and Psychiatric Epidemiology 26, 238-244
KISKER, K.P. (1988): „Team" – Erfahrungen mit einer problematischen therapeutischen Interaktionsfigur in der Psychiatrie. Psychiatrische Praxis 15, 148-154

KLEIBER, D. (1988): Handlungsfehler und Mißerfolge in der psychosozialen Praxis. Probleme im Umgang mit komplexen Systemen. In: D. Kleiber, A. Chur (Hrsg.): Handlungsfehler und Mißerfolge in der Psychotherapie. Beiträge zur psychosozialen Praxis, 73-79. Tübingen: DGVT 1988

KOCH, U., J. SIEGRIST (1988): Psychosomatische Dienste in medizinischen Kliniken – die Kooperationsfrage unter forscherischer Perspektive. In W. Bräutigam (Hrsg.): Kooperationsformen somatischer und psychosomatischer Medizin. Heidelberg, Berlin, New York: Springer

KOLIP, P. (1993): Freundschaften im Jugendalter. Der Beitrag sozialer Netzwerke zur Problembewältigung. Weinheim: Juventa

KRÄMER, W. (1989): Die Krankheit des Gesundheitswesens. Frankfurt/M.: S. Fischer

KÜNSEBECK, H.W., W. LEMPA, R. LIEDTKE, H. FREYBERGER (1988): Klinisch-psychosomatischer Konsiliardienst. Psycho 14 (6), 420-426

LAUTERBACH, M. (1991): Planung durch Vision und Störung – Betrachtungen eines enthospitalisierten leitenden Arztes. Sozialpsychiatrische Informationen Heft 4, 5-11

LELLAU, E. (1981): Institutionsberatung aus gruppenanalytischer Sicht. Psychiatrische Praxis 8, 100-103

LEUSCHNER, W. (1985): Psychiatrische Anstalten – ein institutionalisiertes Abwehrsystem. Psychiatrische Praxis. Teil I: 12, 111-115, Teil II: 12, 149-153

LINKE, D. (198): Familienbeziehungsarbeit in der Heimerziehung. Sozialpädagogik 25, 173-181

LUDEWIG, K., T. v.VILLIEZ (1984): Warum Systemische Therapeuten Systeme wie die Psychiatrie nicht vermeiden sollten. Zeitschrift für Systemische Therapie 2, 29-38

LUDEWIG, K. (1992): Systemische Therapie. Stuttgart: Klett-Cotta

LUDWIG, H., D. HUBER, S. SCHMIDT, W. BENDER, W. GREIL (1990): Asessment of Compliance related Attitudes in Psychiatry. Social Psychiatry and Psychiatric Epidemiology 15, 298-303

LUHMANN, N. (1984): Soziale Systeme. Frankfurt/M.: Suhrkamp

MACHLEIDT, W., H. ELGETI (1991): Hat sich die psychosoziale Arbeitsgemeinschaft bewährt? Sozialpsychiatrische Informationen, Heft 1, 52 ff

MANGOLD, W. (1960): Gegenstand und Methode des Gruppendiskussionsverfahrens. Frankfurt: Europäische Verlagsanstalt

MATURANA, H., F. VARELA (1987): Der Baum der Erkenntnis. Die biologischen Wurzeln des menschlichen Erkennens. Bern, München: Scherz

MAYRING, P. (1983): Qualitative Inhaltsanalyse: Grundfragen und Techniken. Weinheim: Deutscher Studien Verlag (2. Aufl. 1988)

MAYRING, P. (1990): Einführung in die qualitative Sozialforschung. München: Psychologie Verlags Union

MINKOFF, K. (1987): Beyond Deinstitutionalization – a new Ideology for the postinstitutional Era. Hospital and Community Psychiatry 38 (9), 945-950

MINUCHIN ,S., B. MONTALVO, B.G. GUERNEY, B.L. ROSMAN, F. SCHUMER (1967): Families of the Slums. New York, London: Basic Books

MITTAG, O. (1992): Zusammenarbeit von Psychologen und Pflegepersonal in der medizinischen Klinik. Report Psychologie, Februar 1992, 9-15

MITZLAFF, S., E. WEGNER (1985): Kooperationshindernisse bei psychiatrischer und psychosozialer Nachsorge – organisatorische und soziologische Aspekte. Psychiatrische Praxis 12 (4) 130 ff

MITZLAFF, S. (1983): Reformziele, Wandel der Aufgaben und Fragen der Kooperation. Sozialpsychiatrische Informationen Heft 3, 75-84

MITZLAFF, S. (1988): Kooperation und Konflikte in der Reform psychiatrisch-psychosozialer Arbeit. Sozialpsychiatrische Informationen Heft 3, 2-9

MOCH, M. (1993): Der Arroganz der Theoretiker entspricht die Ignoranz der Praktiker. In Internationale Gesellschaft für erzieherische Hilfen (Hrsg.): Materialien zur Heimerziehung. IGFH-Selbstverlag, 1/2 1993, 5-9

MOSER, H. (1977): Praxis der Aktionsforschung. München: Kösel

MÜLLER, C.W. (1991/1993): Wie Helfen zum Beruf wurde. Eine Methodengeschichte der Sozialarbeit. Bd. I: 3. Aufl. 1991, Bd 2: 2. Aufl. 1993. Weinheim: Beltz

MÜLLER, H. (1987): Die Anwendung familientherapeutischer Erkenntnisse in der Gerontopsychiatrie als Teilbereich einer ganzheitlichen Behandlung. Psychiatrische Praxis 14, 199-202

MÜLLER, U. (1980): Kooperation in der psychosozialen Versorgung – hinderliche Rahmenbedingungen. Psychosozial 2, 57-75

MUTHNY, F.A., M. BEUTEL (1990): Psychosoziale Belastung von medizinischem Personal und Personalfortbildung. In M. Broda, F.A. Muthny (Hrsg.): Umgang mit chronisch Kranken. Stuttgart: Thieme

MUTHNY, F.A., R. STEGIE (1993): Kompetenzerleben und Belastungen von onkologischem Personal – Burnout und Bedarf an psychosozialer Fortbildung und Supervision. In F.A. Muthny und A. Haag (Hrsg.): Onkologie im psychosozialen Kontext. Heidelberg: Asanger.

NIEDERBERGER, M., D. BÜHLER-NIEDERBERGER (1988): Formenvielfalt in der Fremderziehung. Stuttgart: Enke

NOUVERTNE, K., M. HOFFMANN (1991): Solingen – Ein freier Träger und die Vollversorgung einer Stadt. In T. Bock, H. Weigand (Hrsg.): Handwerks-buch Psychiatrie, (2.Aufl. 1992), 593-610. Bonn: Psychiatrie-Verlag

OFFE, C. (1987): Das Wachstum der Dienstleistungsarbeit. Vier Soziologische Erklärungsansätze. In Th. Olk, H.U. Otto (Hrsg.): Soziale Dienste im Wandel, Bd. 1, 171-198. Neuwied: Luchterhand

OLK, TH., H.U. OTTO (1987): Institutionalisierungsprozesse sozialer Hilfe – Kontinuitäten und Umbrüche. In diess. (Hrsg.): Soziale Dienste im Wandel, Bd.1, 1-24. Neuwied: Luchterhand

ORR, S.R., J.T. SIEGAL (1986): Hospital-Physician Relations – overcoming Barriers to Cooperation. Physician Executive 12 (6) 2-5

OSTERMANN, J. (1992): Die Angehörigenvisite. Unveröff. Manuskript

OSTOJA-ZAWADZKA, K., A. CECHNICKI, B. BARBARO, J. ZADECKI (1988): Die Rolle des Hausbesuchs im Betreuungsmodell von Familien schizophreniekranker Patienten in Krakow. Psychiatrische Praxis 15, 30-33

PELIKAN, J., H. LOBNIG, P. NOWAK (1993): Das Wiener WHO-Modellprojekt „Gesundheit und Krankenhaus" – Konzepte, Strategien und Methoden. In J. Pelikan, H. Demmer, K. Hurrelmann (Hrsg.): Gesundheitsförderung durch Organisationsentwicklung, 204-222. Weinheim: Juventa

PLANUNGSGRUPPE PETRA (1987): Analyse von Leistungsfeldern der Heimerziehung. Ein empirischer Beitrag zur Indikation. Frankfurt/M., Bern, New York, Paris: Verlag Peter Lang

PLATZEK, M. (1995): Evaluation einer Weiterbildung in systemischer Familientherapie für Psychotherapeuten/innen in der Psychiatrie. Unveröff. Diplomarbeit. Heidelberg: Psychologisches Institut

PLEYER, K.H. (1983): Die Frage der Verantwortlichkeit als zentrales Problem in der stationären Therapie. In W. Rotthaus (Hrsg.): Systemische Familientherapie im ambulanten und stationären Bereich, 126-142. Dortmund: Verlag Modernes Lernen.

PONGRATZ, L., H.O. HÜBNER (1959): Lebensbewährung nach öffentlicher Erziehung. Neuwied: Luchterhand

PONTZEN, W. (1992): Bemerkungen zur Integration Psychosomatischer Medizin. In Th. v. Uexküll: Integrierte Psychosomatische Medizin in Praxis und Klinik, 63-72. Stuttgart, New York: Schatthauer

PÖRKSEN, M., A. DIETZ (1994): Vom Psychiatrischen Testament zum Behandlungsvertrag. Die Kerbe – Fachzeitschrift der Sozialpsychiatrie Heft 2, 18-19

RASPE, H.H. (1983): Aufklärung und Information im Krankenhaus. Göttingen: Vandenhoek und Ruprecht

RAVE-SCHWANK, M. (1990): Angehörigenarbeit in einem Landeskrankenhaus aus sozialpsychiatrischer Perspektive. Zeitschrift für Systemische Therapie 8(4), 208-212

RAVE-SCHWANK, M., A. KÖHLER-OFFIERSKA (1986): Wie können wir den Angehörigen seelisch Kranker besser helfen? Psychiatrische Praxis 13, 166-171

REGUS, M. (1990): Kooperation und Patientenorientierung. Zusammenfassung des Abschlußberichtes der wissenschaftlichen Begleitung zum Modellversuch „Medizinisch-psychosoziale Basisqualifikationen für Gesundheits- und Sozialberufe“. Deutsche Krankenpflege-Zeitschrift 4, 283-286

REIMER, C. (1994): Lebensqualität von Psychotherapeuten. Psychotherapeut 39, 73-78

REITH, P. (1985): Elternarbeit in der Heimerziehung. Sozialpädagogik 5, 214-219

RETZER, A. (1994): Compliance, Krankheitstheorien und familiäre Interaktion. Familiendynamik 19 (2), 100-121

RICHTER, H.E., M. WIRSCHING (1991): Neues Denken in der Psychosomatik. Frankfurt/M: Fischer

RICHTER, H.E. (1978): Psychosoziale Arbeitsgemeinschaft Lahn-Dill – Erfahrungen mit einem selbstorganisierten Kooperationsmodell. In H.E. Richter: Engagierte Analysen. Reinbek: Rowohlt

RIEDMÜLLER, B. (1985): Das ambulante Ghetto – Zur Entwicklung der Gemeindepsychiatrie in der Bundesrepublik. In Th. Olk, H.U. Otto (Hrsg.) Gesellschaftliche Perspektiven der Sozialarbeit. Neuwied, Darmstadt: Luchterhand.

ROBERTS, J., „ALEXANDRA“, „JULIUS“ (1993): Die Verwendung von Ritualen bei der Neudokumentierung psychiatrischer Fallgeschichten. In E. Imber-Black, J. Roberts, R.A. Whiting (Hrsg.): Rituale in Familien und Familientherapie, 323-354. Heidelberg: Carl Auer.

ROSE, H.K. (1981): Grundfragen therapeutischer Teamarbeit in der Psychiatrie. Psychiatrische Praxis 8, 87-94

RÖSSLER, W., B. FÄTKENHEUER, W. LÖFFLER (1993): Soziale Rehabilitation Schizophrener. Stuttgart: Enke

ROTTHAUS, W. (1990): Stationäre systemische Kinder- und Jugendpsychiatrie. Dortmund: Verlag Modernes Lernen

RUDOLF, G., ST.WILKE (1993): Psychosomatische Konsiliar- und Liaisondienste. In G. Rudolf: Psychotherapeutische Medizin, 409-415. Stuttgart: Enke

RUTTER, M. (1985): Resilience in the Face of Adversity. Protective Factors and Resistance to Psychiatric Disorder. British Journal of Psychiatry 147, 598-611

SCHÄFFER, D. (1989): Formen der Kooperation zwischen den Krankenhausärzten und den Sozialdiensten. Mensch, Medizin, Gesellschaft 14, 49-59

SCHAUB, H.A., H.J. SCHWALL (1988): Der Bumerang – oder Supervision auf einer verschlossenen psychiatrischen Langzeitstation. Sozialpsychiatrische Informationen Heft 2, 33-37

SCHEER-WIEDEMANN, G., J. SCHWEITZER (1980): Familientherapie in der Randgruppenarbeit. In W. Dierking (Hrsg.): Analytische Familientherapie und Gesellschaft, 52-62. Weinheim: Beltz

SCHIEPEK, G. (1991): Zum Verhältnis sprachlicher (Re-) konstruktion psychosozialer Praxis zu eben dieser Praxis. In ders.: Systemtheorie der Klinischen Psychologie, 3-37. Braunschweig: Vieweg

SCHLIPPE, A.v., J. SCHWEITZER (1988): Familienforschung per Fragebogen. Eine epistemiologische Kritik des Circumplex Modells und der „Family Adyptability and Cohesion Scales“ (FACES II). System Familie 1, 124-136

SCHLIPPE, A.v., J. SCHWEITZER (1996): Lehrbuch der Systemischen Therapie. Göttingen: Vandenhoek u. Ruprecht (5. Aufl. 1998)

SCHMIDTBAUER, W. (1982): Hilflose Helfer. Reinbek: Rowohlt

SCHMITT-MICHEL, P.O. (1992): Kommunale Psychiatrie in Oberschwaben. Antrittsvorlesung an der Universität Ulm

SCHOLL, W. (1993): Grundkonzepte der Organisation. In H. Schuler (Hrsg.): Lehrbuch der Organisationspsychologie, 409-444. Bern: Huber

SCHÜTZE, F. (1977): Die Technik des narrativen Interviews in Interaktionsfeldstudien. Bielefeld: Arbeitsberichte und Materialien der Fakultät für Soziologie

SCHWARTZ, F.W. (1993): Evaluation und Qualitätssicherung im Gesundheitswesen. In K. Hurrelmann, U. Laaser (Hrsg.): Gesundheitswissenschaften – Handbuch für Lehre, Forschung und Praxis, 399-420. Weinheim: Beltz.

SCHWARZ, R., ST. ZETTL (1991): Psychosoziale Krebsnachsorge in Deutschland. Eine Standortbestimmung. Heidelberg: Verlag für Moderne Medizin

SCHWEITZER, J. (1984 a): Was geschieht bei Spontanremissionen? Nervenarzt 55, 249-256

SCHWEITZER, J. (1984 b): Systemische Jugendpsychiatrie – Zum Umgang mit der gemeinsamen Homöostase von Familie und Psychiatrischer Einrichtung. Familiendynamik 9, 96-107

SCHWEITZER, J. (1984 c): Nische oder Neubau – Zu den Grenzen der Koevolution von Psychiatrie und systemischer Therapie. Zeitschrift für Systemische Therapie 2, 47-50

SCHWEITZER, J. (1987a): Therapie dissozialer Jugendlicher. Weinheim: Juventa

SCHWEITZER, J. (1987b): Die Familie-Helfer-Konferenz als systemtherapeutisches Setting. In A. v. Schlippe, J. Kriz (Hrsg.): Familientherapie: Kontroverses – Gemeinsames, 250-252. Wildberg: Verlag Böger-Kaufmann.

SCHWEITZER, J. (1989): Professionelle (Nicht-)Kooperation. Ihr Beitrag zur Eskalation dissozialer Karrieren. Zeitschrift für systemische Therapie. 7 (4), 247-254

SCHWEITZER, J. (1992): Ökologische Politik als Interaktionsprozess. Eine Diskussion mit Monika Griefahn, Ellis Huber, Beate Weber, Gunthard Weber, Rosmarie Welter-Enderlin. In J. Schweitzer, A. Retzer, H.R. Fischer (Hrsg.): Systemische Praxis und Postmoderne, 346-367. Frankfurt/M.: Suhrkamp.

SCHWEITZER, J. (1993 a) : Systemische Ansätze in Beratungsdiensten. In K. Hahn, F.W. Müller (Hrsg.): Systemische Erziehungs- und Familienberatung, 15-26. Mainz: Grünewald

SCHWEITZER, J. (1993 b): Necessité ou Besoin – Deux Notions relatives a l'État-providence et leurs conséquences thérapeutiques. Therapie Familiale (Geneve), 14 (3), 253-265

SCHWEITZER, J. (1995 a): Sieben Kennzeichen einer systemischen Psychiatrie. In J. Schweitzer, B.Schumacher: Die unendliche und die endliche Psychiatrie. Heidelberg: Carl Auer

SCHWEITZER, J. (1995 b): Die unendliche und die endliche Psychose – Chronizitätsideen in der Psychiatriegeschichte. In J. Schweitzer, B. Schumacher: Die unendliche und die endliche Psychiatrie. Heidelberg: Carl Auer

SCHWEITZER, J. (1995 c): Kundenorientierung als systemische Dienstleistungsphilosophie. Erscheint in Familiendynamik 20 (3), 292-313

SCHWEITZER, J., D.REUTER (1991): Systemisches Denken in der Heimerziehung: Anregungen für Pädagogik, Beratung und Organisation. Praxis der Kinderpsychologie und Kinderpsychiatrie 40 (5), 171-176

SCHWEITZER, J. D. REUTER (1991): Wenn der Kunde König wäre. Zeitschrift für Systemische Therapie 9 (4), 269-275

SCHWEITZER, J., B. SCHUMACHER, R. BÜRGY, P. BLUM, U. HEILMANN-GEIDECK, P. KLEIN, W. LEITZ, K. MÜLLER, F. PAUSCHERT, C. SCHMICH, L. SCHMITT, W.D. ZOLLMANN (1992): Systemisches Arbeiten in Psychiatrischen Rehabilitationsprojekten. Familiendynamik 17 (3), 246-272

SCHWEITZER, J., B. SCHUMACHER (1995): Die endliche und die unendliche Psychiatrie. Zum Umgang mit Chronizität. Heidelberg: Carl Auer

SCHWEITZER, J., B. SCHUMACHER, S. BICKEL-RENN, U. KRAMER (zit. Schweitzer et al. 1995 a): Sozialpsychiatrische Dienste – Nötige und unnötige Mühsal. In J. Schweitzer, B. Schumacher: Die unendliche und die endliche Psychiatrie. Heidelberg: Carl Auer Verlag.

SCHWEITZER, J., J. ARMBRUSTER, K.H. MENZLER-FRÖHLICH, G. REIN, R. BÜRGY (zit. Schweitzer et al 1995 b): Der ambulante Umgang mit „Pathologie" und „Chronizität" in einem Sozialpsychiatrischen Dienst mit betreutem Wohnangebot. In J. Schweitzer, B. Schumacher: Die unendliche und die endliche Psychiatrie. Heidelberg: Carl Auer

SCHWENDY, A. (1991): Im Spannungsfeld zwischen Psychoscene und Kommune – Aufgaben und Handlungsmöglichkeiten der Psychiatrie-Koordinatoren. Psychosoziale Umschau Heft 3, 3-10

SEIKKULA, J. (1994): When the Boundary opens: Family and Hospital in Co-Evolution. Journal of Family Therapy 16 (4), 401-414

SELIG, G. (1976): The Myth of the Multi Problem Family. American Journal of Orthopsychiatry 46, 526-531.

SIEGRIST, J. (1988): Medizinische Soziologie. München, Wien, Baltimore: Urban und Schwarzenberg

SIMON, F.B. (1990): Meine Psychose, mein Fahrrad und ich. Zur Selbstorganisation der Verrücktheit. Heidelberg: Carl Auer

SIMON, F.B. und CONNECTA (1992): Radikale Marktwirtschaft. Heidelberg: Carl Auer.

SPECKMANN, H. (1994): Wechselwirkungen zwischen pathologischen Organisationen, ihren Mitarbeitern und alkoholabhängigen Leistungsnutzern. Sozialpsychiatrische Informationen Heft 2, 21-29

STAHELSKI, A.J, R.A. TSUKUDA (1990): Predictors of Cooperation in Health Care Teams. Small Group Research 21 (2) 220-233

STAUB-BERNASCONI, S. (1986): Soziale Arbeit als eine besondere Art des Umganges mit Menschen, Dingen und Ideen. Zur Entwicklung einer handlungstheoretischen Wissensbasis Sozialer Arbeit. Sozialarbeit (Fachblatt des Schweizerischen Berufsverbandes diplomierter Sozialarbeiter und Erzieher) 18 (10), 2-71

STEINHART, I. (1993): Kontinuität in psychiatrischen Versorgungsstrukturen. Ergebnisse aus der Modellinstitution, 207-234. In J. Bergold, D. Filsinger (Hrsg.): Vernetzung psychosozialer Dienste. Weinheim: Juventa

STEINHART, I., G. BOSCH, W.LORENZ, J.WEATHERLY (1990): Sozialarbeiter und Ärzte – Partner in der Sozialpsychiatrie? Psychiatrische Praxis 17, 129-135

STIERLIN, H. (1988): Prinzipien der systemischen Therapie. In F.B. Simon (Hrsg.): Lebende Systeme. Heidelberg, Berlin: Springer.

STIERLIN, H. (1994): Das Ich und die Anderen. Frankfurt/M.: Suhrkamp

STOFFELS, H. (1983): Der Mythos vom Samariter in der Psychiatrie. Psychiatrische Praxis 10, 122-127

STRAUSS, A., J. CORBIN (1990): Basics of Qualitative Research. Grounded Theory Procedures and Techniques. Newbury Park: Sage Publications

SUEßE, T. (1991) Die fürsorgliche Diktatur. Sozialpsychiatrische Informationen Heft 4, 21-23

THIERSCH, H. (1992): Lebensweltorientierte Soziale Arbeit. (2.Aufl.1995) Weinheim: Juventa

THIERSCH, H. (1986): Sozialarbeit zwischen Expertentum und Selbsthilfe. In: D. Kleiber, B. Rommelspacher (Hrsg.): Die Zukunft des Helfens, 241-263. Weinheim: Psychologie Verlags Union

THOMÄ, H., B. THOMÄ (1968): Die Rolle der Angehörigen in der psychoanalytischen Technik. Psyche 22, 802-822

TOSELAND, R.W., J. PALMER-GANELES, D. CHAPMAN (1986): Teamwork in psychiatric Settings. Social Work 31 (1), 46-52

TREDE, W. (1993): Kindheit im Heim – Die deutschsprachige Heimerziehungsforschung im Überblick. In Internationale Gesellschaft für erzieherische Hilfen (Hrsg.): Materialien zur Heimerziehung. Frankfurt/M: IGFH-Selbstverlag

UEXKUELL, TH. (1992): Integrierte Psychosomatische Medizin in Praxis und Klinik. Stuttgart, New York: Schatthauer.

ULLRICH, G. (1993): Rollen und Aufgaben psychosozialer Mitarbeiter in der Kinderklinik. Praxis der Kinderpsychologie und Kinderpsychiatrie. Teil I: 42, 260-265. Teil II: 42, 299-308. Teil III: 42, 326-330

VELTIN, A. (1981): Zum Problem der Meinungsbildung und Entscheidungsfindung in psychiatrischen Institutionen – Erfahrungen mit der Institutionsberatung. Psychiatrische Praxis 8, 95-99

VERRES, R. (1986): Krebs und Angst. Subjektive Theorien von Laien über Entstehung, Vorsorge, Früherkennung, Behandlung und die psychosozialen Folgen von Krebserkrankungen. Heidelberg , Berlin: Springer

VOLLHARD, C., T. KELLER (1990): Einige Hinweise zur Entfaltung systemischer Arbeit in psychiatrischen Einrichtungen. Zeitschrift für Systemische Therapie. 8 (4) 248-253

WAHLSTER, A. (1995): Die Angst des Rechtsbrechers vor der Freiheit – Autonomie in der forensisch-psychiatrischen Vollversorgung. In J. Schweitzer, B. Schumacher: Die endliche und die unendliche Sozialpsychiatrie. Heidelberg: Carl Auer.

WEBER, G., H. STIERLIN (1989): In Liebe entzweit. Die Heidelberger Familientherapie der Magersucht. Reinbek: Rowohlt.

WEBER, G., A. RETZER (1991): Praxis der systemischen Therapie psychotischen Verhaltens. In A. Retzer (Hrsg.): Die Behandlung psychotischen Verhaltens. Heidelberg: Carl Auer.

WEDEKIND, E., H. GEORGI (1990): Im Bauch des Walfischs – Zur Verdaulichkeit psychoanalytisch-systemischer Ansätze im stationären Psychiatrie-Alltag. Zeitschrift für Systemische Therapie 8 (4) 225-237

WEDLER, H. (1992): Ansätze zu einer integrierten Psychosomatischen Medizin im Krankenhaus. In Th. v. Uexküll: Integrierte Psychosomatische Medizin in Praxis und Klinik. Stuttgart, New York: Schatthauer 179-190

WELSCH, W. (1992): Topoi der Postmoderne. In H.R. Fischer, A. Retzer, J. Schweitzer (Hrsg.): Das Ende der großen Entwürfe, 35-55. Frankfurt/M.: Suhrkamp

WIDMAIER-BERTHOLD, C. (1988): Koordinations- und Planungsprobleme in einer kleinstädtisch-ländlichen Region. Sozialpsychiatrische Informationen, Heft 3, 23-28,

WIENBERG, G. (1988): Die bedingte Machbarkeit von Kooperation und Koordination in der psychosozialen Versorgung. Sozialpsychiatrische Informationen, Heft 3, 14-22,

WILLI, J. (1991): Über die Entwicklung des eigenen Denkens in der Kooperation mit der somatischen Medizin. In H.E. Richter, M. Wirsching (Hrsg.): Neues Denken in der Psychosomatik, 21-28. Frankfurt/M.: S.Fischer

WILLKE H. (1993): Systemtheorie, 4. Aufl. Stuttgart, New York: Fischer.
WILLKE, H. (1989): Systemtheorie entwickelter Gesellschaften. Dynamik und Riskanz moderner gesellschaftlicher Selbstorganisation. Weinheim, München: Juventa.
WIRSCHING, M. (1983): Unmöglicher Auftrag – Psychosomatische Konsiliararbeit aus analytisch-systemischer Sicht. Familiendynamik 8 (1) 3-16
WITZEL, A. (1982): Verfahren der qualitativen Sozialforschung. Überblick und Alternativen. Frankfurt: Campus
WITZEL, A. (1985): Das problemzentrierte Interview. In G. Jüttemann (Hrsg.): Qualitative Forschung in der Psychologie. Heidelberg: Asanger
WÖHRL, H.G. (1988): Berufsgruppen in der Rehabilitation: Funktionen und Kooperationsmodelle. In U. Koch, G. Lucius-Hoene, R. Stegie (Hrsg.): Handbuch der Rehabilitationspsychologie, 212-249. Berlin: Springer
ZENZ, H. (1988): Psychologen in der Psychiatrie – Lust und Leid interprofessioneller Kooperation. In: W. Ehlers, H.C. Traue, D. Czogalik: Bio-psycho-soziale Grundlagen für die Medizin. Festschrift für Helmut Enke, 53-66, Berlin: Springer
ZINGLER, U., W. VOELZKE (1992): Ab heute wird man mit uns rechnen müssen. Strategien der Betroffenen: Wir stehen zu uns selbst und suchen Verbündete. Psychosoziale Umschau 7 (4), 18-20
ZUBIN, J. (1986): Mögliche Implikationen der Vulnerabilitätshypothese für das psychosoziale Management der Schizophrenie. In W. Böker, H.D. Brenner: Bewältigung der Schizophrenie. Bern: Huber

Abbildungsverzeichnis

I. EINFÜHRUNG

II. Professionelle (Nicht-)Kooperation im Gesundheits- und Sozialwesen: Probleme, Lösungsansätze, Forschungsstrategien

III. „Wo lassen Sie Ihr Kind erziehen?“: Kooperation mit den Kunden stationärer Jugendhilfe

IV. „Darf Psychiatrie Spaß machen?“: Was sich für Kliniker und sozialpsychiatrische Praktiker nach einer systemischen Weiterbildung ändert

Die vollständigen Erhebungs- und Auswertungsinstrumente dieser Studien wurden aus Platzgründen nicht diesem Band angefügt, da sie durch ihren Umfang den erträglichen Rahmen gesprengt hätten. Sie sind in einem separaten Band zusammengefaßt, der bei dem Autor erhältlich ist.